Z

18908

BIBLIOTHÈQUE
LATINE-FRANÇAISE

PUBLIÉE

PAR

C. L. F. PANCKOUCKE.

PARIS, IMPRIMERIE DE C. L. F. PANCKOUCKE,
Rue des Poitevins, n. 14.

ŒUVRES COMPLÈTES
DE VIRGILE

TRADUCTION NOUVELLE

PAR

MM. VILLENAVE ET CHARPENTIER.

TOME PREMIER

PAR M. CHARPENTIER.

PARIS

C. L. F. PANCKOUCKE

MEMBRE DE L'ORDRE ROYAL DE LA LÉGION D'HONNEUR
ÉDITEUR, RUE DES POITEVINS, N° 14.

M DCCC XXXIII.

ÉTUDE SUR VIRGILE.

La vie de Virgile est, comme celle d'Homère, mêlée de beaucoup de fables. Nous ne parlerons donc point ici de la branche d'olivier, symbole de la gloire future de Virgile, se couvrant, sur son berceau, de fleurs et de fruits soudains [1] : origine sans doute de cet autre laurier, qui fleurit immortel sur le tombeau du poète de Mantoue. Nous ne rappellerons pas non plus ni la science de Virgile dans l'art vétérinaire [2], science qui lui valut

---

1. Prægnans eo mater Maïa somniavit enixam se laureum ramum, quem contracta terra confestim cerneret coaluisse, et excrevisse illico in speciem maturæ arboris, refertæ variis pomis et floribus*.

2. Magistri stabuli equorum Augusti amicitiam nactus, multos variosque morbos incidentes equis curavit. At Augustus in mercedem singulis diebus panes Virgilio, ut uni ex stabulariis, dari jussit. Interea a Crotoniatis pullus equi miræ pulchritudinis Cæsari dono fuit missus, qui omnium judicio spem portendebat virtutis et celeritatis immensæ. Hunc quum adspexisset Maro, magistro stabuli dixit natum esse ex morbosa equa, et nec viribus valiturum nec celeritate : idque verum fuisse inventum est. Quod quum magister stabuli Augusto recitasset, duplicari ipsi in mercedem panes jussit.

* Nous empruntons ces citations à la *Vie de Virgile* attribuée à Donat.

deux fois, de la munificence d'Auguste, une distribution de pain très-suffisante; ni son talent pour distinguer les différentes races de chiens, ce qui lui attira de la part d'Auguste une nouvelle et ample gratification de pain [1]. Dirons-nous aussi en Virgile cette autre divination plus rare et plus difficile, qui dissipa les doutes qu'Auguste avait conçus sur la légitimité de sa naissance? Était-il véritablement fils d'Octave [2]? voilà ce qui inquiétait Auguste; et il pensa que Virgile, si habile et si heureux dans ses autres conjectures, ne le serait pas moins en cette grave question; mais Virgile sut, par une adroite plaisanterie, éviter ce qu'il y avait, dans la réponse, d'embarrassant et pour l'empereur et pour lui. Nous ne rechercherons pas non plus si Virgile était fils d'un potier nommé Maron, ou si ce Maron fut valet d'un certain Magius, huissier, qui devint son beau-père, faveur qu'il accorda à Maron avec le soin de ses troupeaux, et l'administration des biens qu'il avait à la campagne, comme une récompense des bonnes quali-

---

1. Quum item ex Hispania Augusto canes dono mitterentur, et parentes eorum dixit Virgilius, et animum celeritatemque futuram. Quo cognito, mandat iterum augmentari Virgilio panes.

2. Dubitavit Augustus Octaviine filius esset an alterius; idque Maronem aperire posse arbitratus est, quia canum et equi naturam parentesque cognorat......... At ille (Virgilius) : Quantum ego rem intelligere possum, pistoris filius es, inquit......... Audi quo pacto id conjicio. Quum quædam enuntiaverim prædixerimque, quæ intelligi scirique non nisi ab eruditissimis summisque viris potuissent, tu, princeps orbis, iterum et iterum panes in mercedem dari jussisti; quod quidem aut pistoris, aut nati pistore officium erat.

tés qu'il reconnaissait en lui[1]; ou encore, si ce *Magius*, *Majus* ou *Magus*, n'était pas le père même de Virgile; ou enfin, si le père, nommé tantôt *Virgilius*, tantôt *Maro*, n'était pas Grec et compagnon d'un astronome ambulant, qui allait exerçant la médecine ou plutôt l'astrologie, sciences alors inséparables, et pratiquées par un grand nombre de Grecs[2]. Nous ne prendrons de ces fables que ce qui peut nous éclairer sur les impressions et la nature du poète, et de la vie de Virgile, que ce qui peut répandre un jour nouveau sur le développement de son génie.

Ainsi, dans ces prétendues prophéties de Virgile, dans cette double science de vétérinaire et de généalogiste, on aperçoit, en quelque sorte, le secret de ces fortes études et de si bonne heure commencées, qui le préparèrent à cette précision de détails, à cette justesse de pensées, qui font des *Géorgiques* un cours complet des connaissances nécessaires à l'agriculteur, de celles du moins que l'on possédait alors.

---

1. Publius Virgilius Maro parentibus modicis fuit, et præcipue patre Marone : quem quidam opificem figulum, plures Magi cujusdam viatoris initio mercenarium, mox ob industriam generum, tradiderunt : quem quum agricolationi reique rusticæ et gregibus præfecisset socer, silvis coemundis et apibus curandis reculam auxit.

2. Conjecture qui, dit-on, serait appuyée par le nom même de *Maro*, qui permettrait de croire Virgile issu de l'un des compagnons de Léonidas; attendu que, parmi les trois cents Spartiates qui se sacrifièrent au passage des Thermopyles, on en compte un fort célèbre, qui portait le même nom que le père de Virgile*.

* LANGEAC, *Précis historique sur Virgile*, 10-11.

Du reste, les études naturelles et scientifiques de Virgile nous sont attestées mieux que par ces fables populaires.

A quinze ans, après avoir pris la robe virile, Virgile va de Crémone à Milan, et de là bientôt à Naples, où il étudie les lettres grecques et latines [1], la médecine et les mathématiques, avec ardeur et opiniâtreté. Naples était alors célèbre par ses écoles et par ses maîtres; la philosophie et les belles-lettres y brillaient d'un vif éclat. C'est là que Virgile passa une douce et obscure jeunesse, se préparant par l'étude et la réflexion à soutenir ces inspirations du génie poétique, qui déjà sans doute s'éveillaient en lui, dans cette vie de solitude et de calme; souvenirs touchans de sa jeunesse, qu'il a consacrés à la fin des *Géorgiques* :

> Illo Virgilium me tempore dulcis alebat
> Parthenope, studiis florentem ignobilis oti.

Suivant les conjectures des anciens grammairiens et des savans, Virgile aurait étudié la littérature grecque sous Parthenius, lui-même poète distingué, et auteur d'un recueil de petites historiettes d'amour que nous avons encore; et même de ce *Moretum*, dont la traduction latine peut avoir exercé la jeunesse de Virgile [2].

On pense aussi que le voisinage de Marseille, qui alors conservait, avec la pureté des traditions de la Grèce,

---

1. Decimo septimo anno virilem togam cepit... Cremona Mediolanum, et inde paulo post Neapolim transiit; ubi quum litteris et græcis et latinis vehementissimam operam dedisset, tandem omni cura omnique studio indulsit medicinæ et mathematicis.

2. Amar, *Essai sur Virgile*, 21.

le goût des études et l'harmonieux langage qu'elle en avait apportés, ne fut pas sans influence sur Virgile. Ainsi, son imagination se fécondait sous le souffle doublement inspirateur de Naples et de la Grèce, tandis que les sciences physiques et mathématiques donnaient à sa pensée cette netteté, cette justesse d'expression, cet ordre dans la conduite des sujets, qui sont le mérite particulier de son génie. La philosophie joignait à ces études ses hauts enseignemens; Virgile les reçut à l'école de Scyron, de la secte d'Épicure, dont Cicéron cite deux fois l'autorité [1], et à qui Virgile adressa, plus tard, pour lui demander de sauver son père et sa famille des fureurs qu'exerçaient les soldats d'Octave, cette pièce de vers :

> Villula, quæ Scyronis eras, et pauper agelle,
> Verum illi domino, tu quoque divitiæ;
> Me tibi, et hos una mecum, et quos semper amavi,
> Si quid de patria tristius audiero,
> Commendo, imprimisque patrem; tu nunc eris illi,
> Mantua quod fuerat, quodque Cremona prius.

D'autres lui donnent pour maître un certain Catius l'Insubrien, cité par Cicéron [2] et par Horace [3].

C'est peut-être à cette étude de la doctrine d'Épicure, répandue et popularisée dans Rome par le poëme de Lucrèce, que Virgile dut ce goût pour les sciences naturelles, qui ne l'abandonna jamais ; goût qu'il a exprimé

---

1. Cicéron, *Academ.*, II, 33.
2. *De Divinatione*, xv, p. 16-19.
3. *Sat.* II, 4.

dans ces vers qui semblent en lui un regret de n'avoir pu suivre cette première pente de son génie, ces douces études de sa jeunesse :

> Me vero primum dulces ante omnia Musæ,
> Quarum sacra fero ingenti percussus amore,
> Accipiant, cœlique vias et sidera monstrent,
> Defectus solis varios, lunæque labores;
> Unde tremor terris; qua vi maria alta tumescant
> Objicibus ruptis, rursusque in se ipsa residant;
> Quid tantum Oceano properent se tingere soles
> Hiberni, vel quæ tardis mora noctibus obstet.
> Sin, has ne possim naturæ accedere partes,
> Frigidus obstiterit circum præcordia sanguis,
> Rura mihi et rigui placeant in vallibus amnes;
> Flumina amem silvasque inglorius.

Virgile a voulu, j'imagine, consigner encore ces regrets, et cette vocation qui le portait à étudier et à peindre les secrets, les beautés et les magnificences de la nature, dans l'églogue de *Silène*, où il résume avec une si heureuse concision, une clarté si vive et si nette, le système de la création du monde, développé par Lucrèce. Ainsi, la première inspiration de Virgile eût été pour les sciences. Mais ces études ne furent pas perdues : l'instruction du jeune homme profita au poète.

Après avoir terminé ses études à Naples, Virgile, tout, du moins, et surtout les vers adressés à Scyron, porte à le croire, fit à Rome un premier voyage. Là, partagé entre les études et les succès du barreau, il chercha long-temps sa destinée, ou plutôt l'heureux accident qui devait produire au grand jour le génie qui déjà en lui se trahissait [1]. Ce fut en effet alors que Virgile publia le *Moucheron*, allégorie touchante, qui était, dit-on, un hommage à la mémoire de Cicéron, et un conseil à Octave d'élever à ce grand orateur un monument expiatoire. Cette pièce, du reste, souvent et aujourd'hui encore contestée à Virgile, passa inaperçue : ce n'était pas comme poète, mais comme devin que Virgile devait obtenir l'attention d'Octave. Nous avons dit à quelle occasion. De là l'origine de sa fortune, attribuée aussi à ce distique :

> Nocte pluit tota, redeunt spectacula mane :
> Divisum imperium cum Jove Cæsar habet;

distique dont la récompense, dérobée à Virgile par un certain Bathylle qui se l'attribua, tourna bientôt à la confusion de ce même Bathylle, qui ne put soutenir le défi que lui porta Virgile, d'achever ces mots quatre fois répétés : *Sic vos non vobis.*

Comblé de marques d'estime par Auguste, qui le recommanda particulièrement à Pollion; honoré de l'amitié de Mécène, de Varus, de Gallus; sans inquiétude du côté de la fortune, Virgile se livra entièrement au commerce des Muses. Ici seulement, Virgile va se révéler à nous; mais avant de le chercher, de le suivre dans les progrès de son génie, rassemblons et fixons les impressions de jeunesse, et les influences littéraires qui ont dû agir sur lui.

Trois influences nous paraissent s'être réunies pour

---

[1]. LANGEAC, *Précis historique sur Virgile*, 17-18.

préparer, nourrir, inspirer le génie du poète latin : son enfance élevée au milieu des travaux de la vie champêtre, et attristée du spectacle des guerres civiles; sa jeunesse fortifiée, sous l'influence grecque, par l'étude des sciences et de la philosophie; enfin, la protection d'Auguste, qui est venue, en l'encourageant, affaiblir le génie du poète. Trois caractères donc dans Virgile : le caractère latin ou champêtre, le caractère savant ou grec, et l'élégance monarchique à côté de la physionomie romaine.

Virgile, après avoir long-temps essayé son génie, s'arrêta enfin à la composition des *Bucoliques*[1], non sans doute d'après le conseil de Pollion[2], et dans le dessein de faire entrer dans ses églogues les louanges d'Asinius Pollion, d'Alphenus Varus et de Cornelius Gallus, mais appelé qu'il était par les spectacles de son enfance, et aussi par les malheurs de sa famille.

Chaque peuple, chaque époque de l'humanité, a, pour ainsi dire, une poésie qui lui est particulière; qui naît et meurt avec elle : telle a été pour les anciens la poésie pastorale. Pour nous, cette poésie n'existe plus. Un instant ressuscitée dans les rêveries langoureuses de l'*Astrée*, et sur les bords du Lignon, ingénieuse et délicate dans le Tasse et Guarini, naturelle dans Racan, mélodieuse dans Segrais, tourmentée par l'esprit subtil et la galanterie maniérée de Fontenelle, affaiblie par les grâces fades de madame Deshoulières, savante et

---

[1]. Bucolica triennio, Asinii Pollionis suasu, perfecit.
[2]. Ad Bucolica transiit, maximè ut Asinium Pollionem, Alphenum Varum, et Cornelium Gallum celebraret.

riche dans Pope, dans Gessner naïve et douce, elle est venue s'éteindre dans les fictions sentimentales de Florian. Pour les Romains mêmes, ce genre n'était plus guère de saison. Dans Théocrite, la poésie pastorale est une vérité, une imitation exacte de la nature ; dans Virgile, elle est déjà de l'idéal, elle est artificielle.

La poésie pastorale, tradition d'un âge d'or imaginaire, eut son berceau dans l'Arcadie ou dans la Sicile [1]. Long-temps grossière et incertaine, consacrée dans les fêtes d'Apollon, de Diane, de Cérès, de Pan, elle acquit dans les cérémonies, et dans la rivalité des bergers, quelque régularité et quelque harmonie. Un certain Diomus, suivant quelques-uns ; suivant d'autres, Daphnis, Stésichore, en furent les inventeurs [2] : enfin parut Théocrite.

Théocrite touchait donc, pour ainsi dire, au berceau de la poésie pastorale ; s'il ne la créa pas, il la perfectionna, il la fixa. Voisin encore de cette vie simple et champêtre, il put, bien qu'en l'embellissant, la saisir sur le fait, et la peindre avec grâce, sans altérer la ressemblance. Il n'en était point ainsi de Virgile.

Au siècle de Virgile, et bien long-temps auparavant,

---

1. Sunt qui* ejus initia in ætate aurea, sunt qui in Arcadia aut in Sicilia quærant. (HEYNE, *de Carmine bucolico*, 54.)

2. Alii auctorem Diomum aliquem, alii Daphnidem, alii Stesichorum, alii Theocritum faciunt **.

---

* Vid. SERVIUS, pr. Comment. auctor vitæ Virgilii Donatianæ, c. 21 ; DIOMEDES, lib. III, p. 483 ; PUTSCH, grammaticus græc. pr. Theocriti.

** ATHENÆUS, XIV, p. 619 ; DIODOR., 4, 84 ; ÆLIANUS, v. H. X, 18, ubi vid. not.

cette divine simplicité du monde naissant s'était effacée. La vie pastorale avait bien perdu de ses charmes, et l'on ne rencontrait plus guère de bergers, chantant les beautés de la campagne; il pouvait encore y avoir de l'amour, mais plus de chants. Ces riantes, ces paisibles, ces fraîches images de la campagne, tout cet idéal de bonheur et de poésie s'était singulièrement flétri dans les esprits, au milieu des horreurs des proscriptions, et du tableau sanglant des guerres civiles. Ajoutez qu'en devenant plus polies, les mœurs étaient devenues moins poétiques, le goût plus délicat, les sentimens plus compliqués [1]. Sur ce fond primitif, sur cette nature simple et belle qui avait suffi à Théocrite, il fallait mettre une teinte savante, une couleur adoucie. Virgile devait fondre, en quelque sorte, les tableaux du poète de Sicile, mêler les nuances qu'il a distinguées, faire une nature composée, être naïf avec art. Encore, malgré toute cette habileté, le texte accoutumé de la poésie pastorale ne lui peut suffire; de ses églogues, la cinquième, la septième, la huitième, et peut-être la troisième, se peuvent rapporter au genre bucolique; les autres n'y rentrent pas. Elles appartiennent à un autre ordre d'idées, et nous en marquerons bientôt le sens, le caractère et le but; nous dirons seulement ici qu'elles étaient pour

---

[1]. Et Virgilius sermonis et dialecti suavitate destitutus, qui politiore ævo, inter homines urbanos et elegantiam cum fastu sectantes, viveret, multa ex vitæ pastoritiæ veritate aut seponere aut verbis honestare necesse habuit, quæ nude et ad rei veritatem proposita et expressa superbas Romanorum aures offendissent. (Heyne, *de Carm. bucol.*, p. 64.)

Virgile une préparation et non une fin, un exercice de style et non son dernier mot.

Si l'on eût tenu compte de ces différences de temps et de civilisation qui séparent Théocrite de Virgile, on se fût épargné bien des parallèles et des discussions sur la supériorité de l'un des deux poètes, ou sur l'égalité de leur génie. Théocrite a le mérite d'une nature vraie et primitive; ainsi le voulait son siècle : Virgile a peint, de seconde main, une nature déjà dégradée et complexe : il a été savant et naïf; ainsi devait-il être.

Les *Bucoliques* annonçaient les *Géorgiques;* les *Géorgiques* sont en effet le développement naturel des études premières de Virgile, et de ces images champêtres qui, dans la composition des *Bucoliques*, avaient rempli et fécondé son imagination. On a cependant voulu trouver aux *Géorgiques* une autre cause [1]; on en a fait honneur à la protection de Mécène, et à une haute prévoyance politique de sa part, qui aurait cherché à effacer du cœur des Romains le souvenir avec la fureur des guerres civiles, en leur présentant le tableau du bonheur des champs. Heureux privilège de la puissance, qui ferait naître à son gré, et dirigerait les inspirations du génie! Mais il n'en va point ainsi. Aux deux siècles où la littérature a paru recevoir d'un maître son mouvement et sa vie, elle n'a cependant relevé que d'elle-même : Mécène n'a point fait Virgile; Louis XIV

---

[1]. Georgica Mæcenatis suasu ac consilio scribere suscepisse, ut hominum animi ad agri colendi studia revocarentur, Britannorum nonnullorum, Wartoni, Crusii, Martini, elegantium virorum, est opinio. (HEYNE, *Proœmium in Georgica*, 238.)

n'a point fait Racine et Bossuet. Seulement, Bossuet et Racine se sont trouvés, par un heureux accord, personnellement animés des deux sentimens qui étaient le fonds du monarque, la religion et l'amour ; en paraissant s'inspirer de la pensée du prince, ils n'ont obéi qu'à leur propre conviction, à leur passion intérieure : ils sont restés eux-mêmes. Dans Bossuet, la religion était tout : la puissance et la liberté; l'amour, et plus tard la religion aussi, furent les seules inspirations de Racine. Il en fut de même de Virgile.

Virgile écrivit les *Géorgiques*, pour ainsi dire, sous l'inspiration de l'antiquité romaine, sous l'inspiration de ses souvenirs à lui, et de ses études premières, et non par les conseils et sous l'inspiration de Mécène. Pour trouver cette matière et cet aliment à son génie, il n'avait qu'à interroger la nature et l'histoire romaine.

L'agriculture[1] est, en effet, avec la législation, la seule originalité du génie latin. Par l'agriculture, Rome subjugue l'univers ; elle le gouverne par ses lois. Aussi les Douze-Tables sont-elles, avec quelques traités sur l'agriculture, les premiers monumens de sa littérature; comme le Code, les traités de Columelle, les ouvrages de

[1]. On sait que, dans les premiers siècles, les plus illustres personnages se faisaient honneur de l'étymologie de leurs noms, qui la plupart, désignaient quelques productions des champs. Fabius devait son origine à la fève (*faba*), Lentulus au mot de lentille (*lenticula*), Cicéron aux pois chiches (*cicer*), et la noble famille Junienne n'avait le nom de *Bubulcus*, bouvier, que par le goût et le succès de l'un de ses aïeux à élever de nombreux troupeaux. (Langeac, p. 41.)

Palladius, en sont les derniers. L'agriculture et les lois ont été le génie vrai et profond de l'Italie moderne. Au moyen âge, l'Italie ranime l'agriculture, publie les premiers ouvrages qui peuvent en enseigner les procédés; plus tard, et aujourd'hui encore, l'agriculture occupe les savans et les académies italiennes. Dans la législation, l'Italie nous présente Gravina, Vico, à côté de Beccaria et de Filanghieri : *Tibi res antiquæ laudis et artis.*

Ainsi de l'Italie ancienne. Caton avait écrit son ouvrage *de Re rustica;* Varron, le plus savant des Romains, l'avait suivi, sur les traces de Lucrèce, quand Virgile, inspiré lui aussi par cet amour des champs, qui semble un souffle et un héritage du sol romain, songea à composer les *Géorgiques.*

Aussi les *Géorgiques* sont-elles l'ouvrage le plus latin de la poésie latine. Là Virgile ne disparaît point en quelque sorte sous la couleur et l'influence grecque. S'il emprunte, dans la description de la peste, quelques traits à Thucydide; à Théophraste, quelques préceptes sur la culture des arbres; aux *Theriaca* de Nicandre, quelques détails sur les serpens, et surtout sur le *Chelydro;* aux *Diosemeia* d'Aratus, les pronostics; quelques faits à l'*Économique* de Xénophon : ce sont là de légers emprunts qu'il s'approprie, et qu'il rend siens par la nouveauté de l'expression et la clarté des pensées. Hésiode même n'est point le modèle de Virgile. Les *OEuvres et les Jours*[1] n'offrent, avec les *Géor-*

---

[1]. Persès, frère d'Hésiode, égaré par de mauvais conseils, l'avait frustré d'une partie de son héritage. Ruiné par les excès, il eut

giques, aucun rapport dans le fond même du sujet. Le poëme d'Hésiode s'occupe peu de l'agriculture. Image de la vie domestique, dans ces temps simples et primitifs, il en retrace les traditions, en les liant quelquefois, il est vrai, à des conseils sur l'agriculture; mais, le plus souvent, à des préceptes de morale et de sagesse[1]. Cette différence de sujets, qui sépare les deux poëmes, ne s'efface pas dans les détails. A peine en effet, en trois ou quatre endroits, Virgile reproduit quelques pensées, quelques expressions d'Hésiode, et, en les reproduisant, il les crée. Il invoque, il est vrai, le nom d'Hésiode,

Ascræumque cano romana per oppida carmen;

mais c'est là un hommage poétique, un souvenir libre et noble, et non l'aveu d'une imitation qui n'est ni dans le sujet ni dans les détails [2].

Si l'on voulait trouver, dans les *Géorgiques*, les

---

recours plus tard à la générosité d'Hésiode, qui, à ses bienfaits, joignit le traité d'économie domestique et morale qui forme le poëme des *OEuvres* et des *Jours*, et se divise ainsi : CHANT Ier. Introduction. Fable de Pandore; les cinq âges du monde. — Éloge de la justice. — Préceptes moraux. — CHANT II. Le labourage. Travaux de l'hiver, du printemps, de l'été, de l'automne. — La navigation. — Conseils particuliers. — CHANT III. Jours heureux ou malheureux.

1. Diversa utriusque natura, diversus genius, diversum consilium. Hesiodus non Georgica, h. e. de re rustica, scripsit aut scribere voluit, sed totius vitæ domesticæ, qualis tum erat, conjunctæ scilicet illius vel maxime cum agricolatione, rationes reddere; prudentiæ etiam et morum præcepta proponere. (HEYNE, 239-240.)

2. Quod autem ascræum carmen appellat suum opus Virgilius, id eo pertinet quod in simili fere genere illud versatur, non quod

traces, non pas d'une étroite imitation, mais d'une haute et secrète influence, il faudrait les demander à Lucrèce. Lucrèce, en effet, voilà, sous le rapport poétique, l'inspiration de Virgile : c'est de lui qu'il s'anime ; c'est le dieu qui l'échauffe. Nous avons déjà cité ces vers d'admiration et de regret qui échappaient à Virgile, au milieu même de l'enthousiasme des *Géorgiques*. Mais cette inspiration est libre et féconde ; elle ne se trahit pas dans quelques passages, assez rares du reste, imités de Lucrèce, mais à une même et romaine physionomie. Le poëme de la *Nature* et les *Géorgiques* sont, sous ce rapport, deux monumens pleins d'intérêt, dont l'un représente dans toute sa verdeur la première littérature romaine, la vieille empreinte de la physionomie latine ; et l'autre, cette antique rudesse s'effaçant, bien que visible encore, sous l'étude grecque. Le style des *Géorgiques* a une concision sévère, une mâle délicatesse, caractère particulier du génie et de la beauté romaine ; les vers, plus adoucis que dans Lucrèce, conservent cependant une singulière vigueur : c'est, avec la grâce, le pinceau nerveux et ferme de Michel-Ange.

Des *Géorgiques* à l'*Énéide* la transition paraît brusque. On conçoit Virgile allant, des jeux et des amours des bergers, aux travaux et au bonheur de la vie champêtre ; on ne conçoit pas aussi bien ce passage des images

---

ex Hesiodeo petitum aut transcriptum, aut ad ejus formam est compositum. (HEYNE, 240.)

1. M. Villemain a peint avec ce bonheur d'expressions et de pensées qui lui est naturel, et a mis en lumière cette grande et originale figure de Lucrèce, avant lui mal saisie. (*Mélanges littér.*)

douces et paisibles de la campagne, au tableau des combats, au fracas des armes : des bergers aux héros la distance paraît immense. Cependant, avant même d'entreprendre les *Géorgiques*, Virgile avait songé à un poëme épique :

> Dum canerem reges et prælia [1].

On a prétendu [2] que ce qui avait détourné Virgile de ce projet, c'était la difficulté de faire entrer dans un vers des noms tels que *Piccarius Scarpus*, *Decius Mus*, *Zygactes*, *Rhasq*, *Chizico*, *Vibius Caudex*, *Ranaquil*, *Tarcondimot*, *Al-Gaud*, ni même *Hirtius Pansa*, et qu'il aurait reculé devant les deux vers de Boileau :

> Et qui peut sans frémir aborder Weerden?
> Wurtz..... ah! quel nom, grand dieu, quel Hector que ce Wurtz!

Il y avait, dans ce sujet des guerres civiles, un autre motif qui avait dû décider Virgile à l'abandonner. D'abord, la crainte de déplaire à Auguste, en réveillant des souvenirs qui lui devaient être peu agréables :

> Cynthius aurem
> Vellit et admonuit : pastorem, Tityre, pingues
> Pascere oportet oves;

car les guerres d'Antoine et d'Octave n'étaient que la suite et la répétition des guerres de Marius et de Sylla. Du reste, un autre motif, et plus profond, contribua sans doute à l'en détourner.

Un épisode de l'histoire d'un peuple, son histoire

---

1. Quum res romanas inchoasset, offensus materia et nominum asperitate, ad bucolica transiit. (*Vita Virgilii*, 16.)
2. LANGEAC, 23.

même tout entière ne peuvent suffire à un poëme épique. A ce poëme, pour sujet, il faut une époque tout entière de l'humanité, ou du moins un évènement où l'humanité tout entière se trouve engagée. Ainsi Homère retrace et ferme les temps héroïques, premier développement de l'humanité; Dante résume la foi religieuse du moyen âge; Milton décrit la chute de l'homme, dont Klopstock chante la délivrance : tous ces poëmes embrassent la pensée chrétienne de dix-huit siècles, et la croyance d'un monde entier. Voyez, au contraire, ceux qui ne touchent pas par quelques points à un des grands développemens de l'humanité, ou à une de ces belles et éternelles pensées de l'âme humaine; qu'ils sont faibles auprès de ces pages immortelles qui nous offrent les vives peintures des révolutions morales ou intellectuelles! Si le Tasse se soutient moins loin du premier rang, c'est que son poëme se rattache quelque peu à la grande pensée du Dante, à la pensée religieuse. Camoëns n'est, avec tout son génie, qu'un poète portugais; l'humanité en lui ne revit pas. Que dire de Voltaire, qui a cru pouvoir faire un poëme épique avec du scepticisme, des allégories, et un seul homme; et qui, dans ce poëme, n'a mis ni les mœurs nationales, ni les souvenirs patriotiques, ni les touchantes fictions? on ne lit pas *la Henriade*. Ainsi avaient échoué, avant Voltaire, tous les poètes latins qui avaient découpé, en tirades épiques, les annales de Rome, cherchant un poëme là où le sens profond de Virgile n'en avait point aperçu, dans un évènement isolé.

Le sujet de l'*Énéide*, auquel se fixa Virgile, a-t-il ce mérite d'une grande époque, d'un intérêt puissant pour l'humanité? et, avant tout, a-t-il cette unité qui fait des poëmes d'Homère, de celui du Dante, l'expression complète et profonde d'une civilisation tout entière? nous ne le croyons pas; mais la faute n'en est pas au poëte.

Le peuple romain n'est point un peuple primitif et un; double est son origine, et double son histoire. Dans le développement de l'humanité, il peut être un progrès, mais il n'est point une face nouvelle. Rome continue la Grèce, en la copiant; elle lui emprunte ses dieux, ses fables, sa littérature, son histoire. Tout ce vieux Latium est recouvert des débris et des formes anciennes; l'empreinte grecque y efface tous les types primitifs; l'Italie n'est qu'une colonie de la Grèce. De là le premier vice de l'*Énéide*.

Aussi, pour arriver à son sujet véritable, pour toucher le sol d'Italie, que d'obstacles le poète n'a-t-il pas à surmonter! Il lui faut, avant d'aborder à la cour de Didon, passer par la chute et sur les ruines fumantes de Troie; les six premiers livres de l'*Énéide* ne sont, à proprement parler, qu'une introduction. Ainsi, mêlant l'histoire antique à l'histoire romaine, il est obligé de confondre deux civilisations distinctes : la civilisation ou, si l'on veut, la barbarie grecque, et l'élégance monarchique du siècle d'Auguste. Tous ces héros qui nous viennent de Troie, ont un caractère bâtard qui ment à leur origine. Nous les avons vus dans l'*Iliade* avec des proportions héroïques, avec le grandiose de ces temps où vivaient encore les demi-dieux; et nous les retrouvons métamorphosés en fidèles et discrets conseillers;

aux qualités physiques ont succédé les vertus morales ; en passant les mers, ils ont vieilli d'une civilisation[1].

Tels sont les compagnons d'Énée ; tel est le défaut de l'*Énéide*, ou plutôt de l'histoire romaine et du siècle de Virgile. Le poète lui-même l'a compris. Aussitôt qu'il a mis le pied sur la vraie Italie, sur le sol et sur les races primitives, il sent qu'il a pris réellement possession de son sujet, qu'il touche aux sources vives et fécondes, et, dans son transport, il s'écrie :

> . . . . . Major rerum mihi nascitur ordo ;
> Majus opus moveo.

Alors, en effet, lui apparaissent des inspirations nouvelles ; alors se montrent à lui ces races vierges et brillantes du Latium, avec leur origine, leurs mœurs, leurs traditions, leurs physionomies animées ; alors se déroulent tous les souvenirs nationaux, religieux, historiques de Rome. Là, Évandre ; ses chiens fidèles ; son palais couvert de chaume ; son réveil si paisible :

> Et matutini volucrum sub culmine cantus,

douces peintures qui ont, avec le charme de l'*Odyssée*, le mérite de la couleur locale, et la fraîcheur du ciel d'Italie. Puis éclate l'esprit religieux du pays et ses antiques traditions :

> Ex illo celebratus honos, lætique minores
> Servavere diem.

Les trois grandes races italiennes, les Arcadiens, les

---

1. *Voir* notre ouvrage sur la *littérature romaine*.

Latins, les Étrusques, se dessinent sur ce riche fond à des traits différens. Autour d'elles se groupent les peuplades secondaires, marquées chacune à des caractères particuliers. Les villes antiques du Latium, dont quelques-unes sont encore les villes de l'Italie, vivent, dans ce monument national, reconnaissables à une vérité et une précision de physionomie que le temps n'a point effacée.

Mais combien les caractères sont plus neufs que les peuples? Quelle profonde et belle création que cette figure de Mézence, qui semble annoncer ce Bertrand de Born, le type du moyen âge! Guerrier farouche, prince impitoyable, le cœur de Mézence ne se brise qu'à la douleur paternelle. Qu'il est touchant ce guerrier, lorsqu'aux bords d'un fleuve, lavant sa blessure, il se ranime pour la vengeance d'un fils! Dirai-je Turnus, brillante esquisse de la chevalerie; Camille, Clorinde antique, plus originale que la Clorinde moderne?

A côté de ces caractères si vivans, que de nouvelles, que de nobles passions! Homère a peint dans Hector le patriotisme; le courage religieux et calme dans Énée; dans Achille, l'ardeur bouillante et le dévouement de la fraternité d'armes : toutes passions qui appartiennent au premier développement de la société. Dans Virgile, les affections pures, les pieux sentimens abondent : la tendresse paternelle, si vive et si touchante dans les adieux d'Évandre à Pallas; Lausus, image de la piété filiale,

Dum genitor nati parma protectus abiret;

Nisus et Euryale, modèles de l'amitié, beaux de jeunesse, de courage et d'innocence :

Pulcherrima primum
Di moresque dabunt.

Ces créations immortelles de l'*Énéide*, Virgile ne les a dues qu'à son génie et aux inspirations de son âme.

Les six derniers livres, voilà donc le côté vierge, national, dramatique de l'*Énéide* ; les six premiers ne sont qu'un doux reflet, une dégradation brillante et artificielle d'une autre époque. Ainsi l'histoire romaine tout entière, l'histoire du peuple-roi n'a pu suffire à une épopée. Il ne s'en faut pas étonner : dans le développement de l'humanité, ce peuple n'était qu'une transition ; il achevait le monde grec, qui l'avait enfanté.

C'est là l'inconvénient d'un peuple, comme d'une époque transitoire. Mais ces siècles intermédiaires, placés, pour ainsi dire, entre deux mondes, et sur les limites de deux civilisations différentes, ont aussi leurs avantages. S'ils n'ont pas un caractère net et fortement prononcé, ils offrent des traits vagues et indécis qui ne sont pas sans grâce ; ils réfléchissent quelque chose de l'avenir, ils sont, en quelque sorte, prophétiques. Tel est le caractère de Virgile. En lui se trahissent deux traits de la physionomie moderne ; deux sentimens qui, tels qu'il les a exprimés, n'appartiennent pas à la société ancienne : l'amour et la philosophie.

Nous avons dit que, des dix églogues, plusieurs n'appartenaient pas au genre pastoral, et avaient un sens que nous donnerions : elles étaient un motif que devait, plus tard, développer le génie du poète.

Ainsi, dans la huitième et la dixième églogues, l'amour est peint avec des couleurs vives et éclatantes, qui semblaient annoncer le tableau plus large et plus animé que le poète en devait faire dans le quatrième livre de l'*Énéide* : dans la douleur de Gallus, on devinait le chantre de Didon.

Le quatrième livre de l'*Énéide* est une face nouvelle dans la civilisation ancienne, un trait de la physionomie moderne. Virgile a, il est vrai, emprunté à quelques poètes anciens, aux tragiques et à Apollonius de Rhodes, quelques-uns des traits qui lui ont servi à peindre l'amour de Didon; ainsi les premiers symptômes de cet amour, ses premières inquiétudes,

> At regina, gravi jamdudum saucia cura,
> Vulnus alit venis, et cæco carpitur igni.
> Multa viri virtus animo, multusque recursat
> Gentis honos : hærent infixi pectore vultus,
> Verbaque; nec placidam membris dat cura quietem,

sont une traduction de ces vers d'Apollonius :

> Αὔτως δ'αὖ Μήδεια μετέστιχε· πολλὰ δὲ θυμῷ
> Ὥρμαιν', ὅσσα τ' Ἔρωτες ἐποτρύνουσι μέλεσθαι.
> Προπρὸ δ'ἄρ' ὀφθαλμῶν ἔτι οἱ ἰνδάλλετο πάντα·
> Αὐτός θ' οἷος ἔην, οἵοσί τε φάρεσιν ἔστο
> Οἷά τ' ἔειπ', ὥς θ' ἕζετ' ἐπὶ θρόνου, ὥς τε θύραζε
> Ἤϊεν· οὐδέ τιν' ἄλλον ὀΐσσατο πορφύρουσα
> Ἔμμεναι ἀνέρα τοῖον· ἐν οὔασι δ' αἰὲν ὀρώρει
> Αὐδή τε μῦθοί τε μελίφρονες, οὓς ἀγόρευσε.
> (*Argon.*, lib. III, v. 451.)

Il lui doit encore ce serment, que Didon appelle au secours de sa vertu chancelante :

> Sed mihi vel tellus optem prius ima dehiscat,
> Vel pater omnipotens adigat me fulmine ad umbras,
> Pallentes umbras Erebi, noctemque profundam,
> Ante, pudor, quam te violo, aut tua jura resolvo.

Ὤ μοι ἐμῆς ἄτης. Ἦτ' ἄν πολὺ κέρδιον εἴη
Τῇδ' αὐτῇ ἐν νυκτὶ λιπεῖν βίον ἐν θαλάμοισι
Πότμῳ ἀνωίστῳ, κάκ' ἐλέγχεα πάντα φυγοῦσαν,
Πρὶν τάδε λωβήεντα καὶ οὐκ ὀνομαστὰ τελέσσαι.
(*Argon*., lib. III, v. 798.)

Mais ce sont là des ressemblances inévitables d'une passion partout la même, en tant que passion, et qui ne se peut modifier que sous les influences de la civilisation. Du reste, bientôt se montrent des nuances différentes, qui indiquent dans Virgile un sentiment moral, une délicatesse de pudeur nouvelle. Apollonius décrit aussi l'hymen de Médée et de Jason ; il entoure cette pompe nuptiale des images les plus riantes, des plus fraîches couleurs :

Χρύσεον αἰγλῆεν κῶας βάλον, ὄφρα πέλοιτο
Τιμήεις ὁ γάμος καὶ ἀοίδιμος· ἄνθεα δέ σφι
Νύμφαι ἀμεργόμεναι λευκοῖς ἐνὶ ποικίλα κόλποις
Ἐσφόρεον· πάσας δέ, πυρὸς ὥς, ἄμφεπεν αἴγλη.
. . . .
Αἱ μέν τ' Αἰγαίου ποταμοῦ καλέοντο θύγατρες·
Αἱ δ' ὄρεος κορυφὰς Μελιτηΐου ἀμφενέμοντο·
Αἱ δ' ἔσαν ἐκ πεδίων ἀλσηΐδες. Ὧρσε γὰρ αὐτὴ
Ἥρη Ζηνὸς ἄκοιτις, Ἰήσονα κυδαίνουσα.
(*Argon.*, lib. IV, v. 1142-1352.)

Speluncam Dido dux et trojanus eamdem
Deveniunt : prima et Tellus et pronuba Juno
Dant signum ; fulsere ignes, et conscius æther
Connubii ; summoque ululârunt vertice Nymphæ.

Que ce tableau est différent du premier ! ici, point de riantes images ; les éclairs seuls servent de flambeau nuptial, et, dans leur grotte, les Nymphes font entendre, au lieu de chants, le cri plaintif de la pudeur mourante.

Cette idée de la pudeur sacrifiée à l'amour se retrouve d'une manière bien frappante dans un autre passage ; elle atteste entre Catulle et Virgile une différence de sentimens presque aussi grande que celle qui existe entre Virgile et Apollonius.

Abandonnée par Thésée, Ariadne éclate en reproches ; elle lui rappelle ce qu'elle a quitté pour lui : son père abandonné, son frère trahi pour sauver Thésée :

> Certe ego te in medio versantem turbine lethi
> Eripui, et potius germanum amittere crevi ;
> An patris auxilium sperem quemne ipsa reliqui,
> Respersum juvenem fraterna cæde secuta?

Ainsi Apollonius fait parler Médée :

> Πάτρην τε, κλέα τε μεγάρων, αὐτούς τε τοκῆας
> Νοσφισάμην, τά μοι ἦεν ὑπέρτατα. . . . . . .
> (*Argon.*, liv. IV, v. 361.)

Et avant lui Euripide :

> Αὐτὴ δὲ, πατέρα καὶ δόμους προδοῦσ' ἐμοὺς,
> Τὴν Πηλιῶτιν εἰς Ἰωλκὸν ἱκόμην
> Σὺν σοί. . . . .
> Πελίαν τ' ἀπέκτειν', ὥσπερ ἄλγιστον θανεῖν,
> Παίδων ὑπ' αὐτοῦ, πάντα τ' ἐξεῖλον φόβον.
> (*Médée*, v. 483.)

Didon aussi, pour retenir Énée, rappelle tous les sacrifices qu'elle a faits à son amour ; mais que ses motifs sont plus délicats !

> Te propter libycæ gentes Nomadumque tyranni
> Odere, infensi Tyrii ; te propter eumdem
> *Exstinctus pudor*, et, qua sola sidera adibam,
> *Fama prior.*

Ce sacrifice de la réputation et de la pudeur, rappelé comme un des motifs qui doivent le plus fortement attacher Énée à Didon, comme la plus grande marque de tendresse qu'elle ait pu lui donner, est un trait particulier à Virgile, et qui trahit dans l'amour un sentiment moral jusque-là inconnu.

Il est une autre face sous laquelle Virgile a montré l'amour, une couleur nouvelle qu'il ne doit à personne, et que son âme seule lui a fournie; je veux dire la mélancolie qu'il a répandue sur les derniers momens de Didon. Ces dépouilles, gages chers encore d'un amour trahi; cette pâleur mortelle empreinte sur le visage de Didon; cet appareil touchant qui entoure son bûcher funéraire; enfin Didon, déjà environnée des ombres de la mort, attendrie à la vue du glaive fatal, jetant un triste regard vers le passé, saisie, au souvenir d'Énée, de honte et de désespoir; tout cela n'appartient qu'à l'âme de Virgile, et aussi à un siècle déjà travaillé d'une secrète inquiétude, et commençant, à son insu, une révolution morale.

Tels sont les traits qui, dans Virgile, présentent un tableau neuf et profond de l'amour. L'amour, s'il n'a pas encore toutes les luttes, tous les scrupules, toutes les délicatesses de la tendresse chrétienne, en a déjà la pudeur, les remords et la tristesse.

La quatrième églogue contient la pensée philosophique de Virgile, comme la dixième contenait la couleur nouvelle dont il a peint l'amour.

Cette quatrième églogue a beaucoup exercé les commentateurs; c'est un avenir de bonheur que l'on a prêté à bien des personnages ; un horoscope, pour ainsi dire devenu banal. La piété s'y est attachée comme l'érudition [1].

L'opinion qui voit dans l'églogue de Virgile un pressentiment du Messie, cette opinion non pas restreinte à un sens rigoureux et pauvre, mais hautement, mais historiquement interprétée, ne nous paraît pas sans vraisemblance.

1. Dante a cru trouver dans les vers de Virgile cette inspiration prophétique, et ce souffle chrétien que, plus tard, nous verrons se répandre sur le sixième livre de l'*Énéide*. Stace, rencontrant Virgile dans le sixième cercle du purgatoire, lui dit que c'est à lui qu'il a dû d'être poète, et surtout d'être éclairé de la lumière évangélique :

> Ed egli a lui : tu prima m'inviasti
> Verso Parnaso a ber nelle sue grotte,
> E prima appresso Dio m'alluminasti.
> Facesti come quei che va di notte,
> Che porta il lume dietro e a se non giova,
> Ma dopo se fa le persone dotte;
> Quando dicesti : secol si rinnova,
> Torna giustizia e primo tempo umano,
> E progenie scende dal ciel nova.
> Per te poeta fui, per te cristiano.
>
> (*Purgatorio*, canto XXII.)

M. De Maistre a soutenu cette opinion avec la vivacité de sa foi et de son génie[*].

[*] Ces idées étaient universellement répandues, et comme elles prêtaient infiniment à la poésie, le plus grand poète latin s'en empara et les revêtit des couleurs les plus brillantes dans son *Pollion*, qui fut depuis traduit en assez beaux vers grecs, et lu dans cette langue au concile de Nicée par ordre de l'empereur Constantin. Certes il était bien digne de la divine Providence d'ordonner que ce cri du genre humain retentit à jamais dans les vers immortels de Virgile! (DE MAISTRE, *Soirées de Saint-Pétersbourg*, t. II, 281, 316.)

Héritière des doctrines de l'Égypte, l'Étrurie avait la première, et depuis bien des siècles, annoncé une époque fatale [1]; plus tard, et surtout depuis l'introduction à Rome de la philosophie grecque, les croyances de l'Orient y étaient assez répandues. Ainsi avaient pu naître et s'étendre ces bruits, nés de l'Orient, sur un roi à venir, sur un héros à naître, sur l'époque fatale d'un siècle nouveau, d'un nouvel ordre de choses [2].

Ces bruits, Virgile avait pu les recueillir dans le palais même de Pollion et de la bouche d'Hérode [3].

Des raisons plus hautes viennent à l'appui de cette conjecture. L'univers était dans l'attente; quelque chose de mystérieux se remuait au fond des cœurs; la philosophie indienne, maîtresse de Rome, allait avec le christianisme renouveler le monde; tout changeait. Serait-il étonnant que, dans cette inquiétude générale, l'esprit du poète eût été rempli d'une inspiration prophétique, éclairé d'une soudaine illumination? non sans doute qu'il eût vu clairement ce Messie qu'attendait la Judée, mais la face nouvelle de l'humanité se montrait à lui, l'esprit nouveau le saisissait. Et où pouvaient, en effet, mieux éclater les illuminations du génie, que

1. Erat alia ab Etruscis profecta fama de octo sæculis genti etruscæ datis, et de seniorum inde a Sulla exorso, tum de decimo, periodi rerum, quæ tum erat, fine (HEYNE, 121; Cf. CENSERINO, c. XVII; PLUTARCH., *in Sulla*, p. 456).

2. Erat alia de magno anno vertente, a platonicis et stoicis petita, opinio, quo rerum omnium ἀνακύκλωσις et ἀποκατάστασις esset futura, tum alia de magno rege venturo fama. (Cf. SUET., *Aug.*, 94.)

3. JOSEPH., *Ant.* XV, c. 13.

dans ces révélations mystérieuses des destinées nouvelles de l'humanité ! L'âme tendre et mélancolique de Virgile devait, plus que toute autre, ressentir ces secrètes agitations qui alors troublaient les joies et les croyances du vieux monde payen. Car il y avait dans sa pensée une profonde et religieuse tristesse; son front est marqué de ce signe fatal du génie, qui semble réfléchir les douleurs de l'humanité. Virgile, on le sait, mourut de consomption; maladie des âmes tendres et des pieuses méditations.

Cette émanation, pour ainsi dire, et cette inspiration de la philosophie égyptienne, éclate plus soutenue, plus vive, plus pure, dans le sixième livre, qui nous semble le plus beau résumé des progrès qu'avait faits le monde depuis Homère. Entre l'enfer de l'*Odyssée* et l'enfer de l'*Énéide*, l'intervalle est immense. La pensée et la perfection d'un peuple se trouvant surtout dans sa doctrine religieuse, dans les châtimens qu'il attache aux crimes, dans les récompenses qu'il donne à la vertu, cherchons dans ce double tableau retracé par Homère et par Virgile, les caractères et les différences des deux civilisations :

Καὶ Τιτυὸν εἶδον γαίης ἐρικυδέος υἱὸν,
Κείμενον ἐν δαπέδῳ· ὁ δ' ἐπ' ἐννέα κεῖτο πέλεθρα.
Γῦπε δέ μιν ἑκάτερθε παρημένω ἧπαρ ἔκειρον
Δέρτρον ἔσω δύνοντες· ὁ δ' οὐκ ἀπαμύνετο χερσί.
Λητὼ γὰρ ἥλκησε, Διὸς κυδρὴν παράκοιτιν,
Πυθώδ' ἐρχομένην, διὰ καλλιχόρου Πανοπῆος.
Καὶ μὴν Τάνταλον εἰσεῖδον χαλέπ' ἄλγε' ἔχοντα,
Ἑσταότ' ἐν λίμνῃ· ἡ δὲ προσέπλαζε γενείῳ.
Στεῦτο δὲ διψάων, πιέειν δ' οὐκ εἶχεν ἑλέσθαι.

Ὁσσάκι γὰρ κύψει ὁ γέρων πιέειν μενεαίνων,
Τοσσάχ' ὕδωρ ἀπολέσκετ' ἀναβροχέν· ἀμφὶ δὲ ποσσὶ
Γαῖα μέλαινα φάνεσκε, καταζήνασκε δὲ δαίμων.
Δένδρεα δ' ὑψιπέτηλα κατακρῆθεν χέε καρπὸν,
Ὄγχναι, καὶ ῥοιαὶ, καὶ μηλέαι ἀγλαόκαρποι,
Συκαῖ τε γλυκεραὶ, καὶ ἐλαῖαι τηλεθόωσαι.
Τῶν ὁπότ' ἰθύσει ὁ γέρων ἐπὶ χερσὶ μάσασθαι,
Τάδ' ἄνεμος ῥίπτασκε ποτὶ νέφεα σκιόεντα.
Καὶ μὴν Σίσυφον εἰσεῖδον, κρατέρ' ἄλγε' ἔχοντα,
Λᾶαν βαστάζοντα πελώριον ἀμφοτέρῃσιν·
Ἤτοι ὁ μὲν, σκηριπτόμενος χερσίν τε ποσίν τε,
Λᾶαν ἄνω ὤθεσκε ποτὶ λόφον· ἀλλ' ὅτε μέλλοι
Ἄκρον ὑπερβαλέειν, τότ' ἀποστρέψασκε Κραταιΐς
Αὖτις, ἔπειτα πέδονδε κυλίνδετο λᾶας ἀναιδής·
Αὐτὰρ ὅγ' ἂψ ὤσασκε τιταινόμενος· κατὰ δ' ἱδρὼς
Ἔρρεεν ἐκ μελέων, κονίη δ' ἐκ κρατὸς ὀρώρει [1].

(*Odyssée*, liv. XI, v. 575.)

« Je vis Tityus, ce fils de la Terre, tout étendu, et qui de son vaste corps couvrait neuf arpens. Deux vautours, attachés incessamment à cette ombre, lui déchirent le foie sans qu'il puisse les chasser; car il avait eu l'insolence de vouloir violer Latone, fille

---

1. Oui, sans doute, l'une et l'autre justice ne punissent que pour corriger. Toutes les traditions déposent en faveur de ces théories; et la fable même proclame l'épouvantable vérité :

Là Thésée est assis et le sera toujours.

Ce fleuve qu'on ne passe qu'une fois; ce tonneau des Danaïdes *toujours* rempli et *toujours* vide; ce foie de Tityus *toujours* renaissant sous le bec du vautour qui le dévore *toujours*; ce Tantale *toujours* prêt à boire cette eau, à saisir ces fruits qui le fuient *toujours*; cette pierre de Sisyphe, *toujours* remontée ou poursuivie; ce cercle, symbole éternel de l'éternité, écrit sur la roue d'Ixion, sont autant d'hiéroglyphes parlans, sur lesquels il est impossible de se méprendre. (DE MAISTRE, *Soirées de Saint-Pétersbourg*, 341-342, 1er vol.)

de Jupiter, comme elle traversait les délicieuses campagnes de Panope, pour aller à Pytho. Auprès de Tityus, je vis le célèbre Tantale, en proie à des douleurs qu'on ne saurait exprimer, consumé par une soif brûlante; il était au milieu d'un étang, dont l'eau plus claire que le cristal lui montait jusqu'au menton, sans qu'il pût prendre une goutte pour se désaltérer; car, toutes les fois qu'il se baissait pour en boire, l'eau disparaissait tout autour de lui, et il ne voyait à ses pieds qu'un sable aride qu'un dieu ennemi desséchait. Ce n'était là que la moitié de son supplice : également dévoré par la faim, il était environné de beaux arbres, d'où pendaient sur sa tête des fruits délicieux, des poires, des grenades, des oranges, des figues, des olives; mais, toutes les fois que ce malheureux levait les bras pour en prendre, un vent jaloux les élevait jusqu'aux nues. Le tourment de Sisyphe ne me parut pas moins terrible; il avait dans ses mains un gros rocher qu'il tâchait de pousser sur le sommet d'une montagne, en grimpant avec les pieds et avec les mains; mais, lorsqu'après des efforts infinis il était parvenu jusqu'à la cime, et qu'il allait placer son rocher, une force majeure le repoussait, et cette énorme pierre retombait en roulant jusque dans la plaine. Ce malheureux la reprenait sur l'heure, et recommençait son travail; des torrens de sueur coulaient de tous ses membres, et sa tête élevait des tourbillons de poussière, en poussant son rocher contre le mont [1]. »

Virgile :

> Necnon et Tityon, Terræ omniparentis alumnum,
> Cernere erat; per tota novem cui jugera corpus
> Porrigitur; rostroque immanis vultur obunco
> Immortale jecur tundens, fecundaque pœnis
> Viscera, rimaturque epulis, habitatque sub alto
> Pectore; nec fibris requies datur ulla renatis.
> Quid memorem Lapithas, Ixiona, Pirithoumque,
> Quos super atra silex jamjam lapsura cadentique
> Imminet assimilis? Lucent genialibus altis
> Aurea fulcra toris, epulæque ante ora paratæ

1. Traduction de madame Dacier.

Regifico luxu : Furiarum maxima juxta
Accubat, et manibus prohibet contingere mensas;
Exsurgitque facem attollens, atque intonat ore.

« Aux mêmes lieux gît ce colosse nourrisson de la Terre, Tityus, dont le corps étendu couvre neuf arpens tout entiers. Immortel aliment d'un immortel vautour, son foie sanglant se reproduit sans cesse sous d'horribles morsures; et ses entrailles se fécondent pour éterniser ses douleurs. Au fond de sa vaste poitrine, l'insatiable oiseau habite nuit et jour; et les fibres qu'il ronge renaissent pour qu'il les ronge encore. Rappellerai-je les fiers Lapithes, Ixion et Pirithoüs? Sur eux pend une sombre roche, toujours prête à tomber, toujours menaçant leur tête. Peindrai-je ces riches voluptueux, couchés sur des lits magnifiques, et resplendissans de pourpre et d'or? Sous leurs yeux sont servies des tables somptueuses où brille le luxe des rois; mais la cruelle Mégère y siège à côté d'eux; et chaque fois que leur main s'avance vers les mets, la Furie se dresse, et, levant sa torche, les effraie de sa voix tonnante. »

Ainsi Homère ne va pas au delà de la fable ancienne : Tityus, Tantale, Sisyphe, grands coupables sans doute, mais qui rappellent moins une violation de la loi morale, que le souvenir de ces luttes terribles qui remplirent les temps fabuleux de la Grèce. Virgile a aussi retracé ces vengeances des dieux : c'est là partie grecque de son poëme, la partie empruntée à l'ancienne croyance; il va maintenant exprimer les idées nouvelles de justice et de crime, que le temps a mises dans la société, et qui, des écoles de Platon [1], ou plutôt des sanctuaires de Memphis, ont passé dans la poésie latine :

Hic, quibus invisi fratres, dum vita manebat,
Pulsatusve parens, aut fraus innexa clienti;
Aut qui divitiis soli incubuere repertis,

1. Platon, *de Legibus*, iv, v, ix.

Nec partem posuere suis, quæ maxima turba est;
Quique ob adulterium cæsi, quique arma secuti
Impia, nec veriti dominorum fallere dextras :
Inclusi pœnam exspectant.

« Plus loin sont enfermés ces frères jadis armés contre leurs frères; ces fils dénaturés, dont un père subit les outrages; ces infidèles patrons, spoliateurs de leurs cliens; ces avares, couvant seuls autrefois leur trésor inutile, et qui refusèrent une obole à l'indigence : ce nombre est infini; là sont encore et les lâches adultères, tombés sous un fer vengeur; et ces furieux, égarés sous des drapeaux impies; et ces parjures qui trahirent leurs sermens et leurs maîtres. »

Ces punitions attachées à la violation des sentimens et des lois de la nature; la haine fraternelle, l'absence de respect filial, de bonne-foi, de charité (*nec partem posuere suis*); la trahison, la bassesse vendant à prix d'or la justice ou la patrie, lui imposant un maître; les joies coupables du cœur (*mala mentis gaudia*[1]), placées à côté du cortège ancien des enfers, punies comme l'étaient les attentats de Thésée envers les dieux; cette voix terrible,

Discite justitiam moniti, et non temnere divos,

toutes ces profondes et magnifiques pensées indiquent un ordre moral nouveau.

Supérieur à Homère et à tous les poètes qui l'ont précédé dans le tableau des crimes et des vengeances célestes, Virgile l'est plus encore dans le tableau des récompenses qu'il accorde aux hommes vertueux, et des caractères auxquels il reconnaît la vertu.

---

[1]. Il y a un traité de morale dans ces mots. (DE MAISTRE, *Soirées de Saint-Pétersbourg*, p. 236.)

Hic manus, ob patriam pugnando vulnera passi,
Quique sacerdotes casti[1] dum vita manebat,
Quique pii vates et Phœbo digna locuti,
Inventas aut qui vitam excoluere per artes,
Quique sui memores alios fecere merendo[2] :
Omnibus his nivea cinguntur tempora vitta.

« Sous des berceaux odorans sont les guerriers fidèles dont le sang versé dans les batailles coula pour la patrie; les saints pontifes dont la vie fut chaste et sans tache; les poètes religieux, qui ne firent entendre que des chants dignes d'Apollon; les inventeurs des arts chers à l'humanité; ceux enfin qui, par des bienfaits, ont mérité de vivre dans la mémoire : tous rayonnent le front ceint d'un bandeau plus blanc que la neige. »

Virgile nous montre des gloires vertueuses, des triomphes pacifiques; tous les bienfaiteurs de l'humanité; tous ceux qui l'ont défendue par leur courage, honorée

1. Heyne, qui sentait dans ce vers la condamnation formelle d'un dogme de Gottingue, l'accompagna d'une note charmante : « Cela s'entend, dit-il, des prêtres qui se sont acquittés de leurs fonctions, *castè*, *purè ac piè*, c'est-à-dire, scrupuleusement de *cette manière Virgile* n'est point répréhensible : *ita nihil est quod reprehendas*. » (DE MAISTRE, *Le Pape*, 447.)

2. Bernardin de Saint-Pierre a, dans son utopie d'un *Élysée* national, développé ce vers de Virgile avec un charme singulier de naïveté et de douceur. « Il n'y a si petite nation moderne qui n'ait ses Alexandres et ses Césars, et aucune ses Bacchus et ses Cérès. Les anciens, au moins aussi valeureux que nous, pensaient, sans contredit, bien mieux. Plutarque observe quelque part que Cérès et Bacchus, qui étaient des mortels, furent élevés au rang des dieux, à cause des biens purs, universels et durables qu'ils avaient procurés aux hommes; mais qu'Hercule, Thésée et les autres héros ne furent qu'au rang des demi-dieux, parce que les services qu'ils rendirent aux hommes furent passagers, circonscrits et mêlés de beaucoup de maux. Je me suis souvent étonné de notre in-

par leur piété; qui l'ont embellie par le génie des arts, ou consolée par de nobles accens. Aussi à de tels hommes,

différence pour la mémoire de ceux de nos ancêtres qui nous ont apporté des arbres utiles, dont les fruits et les ombrages font aujourd'hui nos délices. Les noms de ces bienfaiteurs sont, pour la plupart, totalement inconnus; cependant leurs bienfaits se perpétuent pour nous d'âge en âge. Pline se glorifie de ce que, dans les huit espèces de cerises connues à Rome de son temps, il y en avait une appelée *Plinienne*, du nom d'un de ses parens, à qui l'Italie en était redevable. Pline félicite ailleurs Pompée et Vespasien d'avoir fait paraître à Rome l'arbre d'ébène et celui de baume de la Judée au milieu de leurs triomphes, comme s'ils n'eussent pas alors triomphé seulement des nations, mais de la nature même de leur pays. Certainement, si j'avais quelque souhait à faire pour perpétuer mon nom, j'aimerais mieux le voir porté par un fruit en France, que par une île en Amérique. Le peuple, dans la saison des fruits, se rappellerait ma mémoire; mon nom, dans les paniers des paysans, durerait plus gravé que sur les colonnes de marbre. Je ne connais point, dans la maison de Montmorency, de monument plus durable et plus cher que la cerise qui en porte le nom. Le bienfait d'une plante utile est, à mon gré, un des services les plus importans qu'un citoyen puisse rendre à son pays. Les plantes étrangères nous lient avec les nations d'où elles viennent; elles transportent parmi nous quelque chose de leur bonheur et de leurs soleils. Un olivier me représente l'heureux pays de la Grèce mieux que le livre de Pausanias; et j'y trouve les dons de Minerve bien mieux exprimés que sur des médaillons. Sous un marronnier en fleurs, je me repose sous les riches ombrages de l'Amérique; le parfum d'un citron me transporte en Arabie, et je suis au voluptueux Pérou en flairant l'héliotrope. Je commencerais donc à ériger les premiers monumens de la reconnaissance publique à ceux qui nous ont apporté des plantes utiles : pour cet effet je choisirais une des îles de la Seine, dans les environs de Paris, afin d'en faire un Élysée. Je planterais autour de ce vaste terrain, et le long de ses rivages, les arbres, les arbrisseaux et les herbes dont la France a été enrichie depuis plusieurs siècles. » (*Études de la nature*, t. III.)

pour récompense, plus de ces vains amusemens qui charmaient les héros dans les Champs-Élysées ; plus de chars fantastiques, de coursiers imaginaires, d'armes inutiles; mais bien la contemplation de la vérité, les plus sublimes extases, les plus douces rêveries :

> Solemque suum, sua sidera, norunt[1].
> Necnon threicius longa cum veste sacerdos
> Obloquitur numeris septem discrimina vocum.
> Conspicit ecce alios dextra lævaque per herbam
> Vescentes, lætumque choro Pæana canentes,
> Inter odoratum lauri nemus.

« Cet heureux monde a son soleil et ses étoiles..... A leur tête le divin chantre de la Thrace, en longs habits flottans, marie les accords de sa voix aux sept tons de sa lyre.... Ailleurs des groupes de convives, mollement couchés sur l'épaisseur de l'herbe, célèbrent au milieu des festins les louanges des dieux. Une forêt de lauriers les couvre de ses ombrages balsamiques. »

La foi chrétienne n'a pas été au delà, même dans l'imagination orientale, et dans la pureté enthousiaste

---

1. M. de Guerle, dont nous empruntons la traduction, et tous les commentateurs et traducteurs de Virgile nous paraissent avoir mal compris ce vers; ils ne voient dans *norunt* que le synonyme élégant de *habent*. Nous croyons que *norunt* a ici un sens plus étendu et plus profond. Non-seulement ces hommes ont leur soleil et leurs astres, mais encore ils connaissent la marche, les lois, l'harmonie de ces sphères célestes; ils ont le sentiment de leur félicité, et l'intelligence du monde qu'ils habitent. C'est ainsi que M. de Châteaubriand, peignant les joies du ciel chrétien, a dit : « La couleur des cieux, la disposition et la grandeur des sphères, qui varient selon les mouvemens et les distances, sont pour les esprits bienheureux une source inépuisable d'admiration. Ils aiment à connaître les lois qui font rouler avec tant de légèreté ces corps pesans dans l'éther fluide; ils visitent cette lune paisible qui,

de Fénelon : « Télémaque s'avança vers ces rois qui étaient dans des bocages odoriférans, sur des gazons toujours renaissans et fleuris. Une lumière pure et douce se répand autour des corps de ces hommes justes, et les environne de ses rayons comme d'un vêtement. Une jeunesse éternelle, une félicité sans fin, une gloire toute divine est peinte sur leur visage; mais leur joie n'a rien de folâtre ni d'indécent : c'est un goût sublime de la vérité et de la vertu qui les transporte. Ils chantent les louanges des dieux, et ils ne font tous ensemble qu'une seule voix, une seule pensée, un seul cœur. »

Pour récompenser la vertu, Homère n'avait trouvé que quelques vers, et, à placer dans son Élysée, il n'a pas d'autre héros que Ménélas [1] !

pendant le calme des nuits, éclaira leurs prières ou leurs amitiés ici-bas. L'astre humide et tremblant qui précède les feux du matin; cette autre planète qui paraît comme un diamant dans la chevelure d'or du soleil; ce globe à la longue année, qui ne marche qu'à la lueur de quatre torches pâlissantes; cette terre en deuil qui, loin des rayons du jour, porte un anneau, ainsi qu'une veuve inconsolable : tous ces flambeaux errans de la maison de l'homme attirent les méditations des élus. » (*Les Martyrs*, l. III. *Voir* aussi les notes, p. 147.)

1. Σοὶ δ'οὐ θέσφατόν ἐστι, διοτρεφὲς ὦ Μενέλαε,
Ἄργει ἐν ἱπποβότῳ θανέειν καὶ πότμον ἐπισπεῖν·
Ἀλλά σ' ἐς Ἠλύσιον πεδίον καὶ πείρατα γαίης
Ἀθάνατοι πέμψουσιν, ὅθι ξανθὸς Ῥαδάμανθυς,
Τῇ περ ῥηΐστη βιοτὴ πέλει ἀνθρώποισιν·
Οὐ νιφετός, οὔτ' ἄρ χειμὼν πολύς, οὔτέ ποτ' ὄμβρος,
Ἀλλ' αἰεὶ Ζεφύροιο λιγυπνείοντας ἀήτας
Ὠκεανὸς ἀνίησιν, ἀναψύχειν ἀνθρώπους.
(*Od.*, IV, v. 561.)

Après lui, Pindare et Platon n'ont rien trouvé de mieux : de frais zéphyrs, une onde pure, des arbres couverts de fruits brillans, de vertes couronnes, un printemps éternel, voilà, jusqu'à Virgile, tout ce que la poésie et la philosophie avaient imaginé pour le bonheur des justes[1].

1. Ὅσοι δ' ἐτόλμασαν ἐς τρὶς
    Ἑκατέρωθι μείναντες,
    Ἀπὸ πάμπαν ἀδίκων ἔχειν
    Ψυχάν, ἔτειλαν Διὸς
    Ὁδὸν παρὰ Κρόνου τύρ-
    σιν· ἔνθα μακάρων
    Νᾶσον ὠκεανίδες
    Αὖραι περιπνέουσιν· ἄν-
    θεμα δὲ χρυσοῦ φλέγει,
    Τὰ μὲν χερσόθεν, ἀπ' ἀ-
    γλαῶν δενδρέων,
    Ὕδωρ δ' ἄλλα φέρβει·
    Ὅρμοισι τῶν χέρας ἀνα-
    πλέκοντι καὶ στεφάνοις.
                    (*Olympique* II, v. 123.)

    Τοῖσι λάμπει μὲν μένος ἀελίου
    Τὰν ἐνθάδε νύκτα κάτω,
    Φοινικορόδιαί τε λειμῶνές
    Εἰσι προάστειον αὐτῶν,
    Καὶ λιβάνῳ σκιερὰν
    Καὶ χρυσοκάρποισι βέβριθε.
    Καί τοι μὲν ἱππείοις γυμνασίοις,
    Τοὶ δὲ πεσσοῖς, τοὶ δὲ φορμίγγεσι τέρπονται·
    Παρὰ δὲ σφίσιν εὐανθὴς
    Ἅπας τέθηλεν ὄλβος·
    Ὀδμὰ δ' ἐρατὸν
    Κατὰ χῶρον κίδναται ἀεί,
    Θύματα μιγνύντων πυρὶ τηλεφανεῖ
    Παντοῖα θεῶν ἐπὶ βωμοῖς.

(PINDARE, *Fragmens*; Élégie conservée par Plutarque dans la *Consolation à Apollonius*.)

Une autre création distingue plus particulièrement encore le sixième livre de l'*Énéide* de toute la mythologie ancienne : c'est la pensée d'un purgatoire, d'un lieu d'expiation où se régénèrent les âmes qui ont été plus faibles que coupables :

> Quin et supremo quum lumine vita reliquit,
> Non tamen omne malum miseris, nec funditus omnes
> Corporeæ excedunt pestes; penitusque necesse est
> Multa diu concreta modis inolescere miris.
> Ergo exercentur pœnis, veterumque malorum
> Supplicia expendunt. Aliæ panduntur inanes
> Suspensæ ad ventos : aliis sub gurgite vasto
> Infectum eluitur scelus, aut exuritur igni :
> Quisque suos patimur manes. Exinde per amplum
> Mittimur Elysium, et pauci læta arva tenemus :
> Donec longa dies, perfecto temporis orbe,
> Concretam exemit labem, purumque reliquit
> Æthereum sensum, atque auraï simplicis ignem [1].

« Même à l'heure suprême, quand l'esprit échappe enfin à ses liens charnels, ses misères, hélas! ne sont point à leur terme. Il porte encore l'empreinte des souillures du corps; la lèpre invétérée du vice le suit dans les enfers. Alors commencent les jours d'épreuves; alors s'expient dans les souffrances les fautes du passé. Ici les âmes, suspendues dans le vide, sont le jouet des vents; là, plongées au fond d'un lac immense, elles s'y lavent des taches qui les flétrissent; ailleurs elles se retrempent à l'ardeur des brasiers; chacune a son tourment. Lorsque les temps sont accomplis, lorsque le cours des âges les a purgées de leur fange étrangère, lorsqu'enfin est restée, par le souffle éthéré, cette étincelle du feu céleste, le spacieux Élysée les admet dans son sein. »

Que manque-t-il à ce purgatoire, pour être chrétien? les prières, qui sont le lien entre la vie et la mort,

[1]. Ces idées sont un reflet de Platon. *Voir* le récit d'Her., *de Republica*, lib. x.

entre le ciel et la terre : il était réservé à Dante de faire retentir le cantique de la délivrance [1].

Toutefois, dans ces châtimens attachés à la violation de la loi morale, dans ces expiations inconnues au polythéisme grec, dans ces récompenses accordées à la vertu, il y a un pressentiment de la révélation évangélique, un rayon du jour nouveau qui se levait sur le monde; et c'est sans doute moins par un esprit d'imitation classique, que par une de ces secrètes et puissantes harmonies, qui lient entre eux les ouvrages du génie, et forment les générations éternelles de la pensée humaine, que Dante a placé ses chants sous l'inspiration de Virgile : la *Divine Comédie* est en effet le développement du sixième livre de l'*Énéide* [2].

[1].
> In exitu Israel de Egitto,
> Cantavan tutti ansieme ad un' voce,
> Con quanto di quel salmo è poi scritto.
> (*Purgatorio*, canto 2.)

[2]. Les traces de cette influence mystérieuse, de cette transmission intellectuelle de Virgile à Dante, sont répandues dans tout le poëme de la *Divine Comédie* comme une haute et continue inspiration. La pensée du poète florentin était fille de l'antiquité, et elle continuait le développement de l'humanité dans son progrès religieux. On ne s'étonne donc point de voir Dante placer Virgile dans les limbes, parmi ces sages qui avaient, dans les ténèbres du paganisme, entrevu la lumière évangélique.

> Io era intra color che son sospesi.
> (*Inferno*, canto 2.)

De même, au quatrième livre de l'*Enfer*, Dante faisant apparaître auprès de Virgile, Homère, Horace, Ovide, Lucain, s'ajoute, lui sixième, à ce groupe des poètes supérieurs :

> Si ch' io fui sesto tra cotanto senno.

Nous avons présenté Virgile sous sa triple face, grecque, romaine, moderne ; réfléchissant deux civilisations, et précurseur d'une troisième qui semble poindre dans deux églogues, et dans le quatrième et le sixième livres de l'*Énéide*. Il forme ainsi, entre Homère et Dante, le lien nécessaire, et une harmonieuse transition. Considéré à part, il est incomplet, comme cette société romaine qui, sortie de la Grèce, ne devait se transformer, se régénérer que par l'avènement du christianisme à l'empire du monde intellectuel et moral.

VIRGILE.

BUCOLIQUES.

PUBLII VIRGILII
BUCOLICA.

ECLOGA I.

MELIBOEUS, TITYRUS.

MELIBOEUS.

Tityre, tu patulae recubans sub tegmine fagi
Silvestrem tenui musam meditaris avena;
Nos patriae fines et dulcia linquimus arva,
Nos patriam fugimus! Tu, Tityre, lentus in umbra
Formosam resonare doces Amaryllida silvas.

TITYRUS.

O Meliboee, deus nobis haec otia fecit.
Namque erit ille mihi semper deus; illius aram
Saepe tener nostris ab ovilibus imbuet agnus.
Ille meas errare boves, ut cernis, et ipsum
Ludere, quae vellem, calamo permisit agresti.

MELIBOEUS.

Non equidem invideo, miror magis; undique totis

BUCOLIQUES DE VIRGILE.

ÉGLOGUE I.

MÉLIBÉE, TITYRE.

MÉLIBÉE.

Heureux Tityre! assis à l'abri de ce hêtre aux larges rameaux, tu essaies, sur ton léger chalumeau, des accords champêtres; et nous, nous abandonnons les champs paternels et nos douces campagnes; nous fuyons la patrie! Toi, Tityre, à l'ombre étendu, tu apprends aux forêts à redire le nom de la belle Amaryllis.

TITYRE.

O Mélibée! un dieu nous a fait ce loisir; oui, toujours il sera un dieu pour moi; souvent le sang d'un jeune agneau, l'élite de ma bergerie, arrosera son autel. Si tu vois mes génisses errer en liberté, si moi-même je puis jouer sur ma flûte mes airs favoris, c'est lui qui l'a permis.

MÉLIBÉE.

Ce bonheur, je n'en suis point jaloux; mais il m'é-

Usque adeo turbatur agris. En ipse capellas
Protenus æger ago; hanc etiam vix, Tityre, duco.
Hic inter densas corylos modo namque gemellos,
Spem gregis, ah! silice in nuda connixa reliquit.
Sæpe malum hoc nobis, si mens non læva fuisset,
De cœlo tactas memini prædicere quercus.
[Sæpe sinistra cava prædixit ab ilice cornix.]
Sed tamen, iste deus qui sit, da, Tityre, nobis.

TITYRUS.

Urbem, quam dicunt Romam, Melibœe, putavi
Stultus ego huic nostræ similem, quo sæpe solemus
Pastores ovium teneros depellere fetus.
Sic canibus catulos similes, sic matribus hædos
Noram; sic parvis componere magna solebam.
Verum hæc tantum alias inter caput extulit urbes,
Quantum lenta solent inter viburna cupressi.

MELIBOEUS.

Et quæ tanta fuit Romam tibi causa videndi?

TITYRUS.

Libertas, quæ sera tamen respexit inertem,
Candidior postquam tondenti barba cadebat;
Respexit tamen, et longo post tempore venit,
Postquam nos Amaryllis habet, Galatea reliquit.
Namque, fatebor enim, dum me Galatea tenebat,
Nec spes libertatis erat, nec cura peculi.

tonne; tant de troubles agitent nos campagnes! Moi-même, faible et malade, j'emmène mes chèvres loin de ces lieux; celle-ci, Tityre, elle a peine à me suivre. Ici, parmi ces épais coudriers, elle vient de mettre bas et de laisser, hélas! sur une roche nue, deux jumeaux; c'était tout l'espoir de mon bercail. Ce malheur, si mon esprit n'eût été aveuglé, souvent, je m'en souviens, les chênes, frappés de la foudre, me l'annoncèrent; souvent, du creux de l'yeuse, la corneille sinistre me l'a prédit. Mais enfin ce dieu, quel est-il, Tityre, dis-le-moi?

TITYRE.

La ville qu'on appelle Rome, ô Mélibée! je la croyais, dans ma simplicité, semblable à la ville voisine; où nous avions accoutumé, nous autres pasteurs, de conduire nos tendres agneaux. Ainsi je voyais les jeunes chiens ressembler à leurs pères, les chevreaux à leurs mères; ainsi aux petites choses je comparais les grandes. Mais entre les autres villes, Rome élève autant sa tête, qu'entre les viornes flexibles, l'altier cyprès.

MÉLIBÉE.

Et quel motif si puissant te conduisait à Rome?

TITYRE.

La liberté: bien tard, il est vrai, elle m'apparut; déjà brisé par l'âge, ma barbe tombait blanchie sous mes doigts; elle est enfin venue, après une longue attente, me visiter, depuis que pour Amaryllis j'ai quitté Galatée; car, je l'avouerai: tant que j'appartins à Galatée, je n'avais ni espoir de liberté, ni soin de mon pécule. En vain de mes étables sortaient de nombreuses victimes; en vain, pour une ville ingrate, je pressurais

Quamvis multa meis exiret victima septis,
Pinguis et ingratæ premeretur caseus urbi,
Non umquam gravis ære domum mihi dextra redibat.

MELIBOEUS.

Mirabar quid mœsta deos, Amarylli, vocares;
Cui pendere sua patereris in arbore poma.
Tityrus hinc aberat. Ipsæ te, Tityre, pinus,
Ipsi te fontes, ipsa hæc arbusta, vocabant.

TITYRUS.

Quid facerem? Neque servitio me exire licebat,
Nec tam præsentes alibi cognoscere divos.
Hic illum vidi juvenem, Melibœe, quotannis
Bis senos cui nostra dies altaria fumant.
Hic mihi responsum primus dedit ille petenti :
« Pascite, ut ante, boves, pueri; summittite tauros. »

MELIBOEUS.

Fortunate senex, ergo tua rura manebunt!
Et tibi magna satis, quamvis lapis omnia nudus
Limosoque palus obducat pascua junco.
Non insueta graves tentabunt pabula, fetas
Nec mala vicini pecoris contagia lædent.
Fortunate senex ! hic, inter flumina nota
Et fontes sacros, frigus captabis opacum.
Hinc tibi, quæ semper vicino ab limite sepes
Hyblæis apibus florem depasta salicti,
Sæpe levi somnum suadebit inire susurro.

mon plus pur laitage, jamais à la maison je ne revenais les mains chargées d'argent.

MÉLIBÉE.

Et je m'étonnais si, toujours triste, Amaryllis, tu invoquais les dieux! si tu laissais pendre à l'arbre les fruits mûrs depuis long-temps! Tityre était absent. Ces pins, ces fontaines, ces arbrisseaux, c'est toi, Tityre, qu'ils redemandaient.

TITYRE.

Que faire? Pour me tirer d'esclavage, je n'avais pas d'autre moyen, et je ne pouvais espérer ailleurs des dieux aussi favorables. C'est là que je l'ai vu, ô Mélibée! ce jeune héros pour qui chaque année, douze fois sur nos autels, fume l'encens; là, qu'à ma prière il a répondu : « Bergers, comme auparavant, faites paître vos génisses; au joug soumettez vos jeunes taureaux. »

MÉLIBÉE.

Heureux vieillard! ainsi tes champs, tu les conserveras! ils te suffisent, bien que resserrés d'un côté par un rocher stérile, de l'autre par un marais fangeux et couvert de joncs. Tes brebis pleines ne feront point l'essai dangereux d'un nouveau pâturage, et devenues mères, elles ne craindront pas d'un troupeau voisin le mal contagieux. Heureux vieillard! ici, sur la rive du fleuve accoutumé, près des fontaines sacrées, tu respireras la fraîche obscurité. Tantôt, sur cette haie qui borde ton héritage, l'abeille du mont Ida viendra sucer la fleur du saule, et, par son doux murmure, t'inviter au sommeil; tantôt, du haut de cette roche, la voix du bûcheron

Hinc alta sub rupe canet frondator ad auras.
Nec tamen interea raucae, tua cura, palumbes,
Nec gemere aeria cessabit turtur ab ulmo.

TITYRUS.

Ante leves ergo pascentur in aethere cervi,
Et freta destituent nudos in litore pisces;
Ante, pererratis amborum finibus, exsul
Aut Ararim Parthus bibet, aut Germania Tigrim,
Quam nostro illius labatur pectore vultus.

MELIBOEUS.

At nos hinc alii sitientes ibimus Afros;
Pars Scythiam, et rapidum Cretae veniemus Oaxem,
Et penitus toto divisos orbe Britannos.
En umquam patrios longo post tempore fines.
Pauperis et tuguri congestum cespite culmen,
Post aliquot, mea regna videns, mirabor aristas?
Impius haec tam culta novalia miles habebit?
Barbarus has segetes? En, quo discordia cives
Perduxit miseros! En, quis consevimus agros!
Insere nunc, Meliboee, pyros, pone ordine vites.
Ite meae, quondam felix pecus, ite capellae;
Non ego vos posthac, viridi projectus in antro,
Dumosa pendere procul de rupe videbo.
Carmina nulla canam. Non, me pascente, capellae,
Florentem cytisum et salices carpetis amaras.

TITYRUS.

Hic tamen hac mecum poteras requiescere nocte

montera dans les airs; tandis que les ramiers, tes amours, ne cesseront de roucouler, et la tourterelle de gémir sur les ormes à la cime aérienne.

TITYRE.

Aussi l'on verra dans les plaines de l'air paître les cerfs légers, la mer abandonner les poissons à sec sur le rivage; et, changeant de pays, le Parthe exilé, boire les eaux de la Saône, et le Germain celles du Tigre, avant que de mon cœur s'efface son image.

MÉLIBÉE.

Mais nous, exilés de ces lieux, nous irons les uns chez l'Africain brûlé par le soleil, les autres dans la Scythie, ou en Crète, sur les bords de l'Oaxe rapide, ou chez les Bretons, séparés du reste de l'univers. Oh! jamais après un long exil, ne reverrai-je les champs paternels, et ma pauvre cabane, et mon toit couvert de chaume, jamais cet humble héritage qui formait mon empire? Un soldat impie possèdera ces champs cultivés avec tant de soin? un Barbare, ces moissons? Voilà, malheureux citoyens, le fruit de vos discordes! voilà pour qui nous avons ensemencé nos terres! Va maintenant, Mélibée, greffer tes poiriers, aligner tes ceps. Et vous, troupeau jadis heureux, allez, mes chèvres, allez! étendu dans un antre verdoyant, je ne vous verrai plus suspendues aux flancs d'une roche buissonneuse. Désormais plus de chants. Non, vous n'irez plus, conduits par ma houlette, brouter le saule amer et le cytise fleuri.

TITYRE.

Cependant cette nuit, tu peux encore la passer avec

Fronde super viridi. Sunt nobis mitia poma,
Castaneæ molles, et pressi copia lactis.
Et jam summa procul villarum culmina fumant,
Majoresque cadunt altis de montibus umbræ.

moi sur un vert feuillage. Nous avons des fruits mûrs, des châtaignes par la cendre amollies, et du laitage en abondance. Vois d'ailleurs : déjà, du faîte des chaumières, s'élève au loin la fumée, et, du haut des montagnes, les ombres descendent plus grandes dans la plaine.

ECLOGA II.

ALEXIS.

Formosum pastor Corydon ardebat Alexin,
Delicias domini; nec, quid speraret, habebat.
Tantum inter densas, umbrosa cacumina, fagos
Assidue veniebat. Ibi haec incondita solus
Montibus et silvis studio jactabat inani:
O crudelis Alexi, nihil mea carmina curas!
Nil nostri miserere! Mori me denique cogis.
Nunc etiam pecudes umbras et frigora captant;
Nunc virides etiam occultant spineta lacertos;
Thestylis et rapido fessis messoribus aestu
Allia serpyllumque herbas contundit olentes:
At mecum raucis, tua dum vestigia lustro,
Sole sub ardenti resonant arbusta cicadis.
Nonne fuit satius, tristes Amaryllidis iras
Atque superba pati fastidia? nonne Menalcan?
Quamvis ille niger, quamvis tu candidus esses.
O formose puer, nimium ne crede colori.
Alba ligustra cadunt, vaccinia nigra leguntur.
Despectus tibi sum, nec qui sim quaeris, Alexi,
Quam dives pecoris, nivei quam lactis abundans.
Mille meae siculis errant in montibus agnae;

ÉGLOGUE II.

ALEXIS.

Le berger Corydon brûlait pour le bel Alexis, les délices de son maître; et Corydon aimait sans espoir. Seulement, chaque jour, il venait sous l'ombrage épais de hêtres touffus. Là, seul et sans art, il fatiguait les montagnes et les forêts de ces plaintes inutiles : O cruel Alexis! tu dédaignes mes chants ! tu es pour moi sans pitié ! oui, tu me forceras à mourir. Voici l'heure où les troupeaux eux-mêmes cherchent l'ombre et la fraîcheur; où le vert lézard se cache sous les buissons; où Thestylis broie, pour les moissonneurs épuisés par l'ardeur dévorante du soleil, l'ail et le serpolet odoriférans : et moi, pour suivre la trace de tes pas, je brave les ardeurs du midi, et ma voix seule se mêle, dans les halliers, au cri de la cigale. Oh! qu'il eût mieux valu supporter d'Amaryllis la sombre humeur et les superbes dédains ! Ménalque lui-même, que ne l'ai-je préféré? bien que son teint soit basané, et le tien éclatant de blancheur. O bel enfant! ne te fie pas trop à ces vives couleurs. Le blanc troëne, on le laisse tomber, et on recueille le noir vaciet.

Tu me méprises, Alexis, et tu ne demandes même pas qui je suis; si j'ai de nombreux troupeaux; si, dans mon bercail, coule en abondance un lait plus blanc que la

Lac mihi non æstate novum, non frigore defit;
Canto, quæ solitus, si quando armenta vocabat,
Amphion Dircæus in Actæo Aracyntho.
Nec sum adeo informis; nuper me in litore vidi,
Quum placidum ventis staret mare. Non ego Daphnin,
Judice te, metuam, si nunquam fallit imago.

O TANTUM libeat mecum tibi sordida rura,
Atque humiles habitare casas, et figere cervos,
Hædorumque gregem viridi compellere hibisco!
Mecum una in silvis imitabere Pana canendo.
Pan primus calamos cera conjungere plures
Instituit; Pan curat oves oviumque magistros.
Nec te pœniteat calamo trivisse labellum.
Hæc eadem ut sciret, quid non faciebat Amyntas?

EST mihi disparibus septem compacta cicutis
Fistula, Damœtas dono mihi quam dedit olim,
Et dixit moriens : « Te nunc habet ista secundum. »
Dixit Damœtas; invidit stultus Amyntas.
Præterea duo, nec tuta mihi valle reperti,
Capreoli, sparsis etiam nunc pellibus albo,
Bina die siccant ovis ubera; quos tibi servo.
Jam pridem a me illos abducere Thestylis orat;
Et faciet, quoniam sordent tibi munera nostra.

neige. J'ai mille brebis qui errent sur les montagnes de Sicile ; en été, comme en hiver, le lait nouveau ne me manque jamais. Je chante les airs que chantait, pour rassembler ses troupeaux, Amphion le Thébain, sur le mont Aracynthe, au bord de la mer ! Pas ne suis non plus si difforme : l'autre jour, près du rivage, je me suis vu, pendant que les vents étaient calmes et la mer immobile ; et si ce miroir n'est jamais trompeur, Daphnis même, je ne le craindrais pas, quand pour juge j'aurais Alexis.

Oh ! viens seulement habiter avec moi ces campagnes que tu dédaignes, et vivre sous nos humbles cabanes ! viens forcer le cerf dans les bois, et, la verte houlette à la main, guider mon troupeau de chèvres ! Émules de Pan, nous ferons de nos chants retentir les forêts. Pan le premier nous apprit à unir avec la cire plusieurs chalumeaux. Protecteur des brebis, Pan l'est aussi des bergers. Ne crains point de flétrir tes lèvres en les approchant de nos pipeaux rustiques ; pour en savoir autant, que ne faisait point Amyntas ?

Je possède une flûte composée de sept tuyaux d'inégale longueur ; c'est un présent de Damète, et en mourant il me dit : « Sois-en le second maître. » Ainsi parla Damète, et Amyntas en fut sottement jaloux. J'ai de plus deux jeunes chevreuils, que j'ai surpris, non sans danger, dans le fond d'un ravin. Leur toison est encore tachetée de blanc ; chaque jour, ils épuisent les mamelles d'une brebis ; c'est pour toi que je les garde. Depuis bien long-temps, Thestylis me les demande avec instance ; et Thestylis les obtiendra, puisque mes présens sont pour toi sans attrait.

Huc ades, o formose puer; tibi lilia plenis
Ecce ferunt Nymphæ calathis; tibi candida Nais,
Pallentes violas et summa papavera carpens,
Narcissum et florem jungit bene olentis anethi.
Tum, casia atque aliis intexens suavibus herbis,
Mollia luteola pingit vaccinia caltha.
Ipse ego cana legam tenera lanugine mala,
Castaneasque nuces, mea quas Amaryllis amabat.
Addam cerea pruna; et honos erit huic quoque pomo.
Et vos, o lauri, carpam, et te, proxima myrte;
Sic positæ quoniam suaves miscetis odores.
RUSTICUS es, Corydon, nec munera curat Alexis;
Nec, si muneribus certes, concedat Iolas.
Eheu! quid volui misero mihi? floribus Austrum
Perditus, et liquidis immisi fontibus apros.

QUEM fugis, ah demens! Habitarunt di quoque silvas,
Dardaniusque Paris. Pallas, quas condidit, arces
Ipsa colat; nobis placeant ante omnia silvæ.
Torva leæna lupum sequitur; lupus ipse capellam;
Florentem cytisum sequitur lasciva capella
Te Corydon, o Alexi; trahit sua quemque voluptas.

ADSPICE, aratra jugo referunt suspensa juvenci,
Et sol crescentes decedens duplicat umbras :
Me tamen urit amor; quis enim modus adsit amori?
Ah! Corydon, Corydon, quæ te dementia cepit!

Viens, ô bel enfant! viens en ces lieux; vois les Nymphes t'offrir en hommage leurs corbeilles pleines de lis; la blanche Naïade cueillir pour toi la pâle violette et le pavot superbe, y joindre le narcisse, l'aneth parfumé, le romarin odoriférant, et relever, par l'éclat du souci doré, les molles couleurs du vaciet. Moi-même, je cueillerai et ces coins que blanchit un léger duvet, et les châtaignes que mon Amaryllis aimait; j'y joindrai les prunes dorées : les pommes auront aussi leur prix; lauriers, et vous, myrtes voisins des lauriers, j'enlacerai vos rameaux; car, ainsi mariés, vos parfums sont plus doux.

Corydon, tu n'es qu'un pâtre grossier; tes présens ne touchent guère Alexis; et quand, par des présens, tu voudrais disputer son cœur, Iolas ne te le cèderait point : hélas! malheureux, qu'ai-je fait! j'ai sur les fleurs déchaîné le vent du midi, et dans les claires fontaines lâché le sanglier.

Jeune insensé! sais-tu bien qui tu fuis? Pâris, issu de Dardanus, et les dieux eux-mêmes ont habité les forêts : laisse Pallas se plaire aux cités, elle qui les a bâties; pour nous, à tout autre séjour préférons les forêts. La lionne farouche cherche le loup, le loup cherche la chèvre, et la chèvre le cytise fleuri; mais Corydon, c'est toi qu'il cherche, ô Alexis! Chacun cède au penchant qui l'entraîne.

Vois ces jeunes taureaux qui rapportent les instrumens du labourage à leur joug suspendus; le soleil, en se retirant, double les ombres croissantes : moi, cependant, l'amour me brûle encore; eh! quel terme, en effet, aux tourmens de l'amour? Ah! Corydon,

Semiputata tibi frondosa vitis in ulmo est.
Quin tu aliquid saltem potius quorum indiget usus,
Viminibus mollique paras detexere junco?
Invenies alium, si te hic fastidit Alexis.

Corydon! quel est ton délire ! ta vigne languit à demi taillée sous le feuillage de l'ormeau. Ah! plutôt, occupe-toi à quelques ouvrages utiles : tresse en corbeilles le jonc ou l'osier flexible. Alexis te dédaigne, tu trouveras bien un autre Alexis.

ECLOGA III.

MENALCAS, DAMOETAS, PALÆMON.

MENALCAS.

Dic mihi, Damœta, cujum pecus? an Melibœi?

DAMOETAS.

Non, verum Ægonis; nuper mihi tradidit Ægon.

MENALCAS.

Infelix o semper, oves, pecus! Ipse Neæram
Dum fovet, ac, ne me sibi præferat illa, veretur;
Hic alienus oves custos bis mulget in hora,
Et succus pecori et lac subducitur agnis.

DAMOETAS.

Parcius ista viris tamen objicienda memento.
Novimus et qui te, transversa tuentibus hircis,
Et quo, sed faciles Nymphæ risere, sacello.

MENALCAS.

Tum, credo, quum me arbustum videre Myconis
Atque mala vites incidere falce novellas.

DAMOETAS.

Aut hic ad veteres fagos, quum Daphnidis arcum
Fregisti et calamos; quæ tu, perverse Menalca,
Et, quum vidisti puero donata, dolebas,

ÉGLOGUE III.

MÉNALQUE, DAMÈTE, PALÉMON.

MÉNALQUE.

Dis-moi, Damète, à qui ce troupeau? à Mélibée?

DAMÈTE.

Non, mais à Égon; Égon me l'a confié depuis peu.

MÉNALQUE.

Troupeau toujours malheureux! pauvres brebis! Tandis que le maître obsède Neéra, et tremble qu'elle ne me préfère à lui, ce gardien mercenaire, deux fois par heure, trait les brebis, ôte aux mères la force, et le lait aux agneaux.

DAMÈTE.

Songe-s-y pourtant; à des hommes, de tels reproches se doivent faire avec plus de réserve; nous savons qui te..... les boucs te regardaient de travers, et l'antre sacré où.... mais, trop indulgentes, les Nymphes se contentèrent d'en rire.

MÉNALQUE.

Ce fut sans doute le jour où elles me virent, d'une serpe malfaisante, couper les nouveaux plants et les jeunes vignes de Micon.

DAMÈTE.

Dis plutôt ici, vers ces vieux hêtres, quand tu brisas et l'arc et les flèches de Micon. Irrité, méchant Ménalque, de les avoir vu donner à cet enfant, tu te dé-

Et, si non aliqua nocuisses, mortuus esses.

MENALCAS.

Quid domini facient, audent quum talia fures?
Non ego te vidi Damonis, pessime, caprum
Excipere insidiis, multum latrante Lycisca?
Et quum clamarem : « Quo nunc se proripit ille?
Tityre, coge pecus; » tu post carecta latebas.

DAMOETAS.

An mihi cantando victus non redderet ille,
Quem mea carminibus meruisset fistula, caprum?
Si nescis, meus ille caper fuit; et mihi Damon
Ipse fatebatur, sed reddere posse negabat.

MENALCAS.

Cantando tu illum? aut umquam tibi fistula cera
Juncta fuit? Non tu in triviis, indocte, solebas
Stridenti miserum stipula disperdere carmen?

DAMOETAS.

Vis ergo, inter nos, quid possit uterque, vicissim
Experiamur? Ego hanc vitulam, ne forte recuses,
Bis venit ad mulctram, binos alit ubere fetus,
Depono; tu dic, mecum quo pignore certes.

MENALCAS.

De grege non ausim quidquam deponere tecum.
Est mihi namque domi pater, est injusta noverca,
Bisque die numerant ambo pecus, alter et hædos.

solais, et si tu n'avais trouvé quelque moyen de lui nuire, tu serais mort de dépit.

MÉNALQUE.

Que feront les maîtres, si des valets ont tant d'audace? Mais moi, ne t'ai-je pas vu, misérable, surprendre dans des pièges et emporter un chevreau de Damon? Lycisca avait beau aboyer, vainement je m'écriais : « Où fuit ce voleur? Tityre, rassemble ton troupeau; » déjà tu étais caché derrière les glaïeuls.

DAMÈTE.

Vaincu par mes chants, que ne me livrait-il le chevreau qu'avaient mérité et ma flûte et mes vers? si tu l'ignores, ce chevreau m'appartenait, et Damon lui-même en convenait; mais me le livrer, il ne le pouvait, disait-il.

MÉNALQUE.

Toi, vainqueur de Damon? as-tu jamais seulement possédé une flûte dont la cire réunit les tuyaux? N'est-ce pas toi, pâtre grossier, qu'on vit si souvent dans les carrefours, fredonnant de misérables airs, sur ton aigre chalumeau?

DAMÈTE.

Eh bien! veux-tu que nous fassions, tour-à-tour, l'essai de nos talens? Tu vois cette génisse (ne la dédaigne pas; deux fois chaque jour elle m'offre son lait, et seule elle nourrit deux petits), eh bien, elle sera mon enjeu; et toi, quel est ton gage?

MÉNALQUE.

De mon troupeau je n'oserais rien hasarder dans ce défi; car j'ai à la maison un père avare et une injuste marâtre. Matin et soir, tous deux comptent mes brebis,

Verum id quod multo tute ipse fatebere majus,
Insanire libet quoniam tibi, pocula ponam
Fagina, cælatum divini opus Alcimedontis,
Lenta quibus torno facili superaddita vitis
Diffusos hedera vestit pallente corymbos.
In medio duo signa, Conon; et quis fuit alter,
Descripsit radio totum qui gentibus orbem?
Tempora quæ messor, quæ curvus arator haberet?
Necdum illis labra admovi, sed condita servo.

DAMOETAS.

Et nobis idem Alcimedon duo pocula fecit,
Et molli circum est ansas amplexus acantho,
Orpheaque in medio posuit, silvasque sequentes.
Necdum illis labra admovi, sed condita servo.
Si ad vitulam spectas, nihil est, quod pocula laudes.

MENALCAS.

Numquam hodie effugies; veniam, quocumque vocaris.
Audiat hæc tantum, vel qui venit, ecce, Palæmon.
Efficiam, posthac ne quemquam voce lacessas.

DAMOETAS.

Quin age, si quid habes, in me mora non erit ulla,
Nec quemquam fugio; tantum, vicine Palæmon,
Sensibus hæc imis, res est non parva, reponas.

et l'un d'eux compte aussi mes chevreaux. Mais voici, puisque tu veux faire une folie, un gage bien supérieur au tien; toi-même tu en conviendras : ce sont deux coupes de hêtre ciselées, chefs-d'œuvre du divin Alcimédon : son ciseau facile les a couronnées d'une vigne flexible, et y a jeté çà et là des grappes qu'un lierre revêt de son pâle feuillage. Au milieu, sont deux figures, l'une de Conon, et.... quel est cet autre dont le compas a mesuré le monde, et marqué le temps du labour, le temps de la moisson? Ces coupes, je ne les ai point encore approchées de mes lèvres; je les garde soigneusement renfermées.

DAMÈTE.

Et nous aussi, le même Alcimédon nous a fait deux coupes : une branche d'acanthe en embrasse mollement les anses; au milieu, on voit Orphée et les forêts qui le suivent. Ces vases, je ne les ai point encore approchés de mes lèvres; je les conserve soigneusement renfermés. Auprès de ma génisse, il n'y a pas de quoi tant vanter tes coupes.

MÉNALQUE.

Tu ne m'échapperas pas aujourd'hui; toutes tes conditions, je les accepterai. Que ce berger qui s'avance nous écoute seulement; ah! c'est Palémon. Je vais, pour toujours, t'ôter l'envie de défier personne aux combats du chant.

DAMÈTE.

Allons, montre ce que tu sais; je suis prêt à te répondre : je ne crains personne pour juge. Seulement, voisin Palémon, prêtez-nous une oreille attentive; la chose en vaut la peine.

PALÆMON.

Dicite, quandoquidem in molli consedimus herba;
Et nunc omnis ager, nunc omnis parturit arbos,
Nunc frondent silvæ, nunc formosissimus annus.
Incipe, Damœta; tu deinde sequere, Menalca.
Alternis dicetis; amant alterna Camenæ.

DAMŒTAS.

A Jove principium, Musæ; Jovis omnia plena.
Ille colit terras, illi mea carmina curæ.

MENALCAS.

Et me Phœbus amat; Phœbo sua semper apud me
Munera sunt lauri et suave rubens hyacinthus.

DAMŒTAS.

Malo me Galatea petit, lasciva puella,
Et fugit ad salices, et se cupit ante videri.

MENALCAS.

At mihi sese offert ultro, meus ignis, Amyntas,
Notior ut sit jam canibus non Delia nostris.

DAMŒTAS.

Parta meæ Veneri sunt munera; namque notavi
Ipse locum, aeriæ quo congessere palumbes.

MENALCAS.

Quod potui, puero silvestri ex arbore lecta
Aurea mala decem misi; cras altera mittam.

PALÉMON.

Chantez, jeunes bergers, puisque nous voilà assis sur un tendre gazon. Déjà les campagnes ont repris leur fécondité, les arbres leur verdure, les forêts leur feuillage; l'année est dans toute sa beauté. Commence, Damète; toi, Ménalque, tu répondras. Tour-à-tour vous chanterez; les Muses aiment que l'on chante tour-à-tour.

DAMÈTE.

Muses, commençons par Jupiter; tout est plein de sa divinité : il féconde nos campagnes; il s'intéresse à mes chants.

MÉNALQUE.

Et moi, Phébus m'aime; j'ai toujours chez moi, pour Phébus, les dons qu'il chérit : le laurier et l'hyacinthe au doux incarnat.

DAMÈTE.

Galatée me jette une grenade, et s'enfuit, jeune folâtre qu'elle est, derrière les saules, et brûle d'être auparavant aperçue.

MÉNALQUE.

De lui-même Amyntas, mes amours, vient s'offrir à mes yeux, et déjà Delie n'est pas mieux connue de mes chiens.

DAMÈTE.

J'ai, pour celle que j'aime, un présent tout prêt; car j'ai remarqué l'endroit où des ramiers ont bâti leur nid aérien.

MÉNALQUE.

Je viens d'envoyer à mon jeune ami dix pommes d'or cueillies sur un oranger sauvage; c'est tout ce que j'ai pu faire : demain, il en recevra dix autres.

DAMOETAS.

O quoties et quæ nobis Galatea locuta est!
Partem aliquam, venti, divum referatis ad aures!

MENALCAS.

Quid prodest, quod me ipse animo non spernis, Amynta,
Si, dum tu sectaris apros, ego retia servo?

DAMOETAS.

Phyllida mitte mihi, meus est natalis, Iola;
Quum faciam vitula pro frugibus, ipse venito.

MENALCAS.

Phyllida amo ante alias; nam me discedere flevit,
Et, longum formose vale, vale, inquit, Iola.

DAMOETAS.

Triste lupus stabulis, maturis frugibus imbres,
Arboribus venti, nobis Amaryllidis iræ.

MENALCAS.

Dulce satis humor, depulsis arbutus hædis,
Lenta salix feto pecori, mihi solus Amyntas.

DAMOETAS.

Pollio amat nostram, quamvis est rustica, Musam;
Pierides, vitulam lectori pascite vestro.

MENALCAS.

Pollio et ipse facit nova carmina; pascite taurum,
Jam cornu petat et pedibus qui spargat arenam.

BUCOLIQUES, ÉGL. III.

DAMÈTE.

Oh! combien de fois, et quelles douces paroles nous a répétées Galatée! Zéphyrs, portez-en quelque chose à l'oreille des dieux!

MÉNALQUE.

Que me sert, Amyntas, de n'être point l'objet de tes mépris, si, pendant que tu relances les sangliers, je garde tes filets?

DAMÈTE.

Iolas, envoie-moi Phyllis; c'est le jour de ma naissance : quand j'immolerai une génisse pour le succès des récoltes, viens-y toi-même.

MÉNALQUE.

Phyllis! je l'aime, entre toutes nos bergères; car, elle a pleuré de mon départ, et long-temps elle m'a répété : Adieu, beau Ménalque, adieu!

DAMÈTE.

Le loup est funeste aux bergeries, les pluies aux moissons déjà mûres, l'aquilon aux arbrisseaux, à moi le courroux d'Amaryllis.

MÉNALQUE.

L'eau plaît aux champs ensemencés, l'arboisier aux chevreaux sevrés, le saule flexible aux brebis pleines, à moi le seul Amyntas.

DAMÈTE.

Pollion aime ma muse, bien qu'un peu rustique; vierges du Pinde, élevez une génisse au lecteur de vos vers.

MÉNALQUE.

Pollion, lui aussi, fait des vers d'un goût nouveau; élevez-lui un taureau qui déjà menace de la corne, et des pieds fasse voler la poussière.

DAMOETAS.
Qui te, Pollio, amat, veniat, quo te quoque gaudet.
Mella fluant illi, ferat et rubus asper amomum.

MENALCAS.
Qui Bavium non odit, amet tua carmina, Mævi;
Atque idem jungat vulpes, et mulgeat hircos.

DAMOETAS.
Qui legitis flores et humi nascentia fraga,
Frigidus, o pueri, fugite hinc, latet anguis in herba.

MENALCAS.
Parcite, oves, nimium procedere; non bene ripæ
Creditur; ipse aries etiam nunc vellera siccat.

DAMOETAS.
Tityre, pascentes a flumine reice capellas;
Ipse, ubi tempus erit, omnes in fonte lavabo.

MENALCAS.
Cogite oves, pueri; si lac præceperit æstus,
Ut nuper, frustra pressabimus ubera palmis.

DAMOETAS.
Eheu! quam pingui macer est mihi taurus in arvo!
Idem amor exitium est pecori, pecorisque magistro.

MENALCAS.
His certe neque amor causa est; vix ossibus hærent.
Nescio quis teneros oculus mihi fascinat agnos.

DAMÈTE.

Puisse, ô Pollion! celui qui t'aime, monter au rang où il se réjouit de te voir parvenu! Que pour lui coulent des ruisseaux de miel! que pour lui le buisson épineux produise le bienfaisant amome!

MÉNALQUE.

Puisse celui qui ne hait point Bavius, aimer tes vers, ô Mévius! qu'il essaie aussi d'atteler les renards, et de traire les boucs.

DAMÈTE.

Bergers qui cueillez les fleurs et l'humble fraise, fuyez ce lieu : un froid serpent est caché sous l'herbe.

MÉNALQUE.

Craignez, ô mes brebis! de trop avancer : la rive est peu sûre; le bélier lui-même n'a pas encore séché sa toison.

DAMÈTE.

Tityre, éloigne mes chèvres des rives du fleuve où elles paissent; moi-même, lorsqu'il en sera temps, je les baignerai toutes à la fontaine.

MÉNALQUE.

Bergers, rassemblez vos brebis à l'ombre; si, comme l'autre jour, la chaleur vient à tarir leur lait, vainement nos mains presseront leurs mamelles.

DAMÈTE.

Hélas! que mes taureaux sont maigres, en ce gras pâturage! même amour consume et pasteur et troupeau.

MÉNALQUE.

Ces brebis, ce n'est assurément point l'amour qui les mine; cependant la chair revêt à peine leurs os. Je ne sais quel regard a fasciné mes tendres agneaux.

DAMOETAS.

Dic quibus in terris, et eris mihi magnus Apollo,
Tres pateat cœli spatium non amplius ulnas.

MENALCAS.

Dic quibus in terris inscripti nomina regum
Nascuntur flores, et Phyllida solus habeto.

PALÆMON.

Non nostrum inter vos tantas componere lites;
Et vitula tu dignus, et hic, et quisquis amores
Aut metuet dulces, aut experietur amaros.
Claudite jam rivos, pueri; sat prata biberunt.

DAMÈTE.

Dis, et tu seras pour moi le grand Apollon, dis en quelles contrées le ciel n'a pas plus de trois coudées.

MÉNALQUE.

Dis en quelles contrées naissent les fleurs marquées du nom d'un roi, et Phyllis est à toi seul.

PALÉMON.

Il ne m'appartient pas de prononcer entre vous dans un si grand débat. Tous deux, vous méritez la génisse : toi, lui, et tout berger qui, comme vous, saura exprimer les douceurs ou les tourmens de l'amour. Il est temps, jeunes pasteurs, de fermer les canaux : les prairies sont assez abreuvées.

ECLOGA IV.

POLLIO.

Sicelides Musæ, paulo majora canamus;
Non omnes arbusta juvant humilesque myricæ.
Si canimus silvas, silvæ sint consule dignæ.

Ultima Cumæi venit jam carminis ætas;
Magnus ab integro sæclorum nascitur ordo.
Jam redit et virgo; redeunt Saturnia regna;
Jam nova progenies cœlo demittitur alto.
Tu modo nascenti puero, quo ferrea primum
Desinet, ac toto surget gens aurea mundo,
Casta, fave, Lucina; tuus jam regnat Apollo.
Teque adeo decus hoc ævi, te consule, inibit,
Pollio, et incipient magni procedere menses.
Te duce, si qua manent, sceleris vestigia nostri
Irrita perpetua solvent formidine terras.
Ille deum vitam accipiet, divisque videbit
Permixtos heroas, et ipse videbitur illis,
Pacatumque reget patriis virtutibus orbem.
At tibi prima, puer, nullo munuscula cultu,
Errantes hederas passim cum baccare tellus

ÉGLOGUE IV.

POLLION.

Muses de Sicile, élevons un peu nos chants : tout le monde n'aime pas les arbrisseaux et les humbles bruyères; si nous chantons les bois, que les bois soient dignes d'un consul.

Il est venu ce dernier âge, prédit par la sibylle de Cumes; des siècles épuisés le grand ordre recommence : déjà revient Astrée, et avec elle le règne de Saturne; déjà, du haut des cieux, descend une race nouvelle.

Cet enfant dont la naissance doit bannir le siècle de fer, et faire briller l'âge d'or sur l'univers, daigne, chaste Lucine, le protéger! déjà règne Apollon, ton frère. Ton consulat, Pollion, verra naître ces jours brillans, et les grands mois commencer leurs cours. Sous tes lois, les vestiges de nos forfaits, s'il en reste encore, pour toujours effacés, affranchiront la terre d'une éternelle alarme. Cet enfant vivra de la vie des dieux; il verra les héros mêlés parmi les immortels; ils le verront lui-même partager leurs honneurs. Il gouvernera l'univers pacifié par les vertus de son père.

Bientôt, divin enfant, la terre, féconde sans culture, t'offrira pour prémices, le lierre rampant avec le baccar, et la colocase mariée au gracieux acanthe. D'elles-mêmes

Mixtaque ridenti colocasia fundet acantho.
Ipsæ lacte domum referent distenta capellæ
Ubera; nec magnos metuent armenta leones.
Ipsa tibi blandos fundent cunabula flores.
Occidet et serpens, et fallax herba veneni
Occidet; assyrium vulgo nascetur amomum.
At simul heroum laudes et facta parentis
Jam legere, et quæ sit poteris cognoscere virtus;
Molli paulatim flavescet campus arista,
Incultisque rubens pendebit sentibus uva,
Et duræ quercus sudabunt roscida mella.
Pauca tamen suberunt priscæ vestigia fraudis,
Quæ tentare Thetin ratibus, quæ cingere muris
Oppida, quæ jubeant telluri infindere sulcos.
Alter erit tum Tiphys, et altera quæ vehat Argo
Delectos heroas; erunt etiam altera bella,
Atque iterum ad Trojam magnus mittetur Achilles.

Hinc, ubi jam firmata virum te fecerit ætas,
Cedet et ipse mari vector, nec nautica pinus
Mutabit merces; omnis feret omnia tellus.
Non rastros patietur humus, non vinea falcem;
Robustus quoque jam tauris juga solvet arator.
Nec varios discet mentiri lana colores;
Ipse sed in pratis aries jam suave rubenti
Murice, jam croceo mutabit vellera luto.
Sponte sua sandyx pascentes vestiet agnos.

les chèvres rapporteront à l'étable leurs mamelles gonflées de lait; les troupeaux ne craindront plus les lions terribles; ton berceau de lui-même se couvrira des plus belles fleurs. Désormais, plus de serpens dangereux, plus de plantes aux perfides venins : en tous lieux croîtra l'amome d'Assyrie.

Mais déjà tu peux lire les exploits des héros, et les hauts faits de ton père ; tu peux sentir le prix de la vertu; vois alors les champs se couvrir peu à peu de moissons jaunissantes, la grappe rougir, suspendue aux buissons sans culture, et la dure écorce du chêne distiller un miel brillant.

Cependant quelques vestiges de l'ancienne perversité subsisteront encore : ils forceront les mortels à braver, sur une nef fragile, les fureurs de Thétis, à entourer les villes de remparts, à creuser dans la terre un pénible sillon : un autre Tiphys conduira, sur une autre Argo, l'élite des guerriers ; de nouvelles guerres éclateront, et, aux rivages d'une nouvelle Troie, descendra un nouvel Achille.

Mais lorsque l'âge, en te fortifiant, t'aura fait homme, le nautonnier abandonnera les mers, le pin navigateur n'échangera plus les marchandises; toute terre produira tout. La terre ne sentira plus la dent de la herse, ni la vigne le tranchant de la serpe. Le robuste laboureur affranchira du joug le front de ses taureaux. La laine n'apprendra plus à mentir diverses couleurs : le bélier, couché dans la prairie, verra sa toison, d'elle-même, se changer, tantôt en un pourpre de la couleur la plus suave, tantôt en un safran doré ; un vermillon naturel vêtira l'agneau au sein des pâturages.

Talia sæcla, suis dixerunt, currite, fusis
Concordes stabili fatorum numine Parcæ.

Aggredere o magnos, aderit jam tempus, honores,
Clara deum soboles, magnum Jovis incrementum!
Adspice, convexo nutantem pondere mundum,
Terrasque, tractusque maris, cœlumque profundum;
Adspice, venturo lætantur ut omnia sæclo.
O mihi tam longæ maneat pars ultima vitæ,
Spiritus et, quantum sat erit tua dicere facta!
Non me carminibus vincet nec Thracius Orpheus,
Nec Linus; huic mater quamvis atque huic pater adsit,
Orphei Calliopea, Lino formosus Apollo.
Pan deus Arcadia mecum si judice certet,
Pan etiam Arcadia dicat se judice victum.
Incipe, parve puer, risu cognoscere matrem;
Matri longa decem tulerunt fastidia menses.
Incipe, parve puer; cui non risere parentes,
Nec deus hunc mensa, dea nec dignata cubili est.

Tournez, légers fuseaux; filez ces siècles fortunés, ont dit les Parques, d'accord avec l'ordre immuable des destins.

Les temps sont venus; monte aux honneurs suprêmes, enfant chéri des dieux, de Jupiter majestueux rejeton! Vois, sur son axe ébranlé, se balancer le monde; vois la terre, les mers dans leur immensité, le ciel et sa voûte profonde, la nature tout entière tressaillir à l'espérance du siècle à venir.

Oh! puissé-je conserver assez de vie, assez de force, pour célébrer tes belles actions! Non, je ne craindrais ni Orphée de Thrace, ni Linus; fussent-ils inspirés, Orphée par Calliope, sa mère; Linus par son père, le bel Apollon. Pan lui-même, s'il prenait l'Arcadie pour juge de nos combats, au jugement de l'Arcadie, Pan s'avouerait vaincu.

Commence, jeune enfant, à reconnaître ta mère à son doux sourire : ta mère! elle a, pendant dix mois, souffert bien des ennuis! commence, jeune enfant, à répondre à ses caresses. Celui qui n'a point fait sourire ses parens, ne fut jamais admis à la table des dieux, jamais au lit d'une déesse.

ECLOGA V.

MENALCAS, MOPSUS.

MENALCAS.

Cur non, Mopse, boni quoniam convenimus ambo,
Tu calamos inflare leves, ego dicere versus,
Hic corylis mixtas inter consedimus ulmos?

MOPSUS.

Tu major, tibi me est æquum parere, Menalca;
Sive sub incertas zephyris motantibus umbras,
Sive antro potius succedimus. Adspice ut antrum
Silvestris raris sparsit labrusca racemis.

MENALCAS.

Montibus in nostris solus tibi certat Amyntas.

MOPSUS.

Quid, si idem certet Phœbum superare canendo?

MENALCAS.

Incipe, Mopse, prior, si quos aut Phyllidis ignes,
Aut Alconis habes laudes, aut jurgia Codri.
Incipe; pascentes servabit Tityrus hædos.

MOPSUS.

Imo hæc, in viridi nuper quæ cortice fagi
Carmina descripsi, et modulans alterna notavi,

ÉGLOGUE V.

MÉNALQUE, MOPSUS.

MÉNALQUE.

Puisque nous voici réunis, cher Mopsus, habiles tous les deux, toi, dans l'art d'animer un léger chalumeau; moi, de chanter des vers; pourquoi ne pas nous asseoir à l'ombre de ces ormes et de ces coudriers qui confondent leur feuillage?

MOPSUS.

Plus jeune, Ménalque, je te dois obéir. Reposons-nous, si tu le veux, sous ces arbres, dont les zéphyrs agitent les ombres mobiles, ou plutôt dans cette grotte; vois comme une vigne sauvage en tapisse l'entrée de ses grappes jetées çà et là!

MÉNALQUE.

Seul, sur nos montagnes, Amyntas oserait te disputer le prix du chant.

MOPSUS.

Eh! à Phébus même, ne le disputerait-il pas?

MÉNALQUE.

Commence, Mopsus; dis, si tu te les rappelles, ou les amours de Phyllis, ou les louanges d'Alcon, ou la querelle de Codrus. Commence, je t'en prie; Tityre veillera sur nos chevreaux paissans.

MOPSUS.

Non, j'aime mieux essayer ces vers que, l'autre jour, je gravai sur la verte écorce d'un hêtre; je chantais, j'écri-

Experiar; tu deinde jubeto certet Amyntas.

MENALCAS.

Lenta salix quantum pallenti cedit olivæ,
Puniceis humilis quantum saliunca rosetis,
Judicio nostro tantum tibi cedit Amyntas.

MOPSUS.

Sed tu desine plura, puer; successimus antro.
Exstinctum Nymphæ crudeli funere Daphnin
Flebant; vos coryli testes et flumina Nymphis,
Quum, complexa sui corpus miserabile nati,
Atque deos atque astra vocat crudelia mater.
Non ulli pastos illis egere diebus
Frigida, Daphni, boves ad flumina; nulla neque amnem
Libavit quadrupes, nec graminis attigit herbam.
Daphni, tuum pœnos etiam ingemuisse leones
Interitum, montesque feri silvæque loquuntur.
Daphnis et armenias curru subjungere tigres
Instituit, Daphnis thiasos inducere Bacchi,
Et foliis lentas intexere mollibus hastas.
Vitis ut arboribus decori est, ut vitibus uvæ,
Ut gregibus tauri, segetes ut pinguibus arvis;
Tu decus omne tuis. Postquam te fata tulerunt,
Ipsa Pales agros atque ipse reliquit Apollo.
Grandia sæpe quibus mandavimus hordea sulcis,
Infelix lolium et steriles nascuntur avenæ.
Pro molli viola, pro purpureo narcisso,

vais tour à tour : écoute, et dis ensuite à ton Amyntas de me disputer le prix.

MÉNALQUE.

Autant le saule flexible le cède au pâle olivier, l'humble lavande à la rose purpurine; autant, à mon avis, Amyntas le cède à Mopsus.

MOPSUS.

Jeune berger, trêve d'éloges; nous voici dans la grotte.

Daphnis n'était plus; les Nymphes pleuraient sa mort cruelle. Coudriers, et vous fleuves, vous fûtes témoins de la douleur des Nymphes, lorsque, serrant entre les bras les déplorables restes de son fils, une mère reprochait aux astres et aux dieux leur cruauté. En ces jours de deuil, nul berger, ô Daphnis! ne guida, au sortir du pâturage, ses taureaux vers les fraîches fontaines; nul troupeau n'effleura l'eau du fleuve, nul l'herbe des prairies. Daphnis! les lions d'Afrique eux-mêmes gémirent de ta mort : les forêts, les montagnes sauvages, redisent encore leurs cris de douleur. Daphnis nous apprit à soumettre au joug les tigres d'Arménie; Daphnis, le premier, conduisit, en l'honneur de Bacchus, des danses sacrées, et couronna d'un tendre feuillage des lances légères. La vigne embellit les arbres, le raisin la vigne, le taureau un troupeau nombreux, les moissons une fertile campagne; ainsi, Daphnis, tu fus la gloire des tiens. Depuis que tu nous as été ravi, Palès, Apollon lui-même, ont déserté nos campagnes. Dans ces sillons, auxquels nous avons tant de fois confié nos semences les plus belles, dominent la triste ivraie et l'avoine stérile; plus de douces violettes, plus de brillans narcisses: partout naissent la ronce aux pointes aiguës. Bergers,

Carduus et spinis surgit paliurus acutis.
Spargite humum foliis, inducite frondibus umbras,
Pastores; mandat fieri sibi talia Daphnis.
Et tumulum facite, et tumulo superaddite carmen :
« Daphnis ego in silvis, hinc usque ad sidera notus,
Formosi pecoris custos, formosior ipse. »

MENALCAS.

Tale tuum carmen nobis, divine poeta,
Quale sopor fessis in gramine, quale per æstum
Dulcis aquæ saliente sitim restinguere rivo.
Nec calamis solum æquiparas, sed voce magistrum;
Fortunate puer, tu nunc eris alter ab illo.
Nos tamen hæc quocumque modo tibi nostra vicissim
Dicemus, Daphninque tuum tollemus ad astra,
Daphnin ad astra feremus; amavit nos quoque Daphnis.

MOPSUS.

An quidquam nobis tali sit munere majus?
Et puer ipse fuit cantari dignus; et ista
Jam pridem Stimicon laudavit carmina nobis.

MENALCAS.

Candidus insuetum miratur limen Olympi,
Sub pedibusque videt nubes et sidera Daphnis.
Ergo alacris silvas et cætera rura voluptas
Panaque, pastoresque tenet, Dryadasque puellas.
Nec lupus insidias pecori, nec retia cervis
Ulla dolum meditantur; amat bonus otia Daphnis.

couvrez la terre de feuillage, et d'ombres les fontaines : ces honneurs, Daphnis les réclame. Élevez-lui un tombeau, et sur ce tombeau gravez ces paroles : « Je fus Daphnis; habitant des bois, de leur sein mon nom s'est élevé jusqu'aux cieux. Gardien d'un beau troupeau, je fus encore plus beau moi-même. »

MÉNALQUE.

Tes chants, poète divin, sont pour nous ce qu'est pour le voyageur fatigué le sommeil sur un tendre gazon; ce qu'est, dans les ardeurs de l'été, la source jaillissante où s'étanche notre soif. Égal à ton maître, pour la flûte, tu l'es encore pour le chant; heureux berger! tu seras un autre Daphnis. Cependant je vais, à mon tour, essayer de mon mieux quelques vers où j'élève jusqu'aux astres ton cher Daphnis; oui, je porterai Daphnis jusqu'aux astres; et moi aussi, Daphnis m'aima.

MOPSUS.

Quel présent nous pourrait être plus agréable qu'un tel souvenir? Oui, ce jeune berger était bien digne de tes chants; et depuis long-temps Stimicon m'a fait l'éloge de tes vers.

MÉNALQUE.

Daphnis, tout brillant de lumière, contemple avec étonnement le palais de l'Olympe, son nouveau séjour; il voit, sous ses pieds, fuir et les astres et les nuages. Soudain une vive allégresse anime nos bois et nos campagnes : le dieu Pan, les bergers et les jeunes Dryades, tout en ressent les transports. La brebis ne craint plus les embûches du loup; le cerf, les toiles du chasseur. Divinité bienfaisante, Daphnis aime la paix. Les mon-

Ipsi lætitia voces ad sidera jactant
Intonsi montes; ipsæ jam carmina rupes,
Ipsa sonant arbusta: Deus, Deus ille, Menalca!
Sis bonus o felixque tuis! En quatuor aras;
Ecce duas tibi, Daphni, duoque altaria Phœbo.
Pocula bina novo spumantia lacte quotannis,
Craterasque duos statuam tibi pinguis olivi,
Et multo in primis hilarans convivia baccho,
Ante focum, si frigus erit, si messis, in umbra,
Vina novum fundam calathis ariusia nectar.
Cantabunt mihi Damœtas et Lyctius Ægon;
Saltantes Satyros imitabitur Alphesibœus.
Hæc tibi semper erunt, et quum sollemnia vota
Reddemus Nymphis, et quum lustrabimus agros.
Dum juga montis aper, fluvios dum piscis amabit,
Dumque thymo pascentur apes, dum rore cicadæ,
Semper honos, nomenque tuum, laudesque manebunt.
Ut Baccho Cererique, tibi sic vota quotannis
Agricolæ facient; damnabis tu quoque votis.

MOPSUS.

Quæ tibi, quæ tali reddam pro carmine dona?
Nam neque me tantum venientis sibilus Austri,
Nec percussa juvant fluctu tam litora, nec quæ
Saxosas inter decurrunt flumina valles.

MENALCAS.

Hac te nos fragili donabimus ante cicuta.

tagnes, à la cime touffue, renvoient jusqu'au ciel mille cris de joie; les rochers, les buissons eux-mêmes redisent : C'est un dieu, oui c'est un dieu, Ménalque!

O Daphnis! sois propice aux pasteurs, tes anciens amis; sois leur bienfaiteur! Voici quatre autels, deux en ton honneur, deux autres en l'honneur d'Apollon. Tous les ans, je t'offrirai deux coupes, où brillera l'écume d'un lait nouveau, et deux vases remplis du jus onctueux de l'olive; puis, des dons de Bacchus égayant le repas, près du feu l'hiver, l'été sous un berceau, je ferai couler des flacons de Chio, un vin pareil au nectar des dieux. De Damète et du Crétois Égon, on entendra les chants; Alphésibée imitera, par ses bonds, la danse des Satyres. Ces hommages, ô Daphnis! nous te les rendrons en tout temps, soit aux fêtes solennelles des Nymphes, soit lorsqu'autour de nos champs nous promènerons la victime propitiatoire. Oui, tant que le sanglier se plaira sur les montagnes, le poisson dans les eaux; tant que l'abeille se nourrira de thym, la cigale de rosée, ton nom, tes vertus et ton culte vivront parmi nous. Comme à Bacchus et à Cérès, les laboureurs, chaque année, t'adresseront leurs vœux; en les exauçant ces vœux, tu les forceras à les acquitter.

MOPSUS.

Quels dons, quel prix t'offrir pour de tels accens? Moins doux sont à mon oreille le souffle naissant de l'Auster, le bruit des flots qui battent le rivage, le murmure d'un ruisseau roulant sur un lit de cailloux.

MÉNALQUE.

Je veux qu'auparavant tu reçoives de moi ce léger

Hæc nos, « Formosum Corydon ardebat Alexin; »
Hæc eadem docuit, « Cujum pecus? an Melibœi? »

MOPSUS.

At tu sume pedum, quod, me quum sæpe rogaret,
Non tulit Antigenes, et erat tum dignus amari,
Formosum paribus nodis atque ære, Menalca.

chalumeau; c'est lui qui chanta : « Corydon brûlait pour Alexis; » et encore : « A qui ce troupeau ? à Mélibée ? »

MOPSUS.

Et toi, Ménalque, accepte cette houlette; bien souvent, sans avoir pu l'obtenir, Antigène me la demanda : alors cependant Antigène méritait d'être aimé ; elle est remarquable par l'égalité de ses nœuds et l'éclat du cuivre qui l'embellit.

ECLOGA VI.

SILENUS.

Prima syracosio dignata est ludere versu
Nostra, nec erubuit silvas habitare, Thalia.
Quum canerem reges et proelia, Cynthius aurem
Vellit, et admonuit : « Pastorem, Tityre, pingues
Pascere oportet oves, deductum dicere carmen. »
Nunc ego, namque super tibi erunt, qui dicere laudes,
Vare, tuas cupiant, et tristia condere bella,
Agrestem tenui meditabor arundine musam.
Non injussa cano. Si quis tamen hæc quoque, si quis
Captus amore leget; te nostræ, Vare, myricæ,
Te nemus omne canet. Nec Phœbo gratior ulla est,
Quam sibi quæ Vari præscripsit pagina nomen.
Pergite, Pierides. Chromis et Mnasylus in antro
Silenum pueri somno videre jacentem,
Inflatum hesterno venas, ut semper, iaccho.
Serta procul tantum capiti delapsa jacebant,
Et gravis attrita pendebat cantharus ansa.
Aggressi, nam sæpe senex spe carminis ambo
Luserat, injiciunt ipsis ex vincula sertis.
Addit se sociam, timidisque supervenit Ægle,
Ægle Naiadum pulcherrima, jamque videnti

ÉGLOGUE VI.

SILÈNE.

Ma Muse, la première, a daigné imiter les jeux du poète de Syracuse, et n'a point rougi d'habiter les forêts. Un jour je chantais les rois et les combats, lorsque le dieu du Cynthe, me tirant doucement par l'oreille, me dit : « De grasses brebis et de simples chansonnettes, voilà, Tityre, l'occupation d'un berger. » Je vais donc, ô Varus (car assez d'autres s'empresseront de célébrer tes louanges, et peindront, en vers pompeux, la guerre et ses horreurs)! je vais, sur mon léger chalumeau, essayer quelques airs champêtres; Apollon me l'ordonne; et si quelque ami des bois prend plaisir à lire ces vers, il entendra, ô Varus! nos bois et nos bruyères répéter ton nom. Est-il ouvrage plus agréable à Phébus, que celui dont le titre brille du nom de Varus?

Poursuivez, déesses du Pinde. Chromis et Mnasyle, jeunes bergers, trouvèrent Silène qui dormait étendu dans une grotte, les veines gonflées encore, suivant sa coutume, du vin qu'il avait bu la veille. Seulement, loin de lui gisait sa couronne de fleurs, tombée de sa tête, et sa lourde coupe était suspendue à sa ceinture par une anse tout usée. Les bergers le saisissent, car depuis long-temps ce vieillard leur faisait espérer des chants qu'il différait toujours; ils l'enchaînent des débris mêmes de ses guirlandes. Églé se joint à eux, et enhardit leur timidité, Églé, la plus belle des Naïades; et au moment

Sanguineis frontem moris et tempora pingit.
Ille dolum ridens : « Quo vincula nectitis? inquit.
Solvite me, pueri; satis est potuisse videri.
Carmina, quæ vultis, cognoscite; carmina vobis,
Huic aliud mercedis erit. » Simul incipit ipse.
Tum vero in numerum Faunosque ferasque videres
Ludere, tum rigidas motare cacumina quercus.
Nec tantum Phœbo gaudet parnasia rupes;
Nec tantum Rhodope miratur et Ismarus Orphea.

Namque canebat, uti magnum per inane coacta
Semina terrarumque, animæque, marisque fuissent,
Et liquidi simul ignis; ut his exordia primis
Omnia, et ipse tener mundi concreverit orbis;
Tum durare solum, et discludere Nerea ponto
Cœperit, et rerum paulatim sumere formas;
Jamque novum terræ stupeant lucescere solem,
Altius atque cadant summotis nubibus imbres;
Incipiant silvæ quum primum surgere, quumque
Rara per ignotos errent animalia montes.

Hinc lapides Pyrrhæ jactos, Saturnia regna,
Caucasiasque refert volucres, furtumque Promethei.
His adjungit, Hylan nautæ quo fonte relictum
Clamassent, ut litus, Hyla, Hyla, omne sonaret;
Et fortunatam, si numquam armenta fuissent,
Pasiphaen nivei solatur amore juvenci.

où Silène ouvre les yeux, elle lui rougit de jus de mûres et le front et les tempes. Lui, souriant de leur malice : « A quoi bon ces liens? enfans, brisez-les; vous m'avez pu surprendre, cela vous doit suffire. Ces chants si désirés, vous allez les entendre. Pour vous les chants; à Églé, je réserve une autre récompense. »

Il commence. Alors vous eussiez vu les Faunes et les animaux sauvages bondir en cadence autour de lui, et les chênes les plus durs balancer leur cime harmonieuse. Avec moins de joie, le Parnasse entendait la lyre d'Apollon; le Rhodope et l'Ismare écoutaient avec moins de ravissemens les accords d'Orphée.

Il chantait comment, dans l'immensité du vide, se rassemblèrent les principes créateurs de la terre, des mers, de l'air, et du feu plus fluide; comment, de ces premiers élémens, sortirent tous les êtres; comment, molle argile d'abord, le globe s'arrondit en une masse solide, se durcit peu à peu, força Thétis à se renfermer dans ses limites, et prit insensiblement mille formes différentes; il peint l'univers étonné de voir luire le premier soleil; les vapeurs s'élevant en nuages, pour retomber en pluie du haut des airs; les forêts montrant leur cime naissante, et les animaux errans, peu nombreux encore, sur des montagnes inconnues.

Puis il rappelle les cailloux créateurs de Pyrrha, le règne de Saturne, les vautours du Caucase et le larcin de Prométhée. Il dit aussi Hylas, et les Argonautes le redemandant en vain à la fontaine où ils l'ont laissé, et les échos du rivage répétant : Hylas! Hylas! Triste Pasiphaé, heureuse si jamais il n'eût existé de troupeau, pour te consoler, il offre à ton amour un

Ah! virgo infelix, quae te dementia cepit?
Proetides implerunt falsis mugitibus agros;
At non tam turpes pecudum tamen ulla secuta est
Concubitus, quamvis collo timuisset aratrum,
Et saepe in levi quaesisset cornua fronte.
Ah! virgo infelix, tu nunc in montibus erras;
Ille, latus niveum molli fultus hyacintho,
Ilice sub nigra pallentes ruminat herbas,
Aut aliquam in magno sequitur grege. Claudite, Nymphae,
Dictaeae Nymphae, nemorum jam claudite saltus,
Si qua forte ferant oculis sese obvia nostris
Errabunda bovis vestigia. Forsitan illum
Aut herba captum viridi, aut armenta secutum
Perducant aliquae stabula ad gortynia vaccae.
Tum canit Hesperidum miratam mala puellam.
Tum Phaethontiadas musco circumdat amarae
Corticis, atque solo proceras erigit alnos.
Tum canit, errantem Permessi ad flumina Gallum
Aonas in montes ut duxerit una sororum;
Utque viro Phoebi chorus assurrexerit omnis;
Ut Linus haec illi divino carmine pastor,
Floribus atque apio crines ornatus amaro,
Dixerit : « Hos tibi dant calamos, en accipe, Musae,
Ascraeo quos ante seni, quibus ille solebat
Cantando rigidas deducere montibus ornos.
His tibi Grynei nemoris dicatur origo,
Ne quis sit lucus, quo se plus jactet Apollo. »

taureau plus blanc que la neige. Fille infortunée! quel est ton égarement? Si les filles de Prœtus remplirent les campagnes de faux gémissemens, aucune d'elles, du moins, ne rêva un aussi monstrueux hymen, bien que plus d'une fois elles eussent redouté, pour leur cou, le joug de la charrue, et cherché, sur leur front uni, des cornes imaginaires. Fille infortunée! maintenant tu erres sur les montagnes; et lui, de ses flancs d'albâtre, pressant la molle hyacinthe, il rumine, à l'ombre d'une yeuse, les herbes pâlissantes, ou poursuit, parmi de grands troupeaux, une génisse, ta rivale. Fermez, Nymphes! Nymphes de Dictée, de ce bois fermez toutes les issues! là peut-être, du taureau qui me fuit, s'offriront à mes yeux quelques vestiges. L'attrait de l'herbe fraîche ou quelques génisses l'amèneront peut-être, à la suite d'un troupeau, jusqu'aux étables de Gortyne.

Silène chante aussi cette jeune princesse qui se laissa éblouir à l'éclat des pommes d'or des Hespérides; ensuite, de mousse et d'une écorce amère, il enveloppe les sœurs de Phaéton, et soudain, aunes altiers, elles ombragent la terre. Il peint Gallus errant aux bords du Permesse; une des neuf sœurs le conduisant aux sommets d'Aonie; Phébus et toute sa cour se levant à l'approche de ce grand poète; le berger Linus, couronné de verdure et de fleurs, lui disant, dans la langue des dieux : « Recevez, ô Gallus! cette flûte que vous offrent les Muses; c'est la même que jadis elles donnèrent au vieillard d'Ascra : elle animait ses chants quand, du sommet des montagnes, descendaient à sa voix les chênes attendris. Sur cette flûte, chantez l'antique origine de la forêt de Grynée, et qu'entre toutes les forêts elle soit l'orgueil d'Apollon. »

Quid loquar, aut Scyllam Nisi, quam fama secuta est
Candida succinctam latrantibus inguina monstris
Dulichias vexasse rates, et gurgite in alto
Ah! timidos nautas canibus lacerasse marinis,
Aut, ut mutatos Terei narraverit artus?
Quas illi Philomela dapes, quæ dona pararit?
Quo cursu deserta petiverit, et quibus ante
Infelix sua tecta super volitaverit alis?
OMNIA quæ, Phœbo quondam meditante, beatus
Audiit Eurotas, jussitque ediscere lauros,
Ille canit. Pulsæ referunt ad sidera valles.
Cogere donec oves stabulis, numerumque referre
Jussit, et invito processit vesper Olympo.

Dirai-je comment il chanta Scylla, fille de Ninus, dont les flancs sont, dit-on, ceints d'une meute aboyante; et ce monstre entraînant les vaisseaux d'Ulysse dans ses gouffres profonds, et ses chiens dévorant les malheureux nautonniers? Le montrerai-je racontant la métamorphose de Térée; le festin, l'horrible festin que lui offrit Philomèle; sa fuite précipitée à travers les déserts, et cette infortunée voltigeant, oiseau plaintif, sur le toit de son palais abandonné?

Tous ces chants, qu'autrefois l'Eurotas entendit de la bouche même d'Apollon, et que ce fleuve apprit aux lauriers de ses rives, Silène les redit, et l'écho des vallons les renvoie jusqu'au ciel. Mais enfin Vesper, s'avançant dans l'Olympe qui le voit à regret, force les bergers à renfermer leurs brebis dans l'étable, après les avoir soigneusement comptées.

ECLOGA VII.

MELIBOEUS, CORYDON, THYRSIS.

MELIBOEUS.

Forte sub arguta consederat ilice Daphnis,
Compulerantque greges Corydon et Thyrsis in unum,
Thyrsis oves, Corydon distentas lacte capellas.
Ambo florentes aetatibus, Arcades ambo,
Et cantare pares, et respondere parati.
Hic mihi, dum teneras defendo a frigore myrtos,
Vir gregis ipse caper deerraverat. Atque ego Daphnin
Adspicio; ille ubi me contra videt : « Ocius, inquit,
Huc ades, o Meliboee; caper tibi salvus et haedi,
Et, si quid cessare potes, requiesce sub umbra.
Huc ipsi potum venient per prata juvenci.
Hic virides tenera praetexit arundine ripas
Mincius, eque sacra resonant examina quercu. »
Quid facerem? neque ego Alcippen, nec Phyllida habebam,
Depulsos a lacte domi quae clauderet agnos;
Et certamen erat, Corydon cum Thyrside, magnum.
Posthabui tamen illorum mea seria ludo.
Alternis igitur contendere versibus ambo
Coepere; alternos Musae meminisse volebant.
Hos Corydon, illos referebat in ordine Thyrsis.

ÉGLOGUE VII.

MÉLIBÉE, CORYDON, THYRSIS.

MÉLIBÉE.

Daphnis était un jour assis sous un chêne harmonieux. Corydon et Thyrsis avaient rassemblé leurs troupeaux, Thyrsis ses brebis, Corydon ses chèvres aux mamelles gonflées de lait. Tous deux à la fleur de l'âge, Arcadiens tous deux, également habiles dans l'art de chanter, et prêts à se répondre tour-à-tour.

Tandis que je m'occupais à garantir du froid mes jeunes myrtes, le chef de mon troupeau, le bouc s'était égaré. Je le cherchais, quand j'aperçois Daphnis; lui, à peine il m'a vu : « Accours, Mélibée, accours ici ; ton bouc et tes chevreaux sont en sûreté, et si tu as quelque loisir, repose-toi sous cet ombrage. D'eux-mêmes tes bœufs viendront, à travers les prés, se désaltérer sur ces bords; ici le Mincio couronne ses rives de verdure et de roseaux, et non loin, dans le creux des chênes, on entend bourdonner des essaims d'abeilles. »

Que faire? je n'avais ni Alcippe, ni Phyllis pour renfermer dans la bergerie mes agneaux nouvellement sevrés; d'un autre côté, entre Corydon et Thyrsis, c'était un grand défi. Enfin, à mes occupations je préférai leurs jeux. Ils commencèrent donc à chanter tour-à-tour : les Muses leur ordonnaient ces chants alternatifs. Ainsi chantait d'abord Corydon, ainsi lui répondait Thyrsis.

CORYDON.

Nymphæ, noster amor, Libethrides, aut mihi carmen
Quale meo Codro, concedite; proxima Phœbi
Versibus ille facit; aut, si non possumus omnes,
Hic arguta sacra pendebit fistula pinu.

THYRSIS.

Pastores, hedera crescentem ornate poetam,
Arcades, invidia rumpantur ut ilia Codro;
Aut, si ultra placitum laudarit, baccare frontem
Cingite, ne vati noceat mala lingua futuro.

CORYDON.

Sætosi caput hoc apri tibi, Delia, parvus
Et ramosa Mycon vivacis cornua cervi.
Si proprium hoc fuerit, levi de marmore tota
Puniceo stabis suras evincta cothurno.

THYRSIS.

Sinum lactis, et hæc te liba, Priape, quotannis
Exspectare sat est; custos es pauperis horti.
Nunc te marmoreum pro tempore fecimus; at tu,
Si fetura gregem suppleverit, aureus esto.

CORYDON.

Nerine Galatea, thymo mihi dulcior Hyblæ,
Candidior cycnis, hedera formosior alba,
Quum primum pasti repetent præsepia tauri,
Si qua tui Corydonis habet te cura, venito.

CORYDON.

Nymphes du Libèthre, Nymphes, mes amours, inspirez-moi des vers pareils à ceux que vous inspirez à mon cher Codrus : ses vers approchent des chants d'Apollon ; ou, si à tous ce talent n'est donné, je veux à ce pin sacré suspendre ma flûte mélodieuse.

THYRSIS.

Pasteurs de l'Arcadie, couronnez de lierre un poëte naissant, et que Codrus en meure de dépit ; ou, s'il me donne des éloges exagérés, ceignez mon front de baccar, de peur que ses louanges ne nuisent à mon génie futur.

CORYDON.

Le petit Mycon t'offre, ô Délie, cette hure de sanglier aux longues soies, et cette ramure d'un vieux cerf. Si ma chasse est aussi heureuse, je veux qu'une statue, tout entière de marbre poli, te représente les jambes ornées d'un cothurne de pourpre.

THYRSIS.

Un vase de lait, quelques gâteaux, voilà, Priape, les seules offrandes que, chaque année, tu puisses attendre de moi : tu ne gardes qu'un petit verger. Je t'ai élevé une statue de marbre ; c'est tout ce que je puis faire pour le moment : mais, si la fécondité des mères répare les pertes de mon troupeau, je prétends que tu sois d'or.

CORYDON.

Fille de Nérée, ô Galatée, plus douce pour moi que le thym de l'Hybla, plus blanche que le cygne, plus belle que le lierre pâlissant, dès que les taureaux rassasiés regagneront l'étable, viens, si ton Corydon t'est cher encore, oh ! viens le trouver.

THYRSIS.

Imo ego sardois videar tibi amarior herbis.
Horridior rusco, projecta vilior alga,
Si mihi non hæc lux toto jam longior anno est.
Ite domum pasti, si quis pudor, ite juvenci.

CORYDON.

Muscosi fontes, et somno mollior herba,
Et quæ vos rara viridis tegit arbutus umbra,
Solstitium pecori defendite; jam venit æstas
Torrida, jam læto turgent in palmite gemmæ.

THYRSIS.

Hic focus, et tædæ pingues, hic plurimus ignis
Semper, et assidua postes fuligine nigri.
Hic tantum Boreæ curamus frigora, quantum
Aut numerum lupus, aut torrentia flumina ripas.

CORYDON.

Stant et juniperi, et castaneæ hirsutæ;
Strata jacent passim sua quæque sub arbore poma;
Omnia nunc rident: at, si formosus Alexis
Montibus his abeat, videas et flumina sicca.

THYRSIS.

Aret ager, vitio moriens sitit aeris herba;
Liber pampineas invidit collibus umbras.
Phyllidis adventu nostræ nemus omne virebit,
Jupiter et læto descendet plurimus imbri.

CORYDON.

Populus Alcidæ gratissima, vitis Iaccho,

THYRSIS.

Et moi, je veux te paraître plus amer que l'herbe de Sardaigne, plus hérissé que le houx, plus vil que l'algue que rejette les flots, si ce jour ne me semble déjà plus long qu'une année tout entière. Allons, mes bœufs, n'avez-vous pas honte de paître si long-temps? retournez à l'étable.

CORYDON.

Fontaines couronnées de lierre, gazon dont la fraîcheur invite au sommeil, et toi, vert arboisier, qui les couvres à peine d'un léger ombrage, défendez mon troupeau des ardeurs du solstice : déjà arrive l'été brûlant; déjà de la vigne se gonflent les rians bourgeons.

THYRSIS.

Ici, près d'un large foyer, dont un bois résineux alimente toujours la flamme brillante, sous ces poutres toutes noires d'une éternelle fumée, on s'inquiète du souffle glacé de Borée, comme le loup du nombre des brebis, comme le torrent de ses rives.

CORYDON.

Ici s'élèvent le genévrier et le châtaignier hérissé de dards; leurs fruits jonchent le sol, épars çà et là sous les arbres qui les ont portés : aujourd'hui tout est riant; mais si le bel Alexis abandonnait nos montagnes, les fleuves mêmes tariraient.

THYRSIS.

Nos champs sont desséchés; l'herbe flétrie meurt dans les prairies altérées; Bacchus envie à nos collines l'ombrage du pampre. Que Phyllis revienne, et nos bois vont reverdir, et Jupiter, en pluie féconde, descendra sur nos campagnes.

CORYDON.

Le peuplier plaît à Hercule, la vigne à Bacchus, le

Formosæ myrtus Veneri, sua laurea Phœbo.
Phyllis amat corylos; illas dum Phyllis amabit,
Nec myrtus vincet corylos, nec laurea Phœbi.

THYRSIS.

Fraxinus in silvis pulcherrima, pinus in hortis,
Populus in fluviis, abies in montibus altis.
Sæpius at si me, Lycida formose, revisas,
Fraxinus in silvis cedat tibi, pinus in hortis.

MELIBOEUS.

Hæc memini, et victum frustra contendere Thyrsin.
Ex illo Corydon Corydon est tempore nobis.

myrte à la belle Cythérée, à Phébus le laurier; Phyllis aime les coudriers : tant que Phyllis les aimera, les coudriers ne le cèderont ni au myrte de Vénus, ni au laurier d'Apollon.

THYRSIS.

Le frêne embellit les forêts, le pin les jardins, le peuplier le cours des fleuves, et le sapin la cime des montagnes ; mais viens, beau Lycidas, viens me voir plus souvent, et, le frêne dans nos bois, le pin dans nos jardins, seront moins beaux que toi.

MÉLIBÉE.

Tels furent, il m'en souvient, les chants de ces deux bergers; Thyrsis, vaincu, voulut en vain disputer le prix : depuis ce temps, Corydon est toujours pour moi le divin Corydon.

ECLOGA VIII.

DAMON, ALPHESIBOEUS.

Pastorum musam Damonis et Alphesiboei,
Immemor herbarum quos est mirata juvenca
Certantes, quorum stupefactae carmine lynces,
Et mutata suos requierunt flumina cursus,
Damonis musam dicemus et Alphesiboei.
Tu mihi, seu magni superas jam saxa Timavi,
Sive oram illyrici legis aequoris, en erit umquam
Ille dies, mihi quum liceat tua dicere facta?
En erit, ut liceat totum mihi ferre per orbem
Sola Sophocleo tua carmina digna cothurno?
A te principium, tibi desinet. Accipe jussis
Carmina coepta tuis, atque hanc sine tempora circum
Inter victrices hederam tibi serpere lauros.

Frigida vix coelo noctis decesserat umbra,
Quum ros in tenera pecori gratissimus herba,
Incumbens tereti Damon sic coepit olivae:

DAMON.

Nascere, praeque diem veniens age, Lucifer, almum,
Conjugis indigno Nisae deceptus amore
Dum queror, et divos, quamquam nil testibus illis

ÉGLOGUE VIII.

DAMON, ALPHÉSIBÉE.

De Damon et d'Alphésibée je redirai les chants : attentive à leur lutte, la génisse oublia l'herbe tendre; les lynx étonnés s'arrêtèrent immobiles; les fleuves émus suspendirent leurs cours; de Damon et d'Alphésibée je redirai les chants.

O toi, illustre guerrier, soit que déjà tu franchisses les rochers du Timave, soit que tu côtoies les bords de la mer d'Illyrie, ne luira-t-il donc jamais ce jour heureux où je pourrai célébrer tes exploits, et publier dans l'univers entier les essais de ta muse tragique, seule digne de chausser le cothurne de Sophocle? Premier objet de mes chants, tu en seras le dernier. Accepte ces vers composés par ton ordre, et permets que ma main enlace sur ton front le lierre aux lauriers de la victoire.

L'ombre froide de la nuit était à peine dissipée; la rosée, si agréable aux troupeaux, brillait encore sur l'herbe tendre, lorsque, tristement appuyé sur sa houlette d'olivier, ainsi chanta Damon :

DAMON.

Lève-toi, astre précurseur du jour, étoile du matin, lève-toi, et rends-nous sa clarté bienfaisante; tandis que je gémis, indignement trompé par la perfide Nise, et que, mourant, j'adresse aux dieux (bien

Profeci, extrema moriens tamen alloquor hora.

Incipe Mænalios mecum, mea tibia, versus.

Mænalus argutumque nemus pinosque loquentes
Semper habet; semper pastorum ille audit amores,
Panaque, qui primus calamos non passus inertes.
Incipe Mænalios mecum, mea tibia, versus.

Mopso Nisa datur; quid non speremus amantes?
Jungentur jam gryphes equis, ævoque sequenti
Cum canibus timidi venient ad pocula damæ.
Mopse, novas incide faces, tibi ducitur uxor.
Sparge, marite, nuces; tibi deserit Hesperus OEtam.

Incipe Mænalios mecum, mea tibia, versus.

O digno conjuncta viro! dum despicis omnes,
Dumque tibi est odio mea fistula, dumque capellæ,
Hirsutumque supercilium, promissaque barba,
Nec curare deum credis mortalia quemquam.

Incipe Mænalios mecum, mea tibia, versus.

Sepibus in nostris parvam te roscida mala,
Dux ego vester eram, vidi cum matre legentem.
Alter ab undecimo tum me jam ceperat annus;
Jam fragiles poteram a terra contingere ramos.
Ut vidi, ut perii! ut me malus abstulit error!
Incipe Mænalios mecum, mea tibia, versus.

qu'il ne m'ait rien servi de les prendre à témoin) ma dernière prière.

O ma flûte, essaie avec moi les chants du Ménale !

Le Ménale a toujours une forêt mélodieuse et des pins éloquens; toujours il retentit des amours des bergers et des airs du dieu Pan; de Pan qui le premier sut faire parler les roseaux muets auparavant.

O ma flûte, essaie avec moi les chants du Ménale !

Nise épouse Mopsus ! amans, à quoi ne devons-nous pas nous attendre? Désormais aux cavales s'accoupleront les griffons; bientôt même les daims timides viendront avec les chiens se désaltérer aux mêmes sources. Mopsus ! prépare de nouveaux flambeaux; on t'amène ton épouse; heureux mari ! sème les noix sur ta route; pour toi, Vesper abandonne l'OEta.

O ma flûte, essaie avec moi les chants du Ménale !

Oh ! qu'il est digne de toi cet époux ! tandis que, pour lui, tu dédaignes et ma flûte, et mes chants, et mes sourcils hérissés, et ma longue barbe, tu crois sans doute que les dieux voient avec indifférence les parjures des mortels.

O ma flûte, essaie avec moi les chants du Ménale !

Tu n'étais qu'une enfant, lorsque je te vis, avec ta mère, cueillir dans nos vergers des pommes humides de rosée : j'étais votre guide. J'entrais alors dans ma douzième année : déjà, je pouvais, en m'élevant, atteindre aux branches les plus basses. Je te vis, je péris ! un fatal délire emporta ma raison !

O ma flûte, essaie avec moi les chants du Ménale !

Nunc scio quid sit Amor; duris in cotibus illum
Aut Tmaros, aut Rhodope, aut extremi Garamantes
Nec generis nostri puerum nec sanguinis edunt.

Incipe Maenalios mecum, mea tibia, versus.

Saevus Amor docuit natorum sanguine matrem
Commaculare manus. Crudelis tu quoque, mater,
Crudelis mater magis, an puer improbus ille?
Improbus ille puer; crudelis tu quoque, mater.
Incipe Maenalios mecum, mea tibia, versus.

Nunc et oves ultro fugiat lupus; aurea durae
Mala ferant quercus; narcisso floreat alnus;
Pinguia corticibus sudent electra myricae.
Certent et cycnis ululae; sit Tityrus Orpheus,
Orpheus in silvis, inter delphinas Arion.

Incipe Maenalios mecum, mea tibia, versus.

Omnia vel medium fiat mare. Vivite, silvae;
Praeceps aerii specula de montis in undas
Deferar; extremum hoc munus morientis habeto.

Desine, Maenalios jam desine, tibia, versus.

Haec Damon; vos, quae responderit Alphesiboeus,
Dicite, Pierides. Non omnia possumus omnes.

ALPHESIBOEUS.

Effer aquam, et molli cinge haec altaria vitta,
Verbenasque adole pingues et mascula thura,

Maintenant je connais l'Amour : il est né sur les plus durs rochers de l'Ismare ou du Rhodope, ou chez les Garamantes, aux extrémités de la terre. Cet enfant n'est ni de la même espèce, ni du même sang que nous.

O ma flûte, essaie avec moi les chants du Ménale!

L'Amour, le cruel Amour apprit à une mère à souiller ses mains du sang de ses enfans. Mère barbare! étais-tu plus barbare? était-il plus méchant? Sans doute l'Amour fut méchant; mais tu fus aussi bien cruelle!

O ma flûte, essaie avec moi les chants du Ménale!

Que l'on voie désormais le loup fuir devant les brebis, les chênes porter des pommes d'or, le narcisse fleurir sur les aunes, l'aride bruyère distiller l'ambre onctueux, le hibou égaler le chant du cygne, Tityre devenir un Orphée dans les forêts, un Arion parmi les dauphins.

O ma flûte, essaie avec moi les chants du Ménale!

Que toute la terre se change en une mer sans rivages! Bois que j'aimais, adieu; je vais du sommet de cette roche escarpée me précipiter dans les ondes. Que ma mort, ô Nise! te soit une dernière preuve de mon amour!

Cesse, ma flûte, de répéter les chants du Ménale!

Ainsi chantait Damon; c'est à vous, Muses, de nous apprendre ce que répondit Alphésibée : une même voix ne se peut prêter à tous les tons.

ALPHÉSIBÉE.

Apporte l'eau sainte; de bandelettes légères entoure l'autel; fais-y brûler et l'encens mâle, et la verveine

Conjugis ut magicis sanos avertere sacris
Experiar sensus. Nihil hic nisi carmina desunt.

Ducite ab urbe domum, mea carmina, ducite Daphnin.

CARMINA vel cœlo possunt deducere lunam;
Carminibus Circe socios mutavit Ulixi;
Frigidus in pratis cantando rumpitur anguis.

Ducite ab urbe domum, mea carmina, ducite Daphnin.

TERNA tibi hæc primum triplici diversa colore
Licia circumdo, terque hæc altaria circum
Effigiem duco; numero deus impare gaudet.

Ducite ab urbe domum, mea carmina, ducite Daphnin.

NECTE tribus nodis ternos, Amarylli, colores;
Necte, Amarylli, modo, et, Veneris, dic, vincula necto.

Ducite ab urbe domum, mea carmina, ducite Daphnin.

LIMUS ut hic durescit, et hæc ut cera liquescit
Uno eodemque igni, sic nostro Daphnis amore.
Sparge molam, et fragiles incende bitumine lauros.
Daphnis me malus urit; ego hanc in Daphnide laurum.

Ducite ab urbe domum, mea carmina, ducite Daphnin.

résineuse : essayons de changer, par un sacrifice magique, le cœur d'un insensible amant : rien ne manque plus ici que les paroles magiques.

Ramenez, charmes puissans, ramenez Daphnis de la ville en ces lieux!

Les paroles magiques ont la vertu de faire descendre la lune du haut des cieux; par elles, Circé transforma les compagnons d'Ulysse : dans les prairies, le froid serpent se brise et expire sous la voix de l'enchanteur.

Ramenez, charmes puissans, ramenez Daphnis de la ville en ces lieux!

Je commence par entourer ton image de trois bandelettes de trois couleurs différentes; et je la promène par trois fois autour de cet autel; le nombre impair plaît aux dieux.

Ramenez, charmes puissans, ramenez Daphnis de la ville en ces lieux!

Amaryllis, serre de trois nœuds ces bandelettes de trois couleurs; Amaryllis, serre-les à l'instant, et dis : Liens de Vénus, ainsi je vous unis.

Ramenez, charmes puissans, ramenez Daphnis de la ville en ces lieux!

Le même feu durcit cette argile et fait fondre cette cire : puisse mon amour produire sur Daphnis ce double effet! Répands la farine sacrée sur ces lauriers, et fais-les brûler dans un feu de bitume. Daphnis me brûle, le méchant! et moi, dans ce laurier, je brûle Daphnis.

Ramenez, charmes puissans, ramenez Daphnis de la ville en ces lieux !

Talis amor Daphnin, qualis quum fessa juvencum
Per nemora atque altos quaerendo bucula lucos
Propter aquae rivum viridi procumbit in ulva,
Perdita, nec serae meminit decedere nocti;
Talis amor teneat, nec sit mihi cura mederi.

Ducite ab urbe domum, mea carmina, ducite Daphnin.

Has olim exuvias mihi perfidus ille reliquit,
Pignora cara sui; quae nunc ego limine in ipso,
Terra, tibi mando. Debent haec pignora Daphnin.

Ducite ab urbe domum, mea carmina, ducite Daphnin.

Has herbas, atque haec Ponto mihi lecta venena,
Ipse dedit Moeris. Nascuntur plurima Ponto.
His ego saepe lupum fieri, et se condere silvis
Moerin, saepe animas imis excire sepulcris,
Atque satas alio vidi traducere messes.

Ducite ab urbe domum, mea carmina, ducite Daphnin.

Fer cineres, Amarylli, foras, rivoque fluenti
Transque caput jace; ne respexeris. His ego Daphnin
Aggrediar; nihil ille deos, nil carmina curat.

Ducite ab urbe domum, mea carmina, ducite Daphnin.

Que Daphnis soit en proie à l'amour, comme la genisse qui, lasse de chercher, à travers les bois et les forêts profondes, un jeune taureau, l'objet de ses désirs, tombe au bord d'un ruisseau, et, sans espoir, haletante, oublie la nuit qui la rappelle à l'étable. Qu'ainsi Daphnis à l'amour soit en proie, et qu'à ses maux il me trouve insensible.

Ramenez, charmes puissans, ramenez Daphnis de la ville en ces lieux !

Voici les dépouilles que naguères m'a laissées le perfide : gages bien chers de son amour ! je les enfouis sous le seuil même de cette porte : terre, je te les confie ; ces gages me doivent le retour de Daphnis.

Ramenez, charmes puissans, ramenez Daphnis de la ville en ces lieux !

Ces herbes enchantées, ces poisons ont été cueillis dans le Pont ; c'est Méris lui-même qui me les a donnés : le Pont les produit en abondance. J'ai vu, par leur secours, Méris, plus d'une fois, se changer en loup, s'enfoncer dans les bois ; du fond de leurs tombeaux, évoquer les Mânes, et dans un autre champ transporter les moissons.

Ramenez, charmes puissans, ramenez Daphnis de la ville en ces lieux !

Emporte ces cendres, Amaryllis, jette-les, par-dessus ta tête, dans le courant du ruisseau ; surtout ne regarde pas par derrière ! C'est le dernier charme que j'emploie contre Daphnis. Mais, le cruel se rit et des charmes et des dieux.

Ramenez, charmes puissans, ramenez Daphnis de la ville en ces lieux !

Adspice; corripuit tremulis altaria flammis
Sponte sua, dum ferre moror, cinis ipse. Bonum sit!
Nescio quid certe est; et Hylax in limine latrat.
Credimus? an, qui amant, ipsi sibi somnia fingunt?

Parcite, ab urbe venit, jam parcite, carmina, Daphnis.

Quel prodige! tandis que je tarde à enlever cette cendre, elle a, d'elle-même embrasée, entouré l'autel de flammes tremblantes. Qu'heureux soit le présage! Mais qu'entends-je? Hylax aboie à la porte! Le croirai-je? n'est-ce pas une de ces illusions que se forment les amans?

Cessez, charmes puissans, cessez : Daphnis revient de la ville en ces lieux.

ECLOGA IX.

LYCIDAS, MOERIS.

LYCIDAS.

Quo te, Mœri, pedes? an, quo via ducit, in urbem?

MOERIS.

O Lycida, vivi pervenimus, advena nostri,
Quod numquam veriti sumus, ut possessor agelli
Diceret : « Hæc mea sunt, veteres, migrate, coloni. »
Nunc victi, tristes, quoniam fors omnia versat,
Hos illi, quod nec vertat bene, mittimus hædos.

LYCIDAS.

Certe equidem audieram, qua se subducere colles
Incipiunt, mollique jugum demittere clivo,
Usque ad aquam, et veteris jam fracta cacumina fagi,
Omnia carminibus vestrum servasse Menalcan.

MOERIS.

Audieras, et fama fuit; sed carmina tantum
Nostra valent, Lycida, tela inter martia, quantum
Chaonias dicunt, aquila veniente, columbas.
Quod nisi me quacumque novas incidere lites
Ante sinistra cava monuisset ab ilice cornix,
Nec tuus hic Mœris, nec viveret ipse Menalcas.

ÉGLOGUE IX.

LYCIDAS, MÉRIS.

LYCIDAS.

Ou vas-tu, Méris? est-ce où ce chemin conduit, à la ville?

MÉRIS.

O Lycidas! j'ai vécu trop long-temps! Devions-nous jamais nous attendre au malheur de voir un étranger s'emparer de notre humble domaine et nous dire : « Ceci est à moi, anciens possesseurs, retirez-vous. » Maintenant vaincus, pleins de tristesse, jouets du sort qui bouleverse tout, il nous faut encore envoyer ces chevreaux au ravisseur : puisse ce don lui être funeste!

LYCIDAS.

J'avais pourtant ouï dire que, depuis l'endroit où la colline commence à s'abaisser, et descend par une pente plus douce jusqu'au fleuve, vers ce vieux hêtre, dont les ans ont brisé la cime, tout cet espace, les vers de votre Ménalque le lui avaient conservé.

MÉRIS.

On te l'a dit, et le bruit en a couru; mais, cher Lycidas, au milieu du fracas des armes, que nos vers sont faibles! aussi faibles que les colombes de Chaonie, quand l'aigle fond sur elles : et si je n'avais à tout prix tranché de nouveaux démêlés, averti que j'étais par la corneille qui, du haut d'un chêne creux, croassait à ma gauche, ni ton ami Méris, ni Ménalque lui-même, ne vivraient plus.

LYCIDAS.

Heu! cadit in quemquam tantum scelus? Heu, tua nobis
Pæne simul tecum solatia rapta, Menalca!
Quis caneret Nymphas? Quis humum florentibus herbis
Spargeret? aut viridi fontes induceret umbra?
Vel quæ sublegi tacitus tibi carmina nuper,
Quum te ad delicias ferres, Amaryllida, nostras?
« Tityre, dum redeo, brevis est via, pasce capellas,
Et potum pastas age, Tityre, et inter agendum
Occursare capro, cornu ferit ille, caveto. »

MOERIS.

Imo hæc, quæ Varo necdum perfecta canebat :
« Vare, tuum nomen, superet modo Mantua nobis,
Mantua væ miseræ nimium vicina Cremonæ!
Cantantes sublime ferent ad sidera cycni. »

LYCIDAS.

Sic tua cyrneas fugiant examina taxos;
Sic cytiso pastæ distendant ubera vaccæ.
Incipe, si quid habes. Et me fecere poetam
Pierides; sunt et mihi carmina. Me quoque dicunt
Vatem pastores; sed non ego credulus illis.
Nam neque adhuc Varo videor, nec dicere Cinna
Digna, sed argutos inter strepere anser olores.

MOERIS.

Id quidem ago, et tacitus, Lycida, mecum ipse voluto,
Si valeam meminisse; neque est ignobile carmen.

LYCIDAS.

Hélas! est-il mortel capable d'un tel forfait? Quoi! Ménalque, on a failli nous ravir avec toi toute consolation! qui désormais eût chanté les Nymphes, couvert la terre de gazon et de fleurs, couronné les fontaines d'ombre et de verdure? Quel autre eût fait ces vers que je te surpris à ton insu l'autre jour, lorsque tu te rendais auprès d'Amaryllis, nos amours? « Tityre, jusqu'à mon retour, je ne vais pas loin, fais paître mes chèvres; ensuite, mène-les à la fontaine: mais, en les conduisant, évite la rencontre du bélier : il frappe de la corne; Tityre, prends-y garde. »

MÉRIS.

Ou plutôt ces vers que, bien qu'imparfaits encore, il adressait à Varus : « O Varus! que Mantoue nous soit conservée, Mantoue, trop voisine, hélas! de l'infortunée Crémone; et nos cygnes, dans leurs chants, porteront ton nom jusqu'aux astres. »

LYCIDAS.

Puissent ainsi tes essaims ne se reposer jamais sur les ifs de Corse! puisse le cytise nourrissant gonfler les mamelles de tes brebis! Commence, si tu sais quelques vers nouveaux. Et moi aussi, les Muses m'ont fait poète; moi aussi, j'ai composé des vers. Les bergers me proclament le chantre du hameau : mais je ne crois point à leurs éloges, car je n'ai encore rien fait qui me semble digne de Varus et de Cinna; faible oison, je mêle aux chants mélodieux des cygnes mes cris discordans.

MÉRIS.

Je songe à te satisfaire, cher Lycidas, et cherche tout bas à me rappeler certains vers; ils ne sont pas sans mérite : « Viens, ô Galatée! quel plaisir trouves-tu sous les

« Huc ades, o Galatea; quis est nam ludus in undis?
Hic ver purpureum; varios hic flumina circum
Fundit humus flores; hic candida populus antro
Imminet, et lentæ texunt umbracula vites.
Huc ades; insani feriant sine litora fluctus. »

LYCIDAS.

Quid, quæ te pura solum sub nocte canentem
Audieram? numeros memini, si verba tenerem.

MOERIS.

« Daphni, quid antiquos signorum suspicis ortus?
Ecce Dionæi processit Cæsaris astrum,
Astrum, quo segetes gauderent frugibus, et quo
Duceret apricis in collibus uva colorem.
Insere, Daphni, pyros; carpent tua poma nepotes. »
OMNIA fert ætas, animum quoque. Sæpe ego longos
Cantando puerum memini me condere soles;
Nunc oblita mihi tot carmina. Vox quoque Moerin
Jam fugit ipsa; lupi Moerin videre priores.
Sed tamen ista satis referet tibi sæpe Menalcas.

LYCIDAS.

Causando nostros in longum ducis amores.
Et nunc omne tibi stratum silet æquor, et omnes,
Adspice, ventosi ceciderunt murmuris auræ.
Hinc adeo media est nobis via; namque sepulcrum
Incipit apparere Bianoris. Hic, ubi densas
Agricolæ stringunt frondes, hic, Moeri, canamus;

caux? Ici, brille le printemps aux couleurs de pourpre; ici, la terre de fleurs variées embellit le bord des ruisseaux; ici, le blanc peuplier se penche languissant sur ma grotte, et la vigne la couvre de ses rameaux entrelacés. Viens; laisse la vague furieuse battre follement le rivage. »

LYCIDAS.

Et ces vers que je t'ai entendu chanter seul pendant une belle nuit? l'air, je l'ai retenu, si les paroles ne m'avaient échappé.

MÉRIS.

« Pourquoi, Daphnis, contempler le lever des anciennes constellations? vois s'avancer l'astre de César, fils de Vénus: astre bienfaisant, sa douce influence fécondera nos guérets, et, sur nos coteaux, colorera la grappe vermeille. Greffe tes poiriers, Daphnis; tes arrière-neveux en recueilleront les fruits. »

LE temps emporte tout; tout, même l'esprit. Souvent, bien jeune encore, je passais, il m'en souvient, des journées entières à chanter; maintenant tous ces airs, je les ai oubliés. Déjà même la voix manque à Méris; pauvre Méris! des loups t'auront aperçu les premiers. Quant à ces vers que tu me demandes, souvent Ménalque lui-même te les redira.

LYCIDAS.

Que tous ces délais irritent mes désirs! Tu le vois : pour toi l'onde s'est calmée : elle dort silencieuse ; les vents se taisent, et l'on n'entend pas le plus léger murmure. Nous voici à la moitié du chemin; déjà le tombeau de Bianor commence à nous apparaître. Vois-tu ces arbres dont la main du laboureur élague le feuillage trop épais? c'est ici, Méris, qu'il nous faut chanter; dépose ici

Hic hædos depone, tamen veniemus in urbem.
Aut, si, nox pluviam ne colligat ante, veremur,
Cantantes licet usque, minus via lædet, eamus.
Cantantes ut eamus, ego hoc te fasce levabo.

MOERIS.

Desine plura, puer; et, quod nunc instat, agamus.
Carmina tum melius, quum venerit ipse, canemus.

tes chevreaux; nous serons encore assez tôt à la ville. Mais si tu crains que la pluie et la nuit ne nous surprennent, nous pouvons, en chantant, poursuivre notre route; elle en sera moins pénible. Pour que tu puisses chanter en marchant, je te veux soulager de ce fardeau.

MÉRIS.

Jeune berger, n'insiste pas davantage; songeons d'abord au but de mon voyage : nous chanterons avec plus de plaisir, quand Ménalque lui-même sera de retour.

ECLOGA X.

GALLUS.

Extremum hunc, Arethusa, mihi concede laborem.
Pauca meo Gallo, sed quæ legat ipsa Lycoris,
Carmina sunt dicenda. Neget quis carmina Gallo?
Sic tibi, quum fluctus subterlabere sicanos,
Doris amara suam non intermisceat undam.
Incipe; sollicitos Galli dicamus amores,
Dum tenera attondent simæ virgulta capellæ.
Non canimus surdis; respondent omnia silvæ.

Quæ nemora, aut qui vos saltus habuere, puellæ
Naides, indigno quum Gallus amore peribat?
Nam neque Parnassi vobis juga, nam neque Pindi
Ulla moram fecere, neque Aonia Aganippe.
Illum etiam lauri, etiam flevere myricæ;
Pinifer illum etiam sola sub rupe jacentem
Mænalus, et gelidi fleverunt saxa Lycæi.
Stant et oves circum; nostri nec pœnitet illas.
Nec te pœniteat pecoris, divine poeta;
Et formosus oves ad flumina pavit Adonis.
Venit et upilio; tardi venere bubulci,
Uvidus hiberna venit de glande Menalcas.
Omnes, « Unde amor iste, » rogant, « tibi? » Venit Apollo:

ÉGLOGUE X.

GALLUS.

Daigne, Aréthuse, m'inspirer encore ce dernier chant. Il me faut, pour mon cher Gallus, quelques vers, mais des vers qui soient lus de Lycoris elle-même. Qui pourrait refuser des vers à Gallus ? Puisse ainsi, quand tes flots coulent sous la mer de Sicile, Doris n'y point mêler son onde amère.

Commence ; disons de Gallus les amours inquiets, tandis que mes chèvres, des tendres arbrisseaux brouteront le feuillage. Ces lieux ne sont point insensibles à nos chants ; l'écho des bois y répond.

Quelles forêts, quels déserts vous retenaient, jeunes Naïades, lorsque, d'un indigne amour, Gallus périssait consumé ? car alors ni les sommets du Parnasse, ni les hauteurs du Pinde, ni les bords de la fontaine Aganippé, n'arrêtèrent vos pas. Les lauriers, les bruyères même pleurèrent sur Gallus. Que dis-je ? le Ménale avec ses forêts de pins, le Lycée avec ses glaces, gémirent en le voyant étendu au pied d'un rocher solitaire. Autour de lui ses brebis se tiennent immobiles : les brebis s'intéressent à nos peines. Divin poète, ne rougis pas de guider un troupeau : Adonis lui-même, le long des fleuves, menait paître ses brebis.

Accourt d'abord le berger ; viennent ensuite les pesans bouviers, puis arrive Ménalque tout mouillé de la glandée d'hiver. Tous lui demandent : « Pourquoi ce fol

« Galle, quid insanis? inquit; tua cura Lycoris
Perque nives alium perque horrida castra secuta est. »

Venit et agresti capitis Silvanus honore,
Florentes ferulas et grandia lilia quassans.
Pan deus Arcadiæ venit, quem vidimus ipsi
Sanguineis ebuli baccis minioque rubentem.
« Ecquis erit modus? inquit. Amor non talia curat.
Nec lacrymis crudelis Amor, nec gramina rivis,
Nec cytiso saturantur apes, nec fronde capellæ. »
Tristis at ille : « Tamen cantabitis, Arcades, inquit,
Montibus hæc vestris; soli cantare periti
Arcades. O mihi tum quam molliter ossa quiescant,
Vestra meos olim si fistula dicat amores!
Atque utinam ex vobis unus, vestrique fuissem
Aut custos gregis, aut maturæ vinitor uvæ!
Certe sive mihi Phyllis, sive esset Amyntas,
Seu quicumque furor, quid tum, si fuscus Amyntas?
Et nigræ violæ sunt, et vaccinia nigra;
Mecum inter salices lenta sub vite jaceret.
Serta mihi Phyllis legeret, cantaret Amyntas.
Hic gelidi fontes; hic mollia prata, Lycori;
Hic nemus; hic ipso tecum consumerer ævo.
Nunc insanus amor duri te Martis in armis
Tela inter media atque adversos detinet hostes.
Tu procul a patria, nec sit mihi credere tantum!

amour?» Apollon se présente : « Gallus, quel est ton délire? L'objet de toutes tes pensées, Lycoris, suit un autre amant à travers les frimas et les horreurs des camps. »

Parut ensuite Silvain, la tête ornée d'une couronne champêtre, agitant des branches d'arbrisseaux en fleurs, et de longues tiges de lis. Le dieu de l'Arcadie, Pan, vient aussi; nous-mêmes nous l'avons vu le visage coloré de vermillon et du jus sanglant de l'hièble : « Quand finiront tes regrets? » dit-il; « à l'Amour qu'importent de telles douleurs? Dieu cruel, il ne se rassasie pas plus de larmes, que les prés d'eau, les abeilles de cytise, les chèvres de feuillage. »

Mais lui, toujours triste : « Habitans de l'Arcadie, du moins à vos montagnes vous redirez mes tourmens; seuls vous savez chanter, pasteurs arcadiens. Oh! que mollement reposera ma cendre, si votre flûte un jour redit mes amours! Et plût aux dieux que j'eusse vécu parmi vous, ou gardien de vos troupeaux, ou vendangeur de vos grappes mûries! Du moins, quelle qu'eût été ma flamme, Phyllis, Amyntas, ou tout autre (et qu'importe qu'Amyntas soit brun; la violette est brune, et brun le vaciet), l'objet de ma passion reposerait avec moi, parmi les saules, sous un berceau de pampres. Pour moi Phyllis cueillerait des guirlandes de fleurs; Amyntas chanterait. Ici, Lycoris, sont de fraîches fontaines, de molles prairies, d'épaisses forêts; ici, avec toi, doucement se consumerait ma vie. Mais, maintenant, un fol amour te retient sous les drapeaux de Mars, au milieu des armes et des traits ennemis. Loin de ta patrie (que ne puis-je en douter!), tu braves les neiges des Alpes, et les glaces du Rhin, seule hélas! et sans moi! Ah! puisse le froid

Alpinas, ah dura, nives et frigora Rheni
Me sine sola vides. Ah! te ne frigora lædant!
Ah! tibi ne teneras glacies secet aspera plantas!
« Ibo, et, chalcidico quæ sunt mihi condita versu
Carmina, pastoris siculi modulabor avena.
Certum est in silvis, inter spelæa ferarum
Malle pati, tenerisque meos incidere amores
Arboribus; crescent illæ, crescetis, amores.
« Interea mixtis lustrabo Mænala Nymphis,
Aut acres venabor apros; non me ulla vetabunt
Frigora parthenios canibus circumdare saltus.
Jam mihi per rupes videor lucosque sonantes
Ire; libet partho torquere cydonia cornu
Spicula, tamquam hæc sit nostri medicina furoris,
Aut deus ille malis hominum mitescere discat.
Jam neque Hamadryades rursus, nec carmina nobis
Ipsa placent; ipsæ rursus concedite silvæ.
Non illum nostri possunt mutare labores;
Nec si frigoribus mediis Hebrumque bibamus,
Sithoniasque nives hiemis subeamus aquosæ,
Nec si, quum moriens alta liber aret in ulmo,
Æthiopum versemus oves sub sidere Cancri.
Omnia vincit Amor, et nos cedamus Amori. »
Hæc sat erit, divæ, vestrum cecinisse poetam,
Dum sedet, et gracili fiscellam texit hibisco,
Pierides. Vos hæc facietis maxima Gallo,

ne te pas saisir! puissent les durs glaçons ne point blesser tes pieds délicats.

« J'IRAI; je chanterai, sur les pipeaux du pasteur de Sicile, les vers que m'inspira le poète de Chalcis. Je veux, au sein des forêts, dans les repaires des bêtes féroces, dévorer mes chagrins, et graver mes amours sur la tendre écorce des arbres : les arbres croîtront, avec eux vous croîtrez, ô mes amours!

« CEPENDANT, je parcourrai, mêlé aux Nymphes, les détours du Ménale; je relancerai le sanglier fougueux. Les rigueurs de l'hiver ne m'empêcheront pas d'entourer d'une meute ardente les bois de Parthénius. Déjà même je crois franchir les rochers, les forêts retentissantes; rival du Parthe, je me plais à lancer les flèches de Cydon. D'un amour incurable, remèdes impuissans! Le dieu qui me poursuit, se laisse-t-il donc attendrir aux peines des mortels? Déjà, et les Nymphes des bois, et les chants que j'aimais, tout m'importune : adieu forêts, adieu! Tous nos efforts ne sauraient tromper l'Amour. En vain nous irions, au plus fort de l'hiver, boire les eaux glacées de l'Hèbre; en vain nous affronterions les neiges et les pluies de la Thrace; en vain dans la saison où l'écorce meurt desséchée sur la cime de l'ormeau, nous ferions paître nos troupeaux sous le soleil brûlant de l'Éthiopie : l'Amour triomphe de tout; et nous aussi, cédons à l'Amour! »

VIERGES du Pinde, ils doivent suffire à votre élève, ces chants que vous lui inspirez, tandis que, tranquillement assis, il tresse en corbeilles le jonc flexible. Vous,

Gallo, cujus amor tantum mihi crescit in horas,
Quantum vere novo viridis se subjicit alnus.

Surgamus; solet esse gravis cantantibus umbra.
Juniperi gravis umbra; nocent et frugibus umbræ.
Ite domum saturæ, venit Hesperus, ite, capellæ.

Muses, de ces vers relevez le prix aux yeux de Gallus; de Gallus, pour qui d'heure en heure s'accroît mon amour, comme au retour du printemps s'élance dans les airs l'aune verdoyant.

Levons-nous; toujours l'ombre est funeste à la voix du chanteur; surtout l'ombre du genévrier : aux moissons l'ombre est aussi nuisible. Allez, mes chèvres, vous êtes rassasiées; retournez au bercail : déjà Vesper paraît.

GEORGICON

LIBER PRIMUS.

Quid faciat laetas segetes, quo sidere terram
Vertere, Maecenas, ulmisque adjungere vites
Conveniat; quae cura boum, qui cultus habendo
Sit pecori; apibus quanta experientia parcis,
Hinc canere incipiam. Vos, o clarissima mundi
Lumina, labentem coelo quae ducitis annum,
Liber et alma Ceres, vestro si munere tellus
Chaoniam pingui glandem mutavit arista,
Poculaque inventis acheloia miscuit uvis;
Et vos, agrestum praesentia numina, Fauni,
Ferte simul Faunique pedem, Dryadesque puellae:
Munera vestra cano. Tuque o, cui prima frementem
Fudit equum magno tellus percussa tridenti,
Neptune; et cultor nemorum, cui pinguia Ceae
Ter centum nivei tondent dumeta juvenci;
Ipse, nemus linquens patrium saltusque Lycaei,
Pan, ovium custos, tua si tibi Maenala curae,
Adsis, o Tegeaee, favens; oleaeque Minerva

GÉORGIQUES

LIVRE PREMIER.

Je chante, Mécène, l'art de rendre les moissons abondantes ; sous quel signe il faut ouvrir la terre et marier la vigne à l'ormeau ; les soins que demandent les grands troupeaux ; la manière de multiplier le bétail ; l'abeille économe et ses sages travaux.

Astres éclatans de lumière, qui réglez dans le ciel la marche des saisons ! Bacchus, et toi bienfaisante Cérès ! si par vous l'homme apprit à quitter, pour l'épi nourricier, les glands de Chaonie, et à mêler avec l'eau des fontaines, le jus de la grappe vermeille ; et vous, Faunes, divinités protectrices des campagnes, Faunes légers, jeunes Dryades, accourez à ma voix : je chante vos bienfaits. Et toi, dont le trident redoutable fit, du sein de la terre, sortir le coursier frémissant, Neptune ! et toi, des forêts divin habitant, toi dont les nombreux taureaux, plus blancs que la neige, tondent les gras pâturages de Cée ; et toi aussi, Pan, protecteur de nos brebis, quitte un moment les bois paternels et les sommets du Lycée, et si ton Ménale t'est toujours cher, viens, dieu du Tégée, favoriser mes chants ; Minerve, qui nous donnas l'olivier ; enfant, inventeur de la charrue ; Silvain, qui dans tes mains portes un jeune cyprès ; dieux

Inventrix, uncique puer monstrator aratri,
Et teneram ab radice ferens, Silvane, cupressum;
Dique Deæque omnes, studiun quibus arva tueri,
Quique novas alitis non ullo semine fruges,
Quique satis largum cœlo demittitis imbrem.
Tuque adeo, quem mox quæ sint habitura Deorum
Concilia, incertum est, urbesne invisere, Cæsar,
Terrarumque velis curam, et te maximus orbis
Auctorem frugum tempestatumque potentem
Accipiat, cingens materna tempora myrto;
An deus immensi venias maris, ac tua nautæ
Numina sola colant, tibi serviat ultima Thule,
Teque sibi generum Tethys emat omnibus undis;
Anne novum tardis sidus te mensibus addas,
Qua locus Erigonen inter Chelasque sequentes
Panditur; ipse tibi jam brachia contrahit ardens
Scorpius, et cœli justa plus parte reliquit:
Quidquid eris, nam te nec sperant Tartara regem,
Nec tibi regnandi veniat tam dira cupido,
Quamvis Elysios miretur Græcia campos,
Nec repetita sequi curet Proserpina matrem;
Da facilem cursum, atque audacibus annue cœptis,
Ignarosque viæ mecum miseratus agrestes
Ingredere, et votis jam nunc assuesce vocari.
Vere novo, gelidus canis quum montibus humor
Liquitur, et Zephyro putris se gleba resolvit,

et déesses qui protégez nos campagnes, qui, des fruits nés sans culture nourrissez le germe heureux, et du haut des cieux, versez aux moissons des pluies fécondes, venez tous inspirer mes chants.

Et toi, qui peux à ton gré prendre rang parmi les dieux, choisis, César : veux-tu, protecteur de nos villes et de nos campagnes, régner sur l'univers ? l'univers est prêt à révérer en toi l'auteur des fruits qu'il produit, le maître des saisons, et à ceindre ton front du myrte maternel. Dominateur souverain des mers, désires-tu recevoir seul les vœux des matelots ? Thulé, aux extrémités du monde, se courbe sous tes lois ; Tethys, au prix de toutes ses eaux, achète l'honneur de t'avoir pour gendre. Aimes-tu mieux, nouvel astre d'été, te placer entre Érigone et le Scorpion qui la poursuit ? déjà devant toi le scorpion replie ses serres brûlantes, et t'abandonne dans le ciel plus d'espace qu'il n'en occupait. Quelle que soit enfin un jour ta place dans le ciel (car les enfers n'oseraient t'espérer pour roi, et, d'un tel empire, tu ne saurais avoir la triste ambition ; laisse la Grèce vanter ses Champs-Élysées, et Proserpine dédaigner la voix d'une mère qui l'appelle) ; rends ma course facile, favorise mes efforts et mon audace ; et, sensible comme moi aux peines des laboureurs, viens les guider dans les routes qu'ils ignorent ; et accoutume-toi à recevoir, dès à présent, les vœux des mortels.

Au retour du printemps, quand, du sommet des montagnes qu'elle blanchissait, la neige fondue commence

Depresso incipiat jam tum mihi taurus aratro
Ingemere, et sulco attritus splendescere vomer.
Illa seges demum votis respondet avari
Agricolæ, bis quæ solem, bis frigora sensit;
Illius immensæ ruperunt horrea messes.

At prius, ignotum ferro quam scindimus æquor,
Ventos et varium cœli prædiscere morem
Cura sit, ac patrios cultusque habitusque locorum,
Et quid quæque ferat regio, et quid quæque recuset.
Hic segetes, illic veniunt felicius uvæ,
Arborei fetus alibi atque injussa virescunt
Gramina. Nonne vides, croceos ut Tmolus odores,
India mittit ebur, molles sua thura Sabæi?
At Chalybes nudi ferrum, virosaque Pontus
Castorea, Eliadum palmas Epirus equarum?
Continuo has leges æternaque fœdera certis
Imposuit natura locis, quo tempore primum
Deucalion vacuum lapides jactavit in orbem,
Unde homines nati, durum genus.
                                Ergo age, terræ
Pingue solum primis extemplo a mensibus anni
Fortes invertant tauri, glebasque jacentes
Pulverulenta coquat maturis solibus æstas.
At si non fuerit tellus fecunda, sub ipsum
Arcturum tenui sat erit suspendere sulco.
Illic, officiant lætis ne frugibus herbæ;
Hic, sterilem exiguus ne deserat humor arenam.

à s'écouler; quand la glèbe s'amollit et cède au souffle du zéphyr, je veux déjà voir, sous le joug, gémir le taureau, et briller dans le sillon le soc usé de la charrue. Cette moisson-là seulement comblera les vœux du laboureur avide, qui deux fois aura senti les chaleurs de l'été, deux fois les rigueurs de l'hiver : ses greniers crouleront sous le poids de la récolte.

Mais, avant d'enfoncer le fer dans une terre inconnue, il faut étudier l'influence des vents qui y règnent, la nature du climat, les procédés de l'expérience, les traditions locales, enfin les productions qu'accepte ou refuse un terrain. Ici jaunissent les moissons; là mûrissent les vignes; ailleurs, les arbres et les prairies se couvrent naturellement de fruits et de verdure. Ainsi le Tmolus nous envoie son safran, l'Inde son ivoire, les plaines de Saba leur encens, le noir Chalybe son fer, le Pont l'huile de ses castors, l'Épire ses coursiers couverts des palmes de l'Élide.

Telles sont les lois immuables que la nature a, dans le principe, imposées à chaque contrée, lorsque, pour repeupler l'univers, Deucalion jeta ces pierres fécondes qui produisirent une race d'hommes nés pour les durs travaux.

Règle-toi donc sur la nature : la terre est-elle forte; que, dès les premiers mois de l'année, de vigoureux taureaux la retournent, et qu'exposées aux rayons du soleil d'été, les mottes y mûrissent et s'y réduisent en poussière; mais si le sol est peu fécond, il suffira d'y tracer, au retour du bouvier, un léger sillon. Ainsi, dans les terres fortes, l'herbe n'étouffera pas le bon grain, et les terres légères ne perdront pas le peu de suc dont elles sont humectées.

7.

Alternis idem tonsas cessare novales,
Et segnem patiere situ durescere campum.
Aut ibi flava seres, mutato sidere, farra,
Unde prius lætum siliqua quassante legumen,
Aut tenuis fetus viciæ, tristisque lupini
Sustuleris fragiles calamos silvamque sonantem.
Urit enim lini campum seges, urit avenæ,
Urunt lethæo perfusa papavera somno.
Sed tamen alternis facilis labor; arida tantum
Ne saturare fimo pingui pudeat sola, neve
Effetos cinerem immundum jactare per agros.
Sic quoque mutatis requiescunt fetibus arva;
Nec nulla interea est inaratæ gratia terræ.
Sæpe etiam steriles incendere profuit agros,
Atque levem stipulam crepitantibus urere flammis:
Sive inde occultas vires et pabula terræ
Pinguia concipiunt; sive illis omne per ignem
Excoquitur vitium, atque exsudat inutilis humor;
Seu plures calor ille vias et cæca relaxat
Spiramenta, novas veniat qua succus in herbas;
Seu durat magis, et venas adstringit hiantes,
Ne tenues pluviæ, rapidive potentia solis
Acrior, aut Boreæ penetrabile frigus adurat.

Multum adeo, rastris glebas qui frangit inertes,
Vimineasque trahit crates, juvat arva; neque illum
Flava Ceres alto nequidquam spectat Olympo;

Il faut, les blés enlevés, laisser ton champ reprendre, dans un repos d'un an, sa vertu primitive ; n'y sème de nouveau du froment qu'au retour de la saison, et après en avoir recueilli une récolte de pois secs, de vesce légère, de tristes lupins ; tous légumes à la tige fragile, à la bruyante cosse. Mais écarte le lin, l'avoine, le pavot soporifique : ils dessèchent, ils brûlent la terre. La terre, cependant, les pourra supporter, pourvu qu'on les sème alternativement, et qu'un épais fumier, ou les sels de la cendre, raniment sa vigueur épuisée. Ainsi ton champ se repose par le seul changement de productions. Avec plus de reconnaissance encore, la terre te paierait le repos d'une année.

Il est bon aussi d'incendier quelquefois un champ stérile, et de livrer le chaume à la flamme pétillante : soit que le feu communique à la terre une vertu secrète et des sucs plus abondans ; soit qu'il la purifie, en fasse sortir l'humidité superflue ; soit qu'il ouvre les pores et les canaux souterrains qui portent la sève aux racines de l'herbe naissante ; soit qu'il durcisse le sol, en resserre les veines trop ouvertes, et en ferme l'entrée aux pluies excessives, aux rayons brûlans du soleil, au souffle glacé de Borée.

Ce laboureur qui, le râteau ou la herse à la main, brise de son champ les glèbes stériles, ne travaille pas en vain ; Cérès, du haut des cieux, jette aussi un regard favorable sur celui qui, écrasant les mottes dont

Et qui, proscisso quæ suscitat æquore terga,
Rursus in obliquum verso perrumpit aratro,
Exercetque frequens tellurem, atque imperat arvis.
Humida solstitia atque hiemes orate serenas,
Agricolæ: hiberno lætissima pulvere farra,
Lætus ager; nullo tantum se Mysia cultu
Jactat, et ipsa suas mirantur Gargara messes.
Quid dicam, jacto qui semine cominus arva
Insequitur, cumulosque ruit male pinguis arenæ?
Deinde satis fluvium inducit rivosque sequentes?
Et, quum exustus ager morientibus æstuat herbis,
Ecce supercilio clivosi tramitis undam
Elicit. Illa cadens raucum per levia murmur
Saxa ciet, scatebrisque arentia temperat arva.
Quid, qui, ne gravidis procumbat culmus aristis,
Luxuriem segetum tenera depascit in herba,
Quum primum sulcos æquant sata? quique paludis
Collectum humorem bibula deducit arena?
Præsertim incertis si mensibus amnis abundans
Exit, et obducto late tenet omnia limo,
Unde cavæ tepido sudant humore lacunæ.

Nec tamen, hæc quum sint hominumque boumque labores
Versando terram experti, nihil improbus anser,
Strymoniæque grues, et amaris intyba fibris
Officiunt, aut umbra nocet. Pater ipse colendi
Haud facilem esse viam voluit, primusque per artem

la charrue a hérissé le sol, croise, par de nouveaux sillons, les sillons déjà tracés, tourmente la terre sans relâche, et la domine.

Laboureurs, demandez au ciel des étés humides et des hivers sereins ; un hiver poudreux promet une abondante récolte : alors, surtout, la Mysie vante ses belles cultures, et le Gargare lui-même admire la richesse de ses moissons.

Que dirai-je de celui qui, la semence à peine confiée à la terre, brise les mottes dont la plaine est hérissée, y introduit ensuite l'eau d'un fleuve coupé par de nombreux canaux ? Et, lorsque l'herbe meurt desséchée par un soleil brûlant, voyez-le amener de la pente d'un coteau l'onde docile, qui, roulant avec un doux murmure sur un lit de cailloux, des champs désaltérés ravive la verdure. Non moins habile, celui-ci, pour empêcher les tiges trop faibles de plier sous le poids des épis, abandonne à ses troupeaux le luxe de l'herbe naissante, lorsque le blé, encore en herbe, commence à poindre au niveau du sillon. Cet autre fait écouler, dans des rigoles, les eaux qui dorment sur ses guérets, surtout si les fleuves débordés ont inondé les campagnes, et formé ces mares d'où s'exhalent d'impures vapeurs.

Cependant, malgré ces efforts et des hommes et des animaux pour fertiliser la terre, elle a encore à craindre l'oie vorace, la grue du Strymon, les herbes amères, et l'ombre nuisible. Jupiter a voulu que la culture des champs fût un rude travail ; le premier, il demanda à l'art leur fécondité, et réveillant, par l'aiguillon de la nécessité,

Movit agros, curis acuens mortalia corda,
Nec torpere gravi passus sua regna veterno.
ANTE Jovem nulli subigebant arva coloni;
Ne signare quidem aut partiri limite campum
Fas erat. In medium quaerebant, ipsaque tellus
Omnia liberius, nullo poscente, ferebat.
Ille malum virus serpentibus addidit atris,
Praedarique lupos jussit, pontumque moveri,
Mellaque decussit foliis, ignemque removit,
Et passim rivis currentia vina repressit;
Ut varias usus meditando extunderet artes
Paulatim, et sulcis frumenti quaereret herbam,
Et silicis venis abstrusum excuderet ignem.
TUNC alnos primum fluvii sensere cavatas;
Navita tum stellis numeros et nomina fecit,
Pleiadas, Hyadas, claramque Lycaonis Arcton.
Tum laqueis captare feras, et fallere visco
Inventum, magnos canibus circumdare saltus.
Atque alius latum funda jam verberat amnem;
Alta petens pelagoque alius trahit humida lina.
Tum ferri rigor, atque argutae lamina serrae;
Nam primi cuneis scindebant fissile lignum;
Tum variae venere artes. Labor omnia vicit
Improbus, et duris urgens in rebus egestas.
PRIMA Ceres ferro mortales vertere terram
Instituit, quum jam glandes atque arbuta sacrae
Deficerent silvae, et victum Dodona negaret.

les mortels engourdis, il proscrivit de son empire une dangereuse oisiveté.

Avant Jupiter, les champs n'avaient point subi la culture ; on ne pouvait même, par des bornes, en marquer le partage : c'était l'héritage commun ; et la terre d'elle-même, sans y être forcée, prodiguait aux hommes ses richesses. Ce fut Jupiter qui de leur noir poison arma les serpens ; qui commanda au loup de vivre de rapines, aux vents de soulever les flots ; qui dépouilla les feuilles du miel qu'elles distillaient, et arrêta les ruisseaux de vin qui coulaient en tous lieux. Il voulait que l'expérience avec la réflexion enfantât insensiblement les différens arts, apprît à l'homme à tirer du sillon le froment nourricier, et à faire jaillir des veines du caillou la flamme qu'il récèle.

Alors, pour la première fois, les fleuves sentirent le poids de l'aune habilement creusé ; le pilote compta les étoiles, leur donna des noms, distingua les Pléiades, les Hyades, l'Ourse, autrefois fille brillante de Lycaon. Alors on apprit à tendre des pièges aux bêtes sauvages, à tromper l'oiseau avec de la glu, à entourer les forêts d'une meute ardente. Celui-ci, de sa ligne, frappe le fond des fleuves ; plus hardi, cet autre s'élance au milieu des mers, et en ramène ses filets humides. Bientôt le fer retentit sur l'enclume, la lime aiguise les dents de la scie mordante : car, pour fendre le bois, les premiers hommes ne se servaient que de coins. Vinrent ensuite tous les arts ; un travail opiniâtre triompha de toutes les difficultés, et le besoin enfanta l'industrie.

Cérès la première apprit à l'homme à ouvrir la terre avec le soc de la charrue, lorsque lui manquèrent les glands et les fruits de la forêt sacrée, et que Dodone lui

Mox et frumentis labor additus, ut mala culmos
Esset rubigo, segnisque horreret in arvis
Carduus. Intereunt segetes; subit aspera silva,
Lappæque tribulique, interque nitentia culta
Infelix lolium et steriles dominantur avenæ.
Quod nisi et assiduis terram insectabere rastris,
Et sonitu terrebis aves, et ruris opaci
Falce premes umbras votisque vocaveris imbrem;
Heu! magnum alterius frustra spectabis acervum,
Concussaque famem in silvis solabere quercu.

Dicendum, et quæ sint duris agrestibus arma,
Queis sine nec potuere seri, nec surgere messes.
Vomis, et inflexi primum grave robur aratri,
Tardaque Eleusinæ matris volventia plaustra,
Tribulaque, traheæque, et iniquo pondere rastri;
Virgea præterea Celei vilisque supellex,
Arbuteæ crates et mystica vannus Iacchi.
Omnia quæ multo ante memor provisa repones,
Si te digna manet divini gloria ruris.

Continuo in silvis magna vi flexa domatur
In burim, et curvi formam accipit ulmus aratri.
Huic a stirpe pedes temo protentus in octo,
Binæ aures, duplici aptantur dentalia dorso.
Cæditur et tilia ante jugo levis, altaque fagus,
Stivaque, quæ currus a tergo torqueat imos,
Et suspensa focis explorat robora fumus.

refusa son antique pâture. Mais, bientôt, que de peines attachées à la culture! la rouille funeste rongea les épis; le chardon stérile hérissa les guérets; les moissons périrent sous une forêt d'herbes pernicieuses; et, au milieu des plus brillantes campagnes, dominèrent l'odieuse ivraie et l'avoine stérile. Oui, si le râteau infatigable ne tourmente sans cesse la terre, si un bruit continuel n'en écarte l'oiseau, si la faux n'élague l'ombre importune, si tes vœux n'appellent des pluies salutaires, vainement tu contempleras les richesses d'un voisin, il te faudra, pour apaiser ta faim, secouer le chêne des forêts.

Disons maintenant les instrumens nécessaires au laboureur pour semer son grain, et en faire naître de riches moissons. Qu'il ait d'abord un soc, et un corps de charrue du bois le plus dur : des chariots à la marche pesante, tels que les ordonna la déesse d'Éleusis : des rouleaux ferrés, des traîneaux, des herses et de lourds râteaux; puis, les ouvrages d'osier, meubles peu chers, inventés par Célée : les claies d'arboisier, le van mystique consacré à Bacchus; tous instrumens que tu auras soin de te procurer long-temps d'avance, si, du bel art des champs, tu veux soutenir la gloire.

Dans la forêt même qui l'a vu naître, on courbe avec de grands efforts un jeune ormeau, pour le disposer à prendre la forme d'une charrue; on y adapte un timon qui s'étend de huit pieds en avant, et, entre deux oreillons, on fixe un double soc. Il faut aussi couper d'avance et le tilleul et le hêtre légers, destinés à former, l'un le joug, l'autre le manche qui doit, par derrière, tourner à volonté la charrue : on laisse tous ces bois se durcir à loisir à la fumée du foyer.

Possum multa tibi veterum præcepta referre,
Ni refugis, tenuesque piget cognoscere curas.

Area cum primis ingenti æquanda cylindro,
Et vertenda manu, et creta solidanda tenaci,
Ne subeant herbæ, neu pulvere victa fatiscat.
Tum variæ illudunt pestes. Sæpe exiguus mus
Sub terris posuitque domos atque horrea fecit,
Aut oculis capti fodere cubilia talpæ;
Inventusque cavis bufo, et quæ plurima terræ
Monstra ferunt; populatque ingentem farris acervum
Curculio, atque inopi metuens formica senectæ.

Contemplator item, quum se nux plurima silvis
Induet in florem, et ramos curvabit olentes.
Si superant fetus, pariter frumenta sequentur;
Magnaque cum magno veniet tritura calore;
At si luxuria foliorum exuberat umbra,
Nequidquam pingues palea teret area culmos.
Semina vidi equidem multos medicare serentes,
Et nitro prius et nigra perfundere amurca,
Grandior ut fetus siliquis fallacibus esset;
Et, quamvis igni exiguo properata maderent,
Vidi lecta diu, et multo spectata labore,
Degenerare tamen, ni vis humana quotannis
Maxima quæque manu legeret. Sic omnia fatis
In pejus ruere, ac retro sublapsa referri.
Non aliter, quam qui adverso vix flumine lembum

Je puis te rappeler une foule d'autres préceptes, traditions de nos ancêtres, si tu ne dédaignes pas de t'arrêter avec moi à ces détails de la vie champêtre.

Il faut d'abord, sous un long cylindre, aplanir l'aire où tu battras le blé; puis, avec ta main, la pétrir, en y mêlant une craie visqueuse; autrement les herbes y croîtraient, et, en la crevassant, la sècheresse ouvrirait un passage à mille insectes dangereux. Souvent le mulot y a creusé sa demeure, et établi ses magasins; la taupe aveugle s'y est ménagé une retraite; et on y a surpris le crapaud, et les bêtes nuisibles que la terre produit si nombreuses; souvent un monceau de blé devient la proie du charençon, ou de la fourmi si prévoyante pour les besoins de sa vieillesse.

Observe l'amandier lorsqu'il se couvre de fleurs, et courbe vers la terre ses branches chargées de parfums : si les fruits l'emportent, c'est pour ta récolte un heureux présage, et de grandes chaleurs amèneront d'abondantes moissons; mais s'il n'étale que l'ombre inutile d'un feuillage épais, le fléau ne battra que de vains chalumeaux.

J'ai vu bien des laboureurs tremper leurs semences dans de l'eau de nitre et du marc d'olives, pour donner à l'enveloppe du grain une apparence souvent trompeuse; et bien qu'un feu modéré eût aidé à l'effet de cette préparation, bien que ces semences eussent été choisies, et examinées avec le plus grand soin, elles n'en dégénèrent pas moins, si chaque année un nouveau choix ne trie le plus beau grain. Telle est la loi du destin : tout tombe en ruine, tout va rétrogradant. Ainsi, à force de rames, un nautonnier pousse sa barque contre le courant d'un

Remigiis subigit, si brachia forte remisit,
Atque illum in præceps prono rapit alveus amni.
Præterea tam sunt Arcturi sidera nobis,
Hædorumque dies servandi, et lucidus Anguis,
Quam quibus in patriam ventosa per æquora vectis
Pontus et ostriferi fauces tentantur Abydi.

Libra die somnique pares ubi fecerit horas,
Et medium luci atque umbris jam dividit orbem,
Exercete, viri, tauros; serite hordea campis,
Usque sub extremum brumæ intractabilis imbrem.
Necnon et lini segetem, et cereale papaver,
Tempus humo tegere, et jamdudum incumbere aratris,
Dum sicca tellure licet, dum nubila pendent.

Vere fabis satio. Tum te quoque, medica, putres
Accipiunt sulci, et milio venit annua cura,
Candidus auratis aperit quum cornibus annum
Taurus, et adverso cedens Canis occidit astro.

At si triticeam in messem robustaque farra
Exercebis humum, solisque instabis aristis;
Ante tibi Eoæ Atlantides abscondantur,
Gnosiaque ardentis decedat stella Coronæ,
Debita quam sulcis commitas semina, quamque
Invitæ properes anni spem credere terræ.
Multi ante occasum Maiæ cœpere; sed illos
Exspectata seges vanis elusit aristis.

fleuve ; son bras faiblit-il un instant, l'onde l'entraîne aussitôt par sa rapidité.

Il faut encore que le laboureur observe les brillantes étoiles de l'Ourse, le lever des Chevreaux, et le Dragon étincelant, avec autant de soin que le pilote qui, pour revenir dans sa patrie, à travers des mers orageuses, doit affronter l'Hellespont, et d'Abydos le détroit périlleux.

Quand la Balance rend égales et les heures du travail, et les heures du sommeil ; quand le jour et la nuit se partagent le monde, laboureurs, exercez vos taureaux, semez l'orge jusque vers les pluies qui annoncent le rigoureux hiver. C'est aussi le moment de semer le lin et le pavot, de rester penchés sur vos charrues : hâtez-vous, la terre est sèche encore, et les nuages s'arrêtent suspendus sur vos têtes.

La fève se sème au printemps ; la terre devenue friable reçoit alors le grand trèfle ; et le millet réclame sa culture annuelle, lorsque, de ses cornes dorées, le Taureau céleste ouvre le cercle de l'année, et que, dans l'éclat du nouvel astre, Sirius s'efface et meurt.

Mais si c'est pour le froment que tu prépares le sol, si une riche moisson d'épis est le seul objet de ton travail, attends, pour livrer la semence aux sillons, que les Pléiades et la brillante Couronne de la fille de Minos aient disparu du ciel ; jusque là ne te hâte point de confier à la terre l'espérance d'une année : d'autres ont commencé de semer avant le coucher des filles d'Atlas : mais de stériles épis ont trompé leur attente.

Si vero viciamque seres vilemque faselum,
Nec pelusiacae curam adspernabere lentis;
Haud obscura cadens mittet tibi signa Bootes.
Incipe, et ad medias sementem extende pruinas.
Idcirco certis demensum partibus orbem
Per duodena regit mundi sol aureus astra.
Quinque tenent coelum zonae, quarum una corusco
Semper sole rubens, et torrida semper ab igni;
Quam circum extremae dextra laevaque trahuntur,
Caerulea glacie concretae atque imbribus atris.
Has inter mediamque duae mortalibus aegris
Munere concessae divum, et via secta per ambas,
Obliquus qua se signorum verteret ordo.

Mundus, ut ad Scythiam rhipaeasque arduus arces
Consurgit, premitur Libyae devexus in Austros.
Hic vertex nobis semper sublimis; at illum
Sub pedibus Styx atra videt, Manesque profundi.
Maximus hic flexu sinuoso elabitur anguis
Circum, perque duas in morem fluminis Arctos,
Arctos Oceani metuentes aequore tingi.
Illic, ut perhibent, aut intempesta silet nox
Semper, et obtenta densantur nocte tenebrae;
Aut redit a nobis Aurora diemque reducit;
Nosque ubi primus equis Oriens afflavit anhelis,
Illic sera rubens accendit lumina Vesper.

Hinc tempestates dubio praediscere coelo

Préfères-tu la vesce et l'humble faséole, tes soins descendent-ils jusqu'à la lentille d'Égypte; le coucher du Bootès t'indiquera d'une manière infaillible le moment de les semer. Commence alors, et poursuis jusqu'au milieu des frimas.

Pour régler nos travaux, le soleil a divisé en douze constellations le cercle qu'il décrit dans les cieux. Cinq zones en embrassent le contour : l'une toujours ardente, toujours brûlée des feux du soleil; deux autres, à distance égale de la première, s'étendent jusqu'aux extrémités du globe, et n'offrent que des mers de glace et de noirs frimas; entre ces dernières et celle du milieu, deux autres plus favorisées des dieux ont reçu les malheureux mortels : et c'est en les traversant obliquement, que le soleil franchit les signes du zodiaque.

Vers la Scythie et les monts Riphées, le globe s'élève; il s'abaisse et redescend du côté de la Libye. Notre pôle est toujours au dessus de l'horizon; l'autre est au dessous, et ne voit que le Styx et le séjour des Mânes. C'est là que le Dragon embrasse, comme un fleuve immense, les deux Ourses dont le char craint de se plonger au sein de l'Océan. Vers le pôle opposé, règne, dit-on, une nuit éternelle, qui de ces ténèbres épaisses redouble encore l'horreur. Peut-être aussi, quand l'Aurore nous quitte, va-t-elle leur rendre le jour; et lorsque les coursiers du Soleil nous soufflent la lumière, l'astre de Vénus y allume-t-il les premières clartés de la nuit.

Ainsi, dans un ciel douteux, nous apprenons à con-

Possumus, hinc messisque diem tempusque serendi;
Et quando infidum remis impellere marmor
Conveniat; quando armatas deducere classes,
Aut tempestivam silvis evertere pinum.
Nec frustra signorum obitus speculamur et ortus,
Temporibusque parem diversis quatuor annum.
Frigidus agricolam si quando continet imber,
Multa, forent quæ mox cœlo properanda sereno,
Maturare datur. Durum procudit arator
Vomeris obtusi dentem; cavat arbore lintres;
Aut pecori signum, aut numeros impressit acervis.
Exacuunt alii vallos furcasque bicornes,
Atque amerina parant lentæ retinacula viti.
Nunc facilis rubea texatur fiscina virga;
Nunc torrete igni fruges, nunc frangite saxo.
Quippe etiam festis quædam exercere diebus
Fas et jura sinunt. Rivos deducere nulla
Relligio vetuit, segeti prætendere sepem,
Insidias avibus moliri, incendere vepres,
Balantumque gregem fluvio mersare salubri.
Sæpe oleo tardi costas agitator aselli
Vilibus aut onerat pomis, lapidemque revertens
Incusum, aut atræ massam picis urbe reportat.

Ipsa dies alios alio dedit ordine luna
Felices operum. Quintam fuge; pallidus Orcus
Eumenidesque satæ. Tum partu terra nefando
Cœumque Iapetumque creat, sævumque Typhœa,

naître les saisons, à distinguer le temps des semailles et celui des moissons ; quand il faut fendre avec la rame une mer perfide, équiper des flottes, et abattre à propos le pin dans les forêts. Ce n'est donc pas en vain que nous observons le lever et le coucher des astres, et la marche des diverses saisons qui, en quatre temps égaux, partagent l'année.

Retenu dans sa chaumière par le froid et la pluie, le laboureur peut préparer à loisir divers ouvrages qu'il faudrait hâter par un ciel sans nuages ; il aiguise un soc émoussé, creuse une nacelle, marque ses troupeaux ou mesure ses grains. D'autres taillent des pieux aigus ou des fourches menaçantes, et préparent, pour leur vigne naissante, l'osier d'Amérie. Alors encore le jonc s'arrondit en corbeille ; le feu cuit les grains, et la meule les broie. Même les fêtes, il est des travaux légitimes. Détourner le cours d'un ruisseau, entourer une moisson de haies, tendre des pièges aux oiseaux, incendier un buisson, plonger dans une onde salutaire un troupeau de brebis, on le peut sans scrupule. Souvent aussi le villageois, de son âne tardif hâtant la démarche, conduit à la ville son huile, ou quelques fruits grossiers, pour en rapporter une meule ou sa provision de pois.

La lune aussi indique, dans son cours, les jours favorables ou funestes aux travaux champêtres. Redoute le cinquième : il a vu naître les Furies et le pâle Orcus. Alors, dans son horrible fécondité, la terre enfanta Cée, Japet, le cruel Typhée, et ces frères audacieux, conjurés

Et conjuratos cœlum rescindere fratres.
Ter sunt conati imponere Pelio Ossam
Scilicet, atque Ossæ frondosum involvere Olympum;
Ter Pater exstructos disjecit fulmine montes.

Septima post decimam felix, et ponere vitem,
Et prensos domitare boves, et licia telæ
Addere. Nona fugæ melior, contraria furtis.

Multa adeo gelida melius se nocte dedere,
Aut quum sole novo terras irrorat Eous.
Nocte leves melius stipulæ, nocte arida prata
Tondentur; noctes lentus non deficit humor.

Et quidam seros hiberni ad luminis ignes
Pervigilat, ferroque faces inspicat acuto.
Interea , longum cantu solata laborem,
Arguto conjux percurrit pectine telas,
Aut dulcis musti Vulcano decoquit humorem,
Et foliis undam trepidi despumat aheni.
At rubicunda Ceres medio succiditur æstu,
Et medio tostas æstu terit area fruges.
Nudus ara, sere nudus; hiems ignava colono.
Frigoribus parto agricolæ plerumque fruuntur,
Mutuaque inter se læti convivia curant.
Invitat genialis hiems, curasque resolvit:
Ceu pressæ quum jam portum tetigere carinæ,
Puppibus et læti nautæ imposuere coronas.

Sed tamen et quernas glandes tum stringere tempus,

contre le ciel. Trois fois ils s'efforcèrent d'élever Ossa sur Pélion, et de rouler sur Ossa l'Olympe avec ses forêts : trois fois, de sa foudre, Jupiter renversa les monts qu'ils avaient entassés.

Le septième jour est, après le dixième, le plus favorable pour planter la vigne, façonner au joug les jeunes taureaux, et mettre la toile sur le métier. Propice au voyageur, le neuvième est funeste au brigand.

Certains travaux sont plus faciles à la fraîcheur de la nuit, ou aux premières larmes dont l'Aurore humecte la terre. La nuit, on coupe sans peine le chaume léger; la nuit, on fauche les prés, imprégnés d'une douce humidité.

Plusieurs veillent pendant l'hiver à la lueur d'une lampe rustique; ils aiguisent en pointe le bois résineux qui les doit éclairer. Près d'eux, charmant par ses chants la longueur du travail, leur compagne fait, entre la chaîne et la trame, voler la bruyante navette, ou bouillir le vin doux, dont elle enlève avec une branche de feuillage l'écume qui tremble ondoyante à la surface de l'airain.

Mais les moissons dorées, c'est au fort de la chaleur, en plein soleil, qu'il les faut couper, en plein soleil qu'il les faut livrer au fléau. Semez, labourez au temps chaud; l'hiver sera pour le laboureur le temps du repos. C'est ordinairement dans la froide saison, qu'il jouit du fruit de ses travaux, et que, dans des repas donnés et reçus tour-à-tour, il se livre à une douce gaîté. L'hiver, ami des plaisirs, lui fait oublier les travaux de l'été. Ainsi, quand les navires chargés de richesses ont enfin touché le port désiré, les matelots triomphans en couronnent la poupe.

L'hiver cependant a ses occupations : on dépouille le

Et lauri baccas, oleamque, cruentaque myrta;
Tum gruibus pedicas et retia ponere cervis,
Auritosque sequi lepores; tum figere damas,
Stuppea torquentem balearis verbera fundæ,
Quum nix alta jacet, glaciem quum flumina trudunt.
Quid tempestates autumni et sidera dicam?
Atque, ubi jam breviorque dies, et mollior æstas,
Quæ vigilanda viris? vel, quum ruit imbriferum ver;
Spicea jam campis quum messis inhorruit, et quum
Frumenta in viridi stipula lactentia turgent?

Sæpe ego, quum flavis messorem induceret arvis
Agricola, et fragili jam stringeret hordea culmo,
Omnia ventorum concurrere prœlia vidi;
Quæ gravidam late segetem ab radicibus imis
Sublime expulsam eruerent; ita turbine nigro
Ferret hiems culmumque levem stipulasque volantes.
Sæpe etiam immensum cœlo venit agmen aquarum,
Et fœdam glomerant tempestatem imbribus atris
Collectæ ex alto nubes : ruit arduus æther,
Et pluvia ingenti sata læta boumque labores
Diluit; implentur fossæ, et cava flumina crescunt
Cum sonitu, fervetque fretis spirantibus æquor.
Ipse Pater, media nimborum in nocte, corusca
Fulmina molitur dextra; quo maxima motu
Terra tremit, fugere feræ, et mortalia corda
Per gentes humilis stravit pavor. Ille flagranti

chêne de ses glands, on recueille l'olive, la baie du laurier et celle du myrte ; et quand une neige épaisse couvre la terre, on tend des lacs à la grue, aux cerfs des filets ; on suit la trace du lièvre inquiet, on terrasse le daim léger, à l'aide d'une pierre qui s'échappe rapide de la fronde.

Dirai-je à quels désastres nous exposent, de l'automne les signes orageux, et les précautions que doit prendre le laboureur, lorsque les jours sont plus courts, et les soleils moins ardens ; ou lorsque le printemps, avec ses torrens, se précipite sur les guérets déjà hérissés d'épis, et que, dans la verte enveloppe qui le protège, des flots d'un lait pur ont déjà gonflé le grain.

Souvent, au moment même où le maître introduisait les moissonneurs au milieu des épis jaunissans, et déjà les liait en faisceaux, j'ai vu les vents déchaînés se livrer d'affreux combats, déraciner, faire voler dans les airs les épis chargés de grains, et emporter au loin, dans de noirs tourbillons, et le chaume léger et la paille voltigeante. Souvent aussi s'amassent au ciel des torrens de pluie, et, dans leurs flancs obscurs, les nuages amoncelés recèlent d'affreuses tempêtes. Le ciel descend en eaux, et sous un déluge de pluie entraîne les riantes moissons, fruit de tant de labeurs. Les fossés se remplissent, les fleuves s'enflent à grand bruit, et, au fond de ses abîmes, la mer s'agite et bouillonne. Jupiter lui-même, au sein de cette nuit profonde, d'un bras étincelant, lance la foudre : à ses éclats, la terre tremble jusqu'en ses fondemens ; les animaux fuient, et les nations épouvantées se prosternent. Le dieu, de ses traits enflammés, frappant l'Athos, le Rhodope ou les monts Acrocérauniens, les réduit en

Aut Atho, aut Rhodopen, aut alta Ceraunia telo
Dejicit. Ingeminant austri et densissimus imber;
Nunc nemora ingenti vento, nunc litora plangunt.
Hoc metuens, cœli menses et sidera serva,
Frigida Saturni sese quo stella receptet;
Quos ignis cœli cyllenius erret in orbes.
In primis venerare deos, atque annua magnæ
Sacra refer Cereri lætis operatus in herbis,
Extremæ sub casum hiemis, jam vere sereno.
Tunc agni pingues, et tunc mollissima vina;
Tunc somni dulces, densæque in montibus umbræ.
Cuncta tibi Cererem pubes agrestis adoret.
Cui tu lacte favos et miti dilue Baccho,
Terque novas circum felix eat hostia fruges,
Omnis quam chorus et socii comitentur ovantes,
Et Cererem clamore vocent in tecta; neque ante
Falcem maturis quisquam supponat aristis,
Quam Cereri, torta redimitus tempora quercu,
Det motus incompositos, et carmina dicat.
Atque hæc ut certis possimus discere signis,
Æstusque, pluviasque, et agentes frigora ventos;
Ipse Pater statuit, quid menstrua luna moneret,
Quo signo caderent austri, quid sæpe videntes
Agricolæ propius stabulis armenta tenerent.
Continuo ventis surgentibus, aut freta ponti
Incipiunt agitata tumescere, et aridus altis
Montibus audiri fragor; aut resonantia longe

poudre : les vents redoublent; l'orage augmente; les forêts, les rivages retentissent de leurs horribles sifflemens.

Pour prévenir ces malheurs, observe le cours des mois et des astres; dans quel signe se réfugie le froid Saturne; dans quels cercles errent les feux brillans de Mercure.

Surtout honore les dieux. Chaque année, offre, au milieu de tes champs, un sacrifice à la puissante Cérès, quand l'hiver sur son déclin va faire place à la sérénité du printemps. Alors les agneaux sont plus gras, le vin moins rude, le sommeil plus doux, et, sur les montagnes, l'ombre plus épaisse. Qu'avec toi toute la jeunesse des champs adore Cérès. Pour Cérès, prépare des libations de vin, de lait et de miel; que trois fois, autour de la moisson nouvelle, on promène la victime propitiatoire; que réunis en chœur, tous les compagnons de tes travaux l'accompagnent pleins de joie, et invoquent à grands cris la protection de Cérès. Garde-toi de livrer tes blés à la faucille, avant d'avoir, une couronne de chêne sur la tête, célébré la fête de Cérès par des danses sans art et des hymnes rustiques.

Afin que nous pussions connaître à des signes certains les chaleurs, les pluies et les vents, précurseurs du froid, Jupiter a réglé lui-même ce que, de la lune, nous annoncerait le cours; quels signes nous présageraient la chute des vents; enfin les pronostics qui, souvent observés, devaient avertir le laboureur de tenir ses troupeaux dans le voisinage de leurs étables.

Au premier sifflement des vents, la mer s'agite et s'enfle peu à peu; sur le sommet des montagnes, un cri déchirant éclate; les rivages retentissent au loin d'un

Litora misceri, et nemorum increbrescere murmur.
Jam sibi tum curvis male temperat unda carinis,
Quum medio celeres revolant ex æquore mergi,
Clamoremque ferunt ad litora; quumque marinæ
In sicco ludunt fulicæ; notasque paludes
Deserit, atque altam supra volat ardea nubem.
Sæpe etiam stellas, vento impendente, videbis
Præcipites cœlo labi, noctisque per umbram
Flammarum longos a tergo albescere tractus;
Sæpe levem paleam et frondes volitare caducas,
Aut summa nantes in aqua colludere plumas.

At Boreæ de parte trucis quum fulminat, et quum
Eurique Zephyrique tonat domus, omnia plenis
Rura natant fossis, atque omnis navita ponto
Humida vela legit. Numquam imprudentibus imber
Obfuit. Aut illum surgentem vallibus imis
Aeriæ fugere grues; aut bucula cœlum
Suspiciens patulis captavit naribus auras;
Aut arguta lacus circum volitavit hirundo,
Et veterem in limo ranæ cecinere querelam.
Sæpius et tectis penetralibus extulit ova
Angustum formica terens iter; et bibit ingens
Arcus; et e pastu decedens agmine magno
Corvorum increpuit densis exercitus alis.
Jam varias pelagi volucres, et quæ Asia circum
Dulcibus in stagnis rimantur prata Caystri,
Certatim largos humeris infundere rores,

sourd mugissement, et dans les bois se prolonge un triste murmure. Déjà les vagues menaçantes n'épargnent qu'à regret les vaisseaux, quand, du sein des mers, le plongeon revole à grands cris vers la terre; quand les sarcelles se jouent sur le rivage, et que le héron quitte ses marais pour s'élever au dessus des nuages. Souvent encore, aux approches de la tempête, on voit des étoiles se précipiter de la voûte céleste, et laisser après elles, dans les ombres de la nuit, de longs sillons de lumière; on voit voltiger et la paille légère et la feuille détachée des arbres, et, sur la surface de l'onde, les plumes tournoyer.

Mais si la foudre gronde vers les régions du nord; si le tonnerre ébranle les demeures de l'Eurus et du Zéphyr, des torrens de pluie inondent les campagnes, et le matelot se hâte de plier ses voiles humides. Jamais orage n'est venu sans être annoncé. En le voyant s'élever du fond des vallées, la grue s'élance au plus haut des airs; la génisse, la tête levée vers le ciel, hume l'air par ses larges naseaux; l'hirondelle, avec un cri aigu, vole autour des étangs; et, dans leurs marais, les grenouilles recommencent leur vieille plainte. Souvent, cheminant le long d'un étroit sentier, la fourmi transporte ailleurs ses œufs; un arc-en-ciel immense boit les eaux de la mer; et, revenant de la pâture, une armée de corbeaux fend l'air qui retentit du bruit de leurs ailes. On voit aussi les différens oiseaux des mers, et ceux qui, aux bords du lac Asia, paissent dans les riantes prairies du Caystre, tantôt verser à l'envi sur leur plumage d'abondantes rosées, tantôt présenter leur tête aux flots, s'élancer dans les ondes, et, dans leur

Nunc caput objectare fretis, nunc currere in undas,
Et studio incassum videas gestire lavandi.
Tum cornix plena pluviam vocat improba voce,
Et sola in sicca secum spatiatur arena.
Nec nocturna quidem carpentes pensa puellæ
Nescivere hiemem, testa quum ardente viderent
Scintillare oleum, et putres concrescere fungos.
Nec minus ex imbri soles et aperta serena
Prospicere, et certis poteris cognoscere signis.
Nam neque tum stellis acies obtusa videtur,
Nec fratris radiis obnoxia surgere luna;
Tenuia nec lanæ per cœlum vellera ferri.
Non tepidum ad solem pennas in litore pandunt
Dilectæ Thetidi alcyones; non ore solutos
Immundi meminere sues jactare maniplos.
At nebulæ magis ima petunt, campoque recumbunt;
Solis et occasum servans de culmine summo
Nequidquam seros exercet noctua cantus.
Apparet liquido sublimis in aere Nisus,
Et pro purpureo pœnas dat Scylla capillo.
Quacumque illa levem fugiens secat æthera pennis,
Ecce inimicus, atrox, magno stridore per auras
Insequitur Nisus; qua se fert Nisus ad auras,
Illa levem fugiens raptim secat æthera pennis.
Tum liquidas corvi presso ter gutture voces
Aut quater ingeminant. Et sæpe cubilibus altis,
Nescio qua præter solitum dulcedine læti,

inquiétude, chercher vainement à s'y rafraîchir. Seule alors, et appelant la pluie à grands cris, l'importune corneille se promène lentement sur le rivage. La jeune fille même, en filant auprès de sa lampe nocturne, en peut tirer un présage, lorsqu'elle voit, autour de la mèche qui pétille, se former de noirs champignons.

A des signes aussi certains, on peut prévoir, après la pluie, le retour du soleil et des beaux jours. La lumière des étoiles ne semble plus s'émousser dans les airs, et la lune aux rayons fraternels emprunter sa clarté; de légers flocons de neige ne flottent plus dans les cieux; l'oiseau chéri de Thétis, l'alcyon, ne vient plus sur le rivage étaler ses ailes au soleil, et l'immonde pourceau ne court plus déliant et éparpillant les gerbes devant lui; mais les nuages vont toujours s'abaissant, et reposent enfin sur la terre. Le hibou, qui, sur le faîte des toits, attend le coucher du soleil, n'attriste plus la nuit de son chant monotone. Nisus s'élève et plane au milieu des airs; et Scylla, sa fille, expie le cheveu fatal. De quelque côté que Scylla fende l'air d'une aile rapide, son implacable ennemi, Nisus, la poursuit avec ses ailes bruyantes; et quelque part qu'il la suive, d'un vol plus prompt encore, Scylla lui échappe. Alors, de leur gosier moins rude, les corbeaux tirent quelques sons adoucis; et souvent, au haut des arbres qu'ils habitent, saisis de je ne sais quelle volupté nouvelle pour eux, ils s'ébattent sous l'épais feuillage : heureux sans doute, quand l'orage est passé, de revoir leur jeune famille et le nid témoin de leurs douces amours. Non que le ciel leur ait, je pense, départi une intelligence supé-

Inter se in foliis strepitant; juvat imbribus actis
Progeniem parvam dulcesque revisere nidos.
Haud equidem credo, quia sit divinitus illis
Ingenium, aut rerum fato prudentia major;
Verum, ubi tempestas et coeli mobilis humor
Mutavere vias, et Jupiter humidus austris
Densat, erant quae rara modo, et, quae densa, relaxat,
Vertuntur species animorum, et pectora motus
Nunc alios, alios dum nubila ventus agebat,
Concipiunt. Hinc ille avium concentus in agris;
Et laetae pecudes, et ovantes gutture corvi.
Si vero solem ad rapidum lunasque sequentes
Ordine respicies; numquam te crastina fallet
Hora, neque insidiis noctis capiere serenae.
Luna, revertentes quum primum colligit ignes,
Si nigrum obscuro comprenderit aera cornu,
Maximus agricolis pelagoque parabitur imber.
At, si virgineum suffuderit ore ruborem,
Ventus erit; vento semper rubet aurea Phoebe.
Sin ortu in quarto, namque is certissimus auctor,
Pura, neque obtusis per coelum cornibus ibit;
Totus et ille dies, et qui nascentur ab illo
Exactum ad mensem, pluvia ventisque carebunt,
Votaque servati solvent in litore nautae
Glauco, et Panopeae, et Inoo Melicertae.
Sol quoque et exoriens, et quum se condet in undas,
Signa dabit; solem certissima signa sequuntur,

rieure, une sagesse prophétique ; mais quand l'air et les mobiles vapeurs dont il est chargé, changent leur cours, quand l'haleine des vents les condense ou les dilate tour-à-tour, ces variations agissent sur les êtres animés; le calme et l'orage font sur eux des impressions différentes : de là le concert des oiseaux dans les champs, la joie des troupeaux et le cri triomphant du corbeau.

Si tu suis le soleil dans sa marche rapide, la lune dans ses phases diverses, jamais le lendemain ne te trompera, et tu ne te laisseras point surprendre à l'éclat perfide d'une belle nuit. Si, lorsque la lune rassemble ses feux renaissans, son croissant obscur n'embrasse qu'un air épais, un orage terrible menace et les mers et les campagnes ; mais si son front se colore d'une pudeur virginale, c'est du vent : le vent fait toujours rougir la belle Phébé. Si, le quatrième jour (ce présage est infaillible), tu la vois pure et lumineuse ; si elle trace dans le ciel un arc net et brillant, ce jour tout entier et ceux qui le suivront, jusqu'à la fin du mois, n'auront ni vent ni pluie ; et, sauvés du naufrage, les matelots acquitteront les vœux adressés à Glaucus, à Panopée, à Mélicerte.

Le soleil, et lorsqu'il sort de l'onde, et quand il s'y replonge, te peut aussi offrir des présages ; et les pré-

Et quæ mane refert, et quæ surgentibus astris.
Ille ubi nascentem maculis variaverit ortum
Conditus in nubem, medioque refugerit orbe,
Suspecti tibi sint imbres; namque urget ab alto
Arboribusque satisque Notus pecorique sinister.
Aut ubi sub lucem densa inter nubila sese
Diversi rumpent radii, aut ubi pallida surget
Tithoni croceum linquens Aurora cubile;
Heu, male tum mites defendet pampinus uvas,
Tam multa in tectis crepitans salit horrida grando.
Hoc etiam, emenso quum jam decedet Olympo,
Profuerit meminisse magis; nam sæpe videmus
Ipsius in vultu varios errare colores.
Cæruleus pluviam denuntiat, igneus euros.
Sin maculæ incipient rutilo immiscerier igni,
Omnia tunc pariter vento nimbisque videbis
Fervere. Non illa quisquam me nocte per altum
Ire, neque a terra moneat convellere funem.
At si, quum referetque diem, condetque relatum,
Lucidus orbis erit, frustra terrebere nimbis,
Et claro silvas cernes Aquilone moveri.
Denique, quid vesper serus vehat, unde serenas
Ventus agat nubes, quid cogitet humidus Auster,
Sol tibi signa dabit.

     SOLEM quis dicere falsum.
Audeat? Ille etiam cæcos instare tumultus
Sæpe monet, fraudemque et operta tumescere bella.

sages qu'il donne à son lever et à son coucher sont infaillibles. Son disque naissant est-il semé de taches, et à moitié enveloppé dans un sombre nuage, tu dois craindre la pluie; car de la mer s'élève un vent du midi, mortel aux arbres, aux moissons, aux troupeaux. Le soleil, à son lever, laisse-t-il, du sein des nuages qui l'obscurcissent, s'échapper çà et là quelques faibles rayons; l'Aurore quitte-t-elle, pâle et languissante, le lit du vieux Tithon, hélas! que le pampre aura peine à défendre son tendre fruit contre la grêle qui, sur nos toits, rebondit avec un horrible fracas!

Mais c'est surtout lorsque, parvenue au terme de sa carrière, le soleil va quitter l'Olympe, qu'il faut le bien observer. Souvent, alors, on voit sur son disque flotter différentes couleurs : l'azur annonce la pluie; le rouge, le vent. Si, à cet éclat de la pourpre, se mêlent quelques nuances de bleu, la pluie et les vents conjurés causeront d'affreux ravages. Durant une telle nuit, je me garderais bien de me hasarder en mer ou de m'éloigner seulement du rivage. Mais si, lorsqu'il nous rend ou nous retire le jour, son disque brille tout entier, pur et radieux, les nuages te menaceront vainement, et, sous un ciel serein, l'aquilon seul agitera la cime des forêts. Enfin, le soleil vous apprendra quel temps amènera l'étoile du soir; comment les vents, chassant les nuages, rappelleront la sérénité dans les airs; quels orages médite l'humide Auster.

Le soleil! qui oserait l'accuser d'imposture? Souvent il nous révèle ces fureurs, ces complots, ces guerres qui, sourdement préparées, sont sur le point d'éclater.

ILLE etiam exstincto miseratus Caesare Romam,
Quum caput obscura nitidum ferrugine texit,
Impiaque aeternam timuerunt saecula noctem.
Tempore quamquam illo tellus quoque, et aequora ponti,
Obscenique canes, importunaeque volucres
Signa dabant. Quoties Cyclopum effervere in agros
Vidimus undantem ruptis fornacibus Aetnam,
Flammarumque globos liquefactaque volvere saxa!
Armorum sonitum toto Germania coelo
Audiit; insolitis tremuerunt motibus Alpes.
Vox quoque per lucos vulgo exaudita silentes
Ingens; et simulacra modis pallentia miris
Visa sub obscurum noctis; pecudesque locutae,
Infandum! sistunt amnes, terraeque dehiscunt,
Et moestum illacrymat templis ebur, aeraque sudant.
Proluit insano contorquens vertice silvas
Fluviorum rex Eridanus, camposque per omnes
Cumstabulis armenta tulit. Nec tempore eodem
Tristibus aut extis fibrae apparere minaces,
Aut puteis manare cruor cessavit, et alte
Per noctem resonare, lupis ululantibus, urbes.
Non alias coelo ceciderunt plura sereno
Fulgura; nec diri toties arsere cometae.

ERGO inter sese paribus concurrere telis
Romanas acies iterum videre Philippi;
Nec fuit indignum superis, bis sanguine nostro
Emathiam et latos Haemi pinguescere campos.

Le soleil, à la mort de César, prenant pitié de Rome, couvrit d'un voile sanglant son disque lumineux, et fit craindre à un siècle parricide une nuit éternelle. Alors aussi, et la terre et la mer, et les hurlemens des chiens, et les cris sinistres des oiseaux annoncèrent nos malheurs. Combien de fois nous vîmes l'Etna, brisant ses voûtes, inonder les campagnes des Cyclopes de tourbillons de flammes, et rouler des rochers calcinés! La Germanie entendit de toutes parts retentir dans les airs le bruit des armes. Les Alpes ressentirent des secousses jusque là inconnues; dans les bois sacrés, au milieu du silence de la nuit, on entendit des voix lamentables. Des fantômes d'une effrayante pâleur se montrèrent à l'entrée de la nuit, et, pour comble d'horreur, les animaux parlèrent! Les fleuves suspendent leur cours, la terre s'entr'ouvre; et, dans les temples, l'ivoire se couvre de larmes, et l'airain de sueur. Le roi des fleuves, l'Éridan se déborde, et, hors de son cours emporté, il déracine, entraîne les forêts, et roule, à travers les campagnes, les étables avec les troupeaux. Long-temps, dans les entrailles des victimes, parurent des signes funestes; le sang coula des fontaines publiques, et nos cités retentirent, pendant la nuit, des hurlemens des loups; jamais, par un ciel serein, la foudre ne tomba plus fréquemment; jamais de plus de feux la comète sinistre n'effraya les mortels.

Aussi les plaines de Philippes ont-elles vu, pour la seconde fois, Romains contre Romains, combattre avec les mêmes armes; les dieux ont souffert que deux fois notre sang engraissât les vastes champs de la Thessalie et de l'Hémus. Viendra un jour où, dans ces tristes con-

Scilicet et tempus veniet, quum finibus illis
Agricola, incurvo terram molitus aratro,
Exesa inveniet scabra rubigine pila,
Aut gravibus rastris galeas pulsabit inanes,
Grandiaque effossis mirabitur ossa sepulcris.
Di patrii indigetes, et Romule, Vestaque mater,
Quae tuscum Tiberim et romana palatia servas,
Hunc saltem everso juvenem succurrere saeclo
Ne prohibete! Satis jam pridem sanguine nostro
Laomedonteae luimus perjuria Trojae.
Jam pridem nobis coeli te regia, Caesar,
Invidet, atque hominum queritur curare triumphos.
Quippe ubi fas versum atque nefas, tot bella per orbem;
Tam multae scelerum facies; non ullus aratro
Dignus honos; squalent abductis arva colonis,
Et curvae rigidum falces conflantur in ensem.
Hinc movet Euphrates, illinc Germania bellum;
Vicinae ruptis inter se legibus urbes
Arma ferunt. Saevit toto Mars impius orbe.
Ut, quum carceribus sese effudere quadrigae,
Addunt se in spatia, et frustra retinacula tendens
Fertur equis auriga, neque audit currus habenas.

trées, le laboureur, en ouvrant la terre avec le soc de la charrue, rencontrera des dards rongés par la rouille, ou, de son pesant râteau, heurtera des casques vides, et contemplera, avec effroi, dans les tombeaux entr'ouverts, la grandeur des ossemens.

Dieux de nos pères, dieux protecteurs de l'empire, Romulus, et toi, auguste Vesta, qui veilles sur le Tibre et sur le palais de nos Césars, laissez du moins ce jeune héros soutenir ce siècle chancelant! assez et trop de fois notre sang a expié les parjures de la race de Laomédon. Depuis long-temps, César, le ciel nous envie ta présence; il se plaint qu'aux triomphes de Rome tu sois encore sensible. Quel spectacle en effet! tous les droits confondus; partout la guerre, partout le crime sous mille faces diverses : la charrue est sans honneur; privés de bras, les champs déserts se couvrent de ronces, et la faux recourbée se redresse en un glaive homicide. Ici l'Euphrate, plus loin le Danube, préparent la guerre contre nous; les villes voisines, brisant et les traités et les lois, combattent les unes contre les autres; Mars, dans tout l'univers, a soufflé sa fureur impie.

Tels, une fois élancés de la barrière, de fougueux coursiers dévorent l'espace : vainement leur guide veut les retenir; il est emporté; et le char n'entend plus ni le frein ni la voix.

LIBER SECUNDUS.

Hactenus arvorum cultus et sidera cœli;
Nunc te, Bacche, canam, necnon silvestria tecum
Virgulta, et prolem tarde crescentis olivæ.
Huc, pater o Lenæe, tuis hic omnia plena
Muneribus; tibi pampineo gravidus autumno
Floret ager; spumat plenis vindemia labris :
Huc, pater o Lenæe, veni, nudataque musto
Tinge novo mecum dereptis crura cothurnis.

Tuque ades, inceptumque una decurre laborem,
O decus, o famæ merito pars maxima nostræ,
Mæcenas, pelagoque volans da vela patenti.
Non ego cuncta meis amplecti versibus opto;
Non, mihi si linguæ centum sint, oraque centum,
Ferrea vox. Ades, et primi lege litoris oram :
In manibus terræ. Non hic te carmine ficto,
Atque per ambages et longa exorsa, tenebo.
Principio arboribus varia est natura creandis.
Namque aliæ, nullis hominum cogentibus, ipsæ
Sponte sua veniunt, camposque et flumina late
Curva tenent, ut molle siler, lentæque genistæ,

LIVRE SECOND.

J'ai chanté la culture des champs et le cours des astres ; c'est toi, Bacchus, que je vais maintenant célébrer, et, avec toi, les forêts, les vergers, et l'olivier, qui croît si lentement. Viens, dieu de la vigne! ici tout est plein de tes bienfaits : l'automne a couronné ces coteaux et de pampres et de fleurs ; la vendange s'élève écumante sur les bords de la cuve. Viens donc! dépose ton brodequin, et rougis avec moi tes jambes dans les flots d'un vin nouveau.

Et toi, à qui je dois ma gloire la plus brillante, ô Mécènes! viens me soutenir dans cette carrière que tu m'as ouverte, et déploie avec moi tes voiles sur cette mer immense. Je ne prétends pas cependant tout embrasser dans mes vers ; non, cent langues, cent bouches, une voix de fer, n'y suffiraient pas. Viens, côtoyons seulement le rivage ; ne perdons pas de vue la terre ; je ne t'égarerai point dans de vaines fictions, dans d'inutiles détours et de longs préambules.

Dans la production des arbres, la nature agit diversement. Les uns, nés d'eux-mêmes, sans aucun effort de la part des hommes, couvrent les campagnes, et les rives tortueuses des fleuves : ainsi naissent l'osier

Populus, et glauca canentia fronde salicta.
Pars autem posito surgunt de semine, ut altæ
Castaneæ, nemorumque Jovi quæ maxima frondet
Æsculus, atque habitæ Graiis oracula quercus.
Pullulat ab radice aliis densissima silva,
Ut cerasis ulmisque; etiam parnassia laurus
Parva sub ingenti matris se subjicit umbra.
Hos natura modos primum dedit; his genus omne
Silvarum fruticumque viret nemorumque sacrorum.
Sunt alii, quos ipse via sibi repperit usus.

Hic plantas tenero abscindens de corpore matrum
Deposuit sulcis; hic stirpes obruit arvo,
Quadrifidasque sudes, et acuto robore vallos;
Silvarumque aliæ pressos propaginis arcus
Exspectant, et viva sua plantaria terra.
Nil radicis egent aliæ, summumque putator
Haud dubitat terræ referens mandare cacumen.
Quin et caudicibus sectis, mirabile dictu!
Truditur e sicco radix oleagina ligno.
Et sæpe alterius ramos impune videmus
Vertere in alterius, mutatamque insita mala
Ferre pyrum, et prunis lapidosa rubescere corna.

QUARE agite o, proprios generatim discite cultus,
Agricolæ, fructusque feros mollite colendo;
Neu segnes jaceant terræ. Juvat Ismara Baccho
Conserere, atque olea magnum vestire Taburnum.

flexible, le souple genêt et le saule au vert et pâle feuillage. Les autres veulent être semés : tels sont le châtaignier à la tige élevée ; le roi des forêts, le chêne consacré à Jupiter, et celui dont la Grèce jadis révéra les oracles. D'autres, comme l'orme et le cerisier, voient sortir de leurs racines une épaisse forêt de rejetons ; même le laurier, si cher au Parnasse, faible, se réfugie à l'ombre d'une mère.

Telle fut la marche primitive de la nature : ainsi se couvrent de verdure les forêts, les vergers et les bois consacrés aux dieux. Il est d'autres procédés que l'on doit à l'expérience.

Tantôt du tronc maternel on détache une jeune tige, que l'on dépose dans un sillon ; tantôt on enterre profondément, soit la souche même, soit un rameau vigoureux fendu en quatre et aiguisé en pieu. D'autres espèces se reproduisent au moyen de jets que l'on courbe en arc, et que l'on plonge vivans dans le sol natal. D'autres n'ont pas besoin de racines ; on émonde l'extrémité de la branche, et on la rend ensuite avec confiance à la terre. Mais un prodige plus étonnant encore, c'est de voir d'un tronc desséché, que le fer a dépouillé de ses branches, sortir des racines et naître un olivier. Souvent, nous voyons les rameaux d'un arbre se changer, sans péril, en ceux d'un autre arbre : le pommier, ainsi métamorphosé, porter des poires ; et, sur le prunier, rougir la cornouille pierreuse.

Apprenez donc avec soin, habitans des campagnes, les façons qui conviennent à chaque plant en particulier ; et, en les cultivant, adoucissez l'âpreté native des fruits sauvages. Que vos terres ne restent point oisives ; j'aime

Sponte sua quæ se tollunt in luminis auras,
Infecunda quidem, sed læta et fortia surgunt;
Quippe solo natura subest. Tamen hæc quoque si quis
Inserat, aut scrobibus mandet mutata subactis,
Exuerint silvestrem animum, cultuque frequenti,
In quascumque voces artes, haud tarda sequentur.
Necnon et sterilis, quæ stirpibus exit ab imis,
Hoc faciet, vacuos si sit digesta per agros;
Nunc altæ frondes et rami matris opacant,
Crescentique adimunt fetus, uruntque ferentem.

Jam, quæ seminibus jactis se sustulit, arbos
Tarda venit, seris factura nepotibus umbram,
Pomaque degenerant succos oblita priores;
Et turpes avibus prædam fert uva racemos.
Scilicet omnibus est labor impendendus, et omnes
Cogendæ in sulcum, ac multa mercede domandæ.

Sed truncis oleæ melius, propagine vites
Respondent, solido Paphiæ de robore myrtus.
Plantis et duræ coryli nascuntur, et ingens
Fraxinus, Herculeæque arbos umbrosa coronæ,
Chaoniique patris glandes; etiam ardua palma
Nascitur, et casus abies visura marinos.
Inseritur vero ex fetu nucis arbutus horrida;
Et steriles platani malos gessere valentes,

à voir l'Ismare se peupler de vignes, et les magnifiques coteaux de Taburne se couvrir d'oliviers.

Les arbres qui, d'eux-mêmes, s'élèvent dans les airs, croissent, stériles, il est vrai, mais brillans et vigoureux ; ils ont pour eux la vertu du sol. Cependant ces arbres mêmes, si on les greffe, si on les transplante en une terre bien préparée, dépouilleront bientôt leur naturel sauvage ; et, cultivés avec soin, ils suivront, dociles, les routes nouvelles qu'on leur ouvrira. Les rejetons mêmes qui sortent du pied d'un arbre, tout stériles qu'ils sont, deviendront féconds, si vous les plantez avec symétrie dans un terrain découvert. Aujourd'hui, un épais feuillage et les rameaux maternels les étouffent : ils croissent sans porter de fruits, ou meurent s'ils en portent.

Quant à l'arbre que l'on a semé, il vient lentement : il ne donnera son ombre qu'à nos derniers neveux ; ses fruits dégénérés oublient leur saveur primitive ; et si c'est la vigne, elle devient des oiseaux la hideuse pâture. C'est que tous ces arbres exigent les mêmes soins ; tous veulent être dressés en pépinière : on ne les dompte qu'à force de culture.

L'olivier vient mieux de tronçons enfouis dans la terre, la vigne de provins, le myrte de rameaux déjà forts. Mais c'est de rejetons transplantés que naissent le dur coudrier, le frêne immense, l'arbre dont l'épais feuillage servit jadis de couronne à Hercule, le chêne que chérit le dieu de Dodone, le palmier qui s'élance dans les airs, et le sapin destiné à braver les périls de la mer. On ente le noyer franc sur l'arboisier : ainsi l'on a vu le stérile platane devenir un pommier vigoureux, le hêtre se marier au châtaignier, le poirier de

Castaneæ fagos, ornusque incanuit albo
Flore pyri, glandemque sues fregere sub ulmis.
Nec modus inserere atque oculos imponere simplex.
Nam qua se medio trudunt de cortice gemmæ,
Et tenues rumpunt tunicas, angustus in ipso
Fit nodo sinus; huc aliena ex arbore germen
Includunt, udoque docent inolescere libro.
Aut rursum enodes trunci resecantur, et alte
Finditur in solidum cuneis via; deinde feraces
Plantæ immittuntur, nec longum tempus, et ingens
Exiit ad cœlum ramis felicibus arbos,
Miraturque novas frondes, et non sua poma.
Præterea genus haud unum, nec fortibus ulmis,
Nec salici, lotoque, neque idæis cyparissis.
Nec pingues unam in faciem nascuntur olivæ,
Orchades, et radii, et amara pausia bacca,
Pomaque, et Alcinoi silvæ; nec surculus idem
Crustumiis syriisque pyris, gravibusque volemis.
Non eadem arboribus pendet vindemia nostris,
Quam methymnæo carpit de palmite Lesbos.
Sunt thasiæ vites, sunt et mareotides albæ,
Pinguibus hæ terris habiles, levioribus illæ.
Et passo Psythia utilior, tenuisque Lageos,
Tentatura pedes olim, vincturaque linguam;
Purpureæ, preciæque. Et quo te carmine dicam,
Rhætica? nec cellis ideo contende falernis.
Sunt et aminææ vites, firmissima vina,

sa fleur blanchir le prunier, et le porc broyer le gland sous l'ormeau.

Enter et écussonner sont deux procédés différens : pour écussonner, on fait, sur le nœud même que forme le bourgeon en brisant son enveloppe, une légère incision; on y introduit un bouton étranger qui apprend facilement à se nourrir de la sève de l'arbre qui l'adopte. Pour enter, on entr'ouvre profondément, avec des coins, un tronc qu'aucun nœud ne hérisse : dans cette fente, on introduit les jets qui le doivent féconder; et bientôt l'arbre élève vers le ciel ses rameaux brillans, étonné qu'il est de son nouveau feuillage et de fruits qui ne sont pas les siens.

Il faut aussi distinguer les différentes espèces d'ormes, de saules, de cyprès. Les olives ne se présentent pas toujours sous une seule et même forme : rondes ici, oblongues ailleurs, ou tout-à-fait amères. Mêmes variétés dans les arbres fruitiers qui embellissaient les jardins d'Alcinoüs. La même tige ne produit pas les poires de Crustume, de Syrie, et le gros romain. La vigne ne suspend pas à nos arbres des grappes semblables à celles que, sur les coteaux de Méthymne, vendange Lesbos. Blanches sont les vignes à Thasos et dans la Maréotide; celles-ci se plaisent dans un terrain gras, celles-là dans un sol plus léger. La Psythie produit la meilleure malvoisie, et ce vin léger qui enchaînera la langue et les pieds du buveur; il en est de rouges, il en est de précoces. Mais où trouver des vers dignes de toi, vin de Rhétie? ne prétends point cependant le disputer aux celliers de Falerne. Pour la force, on préfère les vins d'Aminée; devant eux s'a-

Tmolus et assurgit quibus, et rex ipse Phanæus,
Argitisque minor, cui non certaverit ulla,
Aut tantum fluere, aut totidem durare per annos.
Non ego te, dis et mensis accepta secundis,
Transierim, Rhodia, et tumidis, Bumaste, racemis.
Sed neque, quam multæ species, nec, nomina quæ sint,
Est numerus; neque enim numero comprendere refert.
Quem qui scire velit, libyci velit æquoris idem
Discere quam multæ Zephyro turbentur arenæ;
Aut, ubi navigiis violentior incidit Eurus,
Nosse, quot ionii veniant ad litora fluctus.
Nec vero terræ ferre omnes omnia possunt.
Fluminibus salices, crassisque paludibus alni
Nascuntur, steriles saxosis montibus orni;
Litora myrtetis lætissima; denique apertos
Bacchus amat colles, aquilonem et frigora taxi.

Adspice et extremis domitum cultoribus orbem,
Eoasque domos Arabum, pictosque Gelonos.
Divisæ arboribus patriæ. Sola India nigrum
Fert ebenum; solis est thurea virga Sabæis.
Quid tibi odorato referam sudantia ligno
Balsamaque, et baccas semper frondentis acanthi?
Quid nemora Æthiopum, molli canentia lana?
Velleraque ut foliis depectant tenuia Seres?
Aut quos Oceano propior gerit India lucos,
Extremi sinus orbis? ubi aera vincere summum
Arboris haud ullæ jactu potuere sagittæ:

baissent et le Tmolus, et le Phanaé lui-même, ce roi des vignobles; n'oublions pas le petit Argos, dont les vins plus abondans résistent mieux que tous les autres à l'injure des ans; et toi, le charme de nos desserts, le plaisir des dieux qu'on y invoque, comment t'oublier, délicieux vin de Rhodes, ainsi que toi, Bumaste, aux grappes toujours pleines? Mais compter et nommer toutes ces espèces de vins, n'est ni facile, ni fort important; on aurait plus tôt compté les grains de sable que le vent soulève dans les plaines de la Libye, ou les flots, qu'en fondant avec violence sur les navires, l'Eurus pousse aux rivages d'Ionie.

Tout sol ne convient pas à toutes productions. Le saule naît au bord des rivières; l'aune dans la fange des marais; l'orne stérile sur les montagnes pierreuses; le myrte est heureux près des eaux; la vigne aime les coteaux exposés au soleil; et l'if, l'aquilon et son souffle glacé.

Parcourez, d'une extrémité à l'autre, l'univers dompté par la culture, depuis les contrées plus heureuses qu'habite l'Arabe, jusqu'aux climats glacés du farouche Gelon : chaque arbre a sa patrie. L'Inde seule produit le noir ébène; Saba seule voit croître la tige qui donne l'encens. Dirai-je le bois odoriférant d'où coule le baume; l'acanthe aux feuilles toujours vertes? rappellerai-je ces arbres de l'Éthiopie, brillans d'un tendre duvet; ces laines délicates que le Sère enlève aux feuilles de ses arbres; ces bois sacrés qui s'élèvent aux extrémités du monde, sur les rivages de l'Inde; forêts majestueuses, dont la flèche, lancée par la main la plus vigoureuse, n'atteignit jamais la hauteur? et pourtant

Et gens illa quidem sumptis non tarda pharetris.
Media fert tristes succos tardumque saporem
Felicis mali: quo non praesentius ullum,
Pocula si quando saevae infecere novercae,
Miscueruntque herbas et non innoxia verba,
Auxilium venit, ac membris agit atra venena.
Ipsa ingens arbos, faciemque simillima lauro;
Et, si non alium late jactaret odorem,
Laurus erat. Folia haud ullis labentia ventis,
Flos ad prima tenax. Animas et olentia Medi
Ora fovent illo, et senibus medicantur anhelis.

Sed neque Medorum silvae, ditissima terra,
Nec pulcher Ganges, atque auro turbidus Hermus,
Laudibus Italiae certent; non Bactra, neque Indi,
Totaque thuriferis Panchaia pinguis arenis.
Haec loca non tauri spirantes naribus ignem
Invertere, satis immanis dentibus hydri;
Nec galeis densisque virum seges horruit hastis:
Sed gravidae fruges, et Bacchi massicus humor
Implevere; tenent oleaeque armentaque laeta.
Hinc bellator equus campo sese arduus infert;
Hinc albi, Clitumne, greges, et maxima taurus
Victima, saepe tuo perfusi flumine sacro,
Romanos ad templa deum duxere triumphos.
Hic ver assiduum, atque alienis mensibus aestas;
Bis gravidae pecudes, bis pomis utilis arbos.
At rabidae tigres absunt et saeva leonum

quelle nation plus habile à décocher un trait ? La Médie produit ce fruit merveilleux dont les sucs froids et désagréables chassent des veines, avec une si puissante activité, le poison qu'y a versé une marâtre en y mêlant des paroles magiques. Cet arbre est grand ; il ressemble beaucoup au laurier ; et sans l'odeur différente qu'il répand au loin, ce serait le laurier. Sa feuille résiste à tous les vents, et sa fleur sans effort ne se peut détacher. Les Mèdes s'en servent pour ranimer la poitrine, corriger le vice de l'haleine, et rendre moins laborieuse la respiration des vieillards.

Mais les riches forêts des Mèdes, les belles rives du Gange, l'Hermus et ses sables d'or, ne sauraient le disputer à l'Italie. Elles ne l'oseraient non plus, la Bactriane, l'Inde, et l'Arabie aux plaines chargées de parfums. Les champs de l'Italie ne furent point, il est vrai, labourés par des taureaux dont les narines vomissaient des flammes ; jamais les dents d'un dragon n'y furent semées ; jamais une moisson de casques, de lances et de guerriers ne hérissa ses guérets. Mais ses épis sont chargés de grains, ses coteaux couverts des vins de Massique, ses plaines remplies d'oliviers et de brillans troupeaux. Ici, le coursier belliqueux s'élance fièrement du pâturage ; là, de blanches brebis, et le taureau, la plus noble des victimes, baignés, dieu de Clitumne, dans tes ondes sacrées, ont conduit aux temples des dieux nos pompes triomphales. Dans l'Italie règne un printemps éternel, et l'été en des mois qui ne sont pas les siens. Deux fois les brebis y sont mères, deux fois les arbres s'y couvrent de

Semina; nec miseros fallunt aconita legentes;
Nec rapit immensos orbes per humum, neque tanto
Squameus in spiram tractu se colligit anguis.
Adde tot egregias urbes, operumque laborem,
Tot congesta manu præruptis oppida saxis,
Fluminaque antiquos subter labentia muros.
An mare, quod supra, memorem, quodque alluit infra?
Anne lacus tantos? te, Lari maxime, teque
Fluctibus et fremitu assurgens, Benace, marino?
An memorem portus, Lucrinoque addita claustra;
Atque indignatum magnis stridoribus æquor,
Julia qua ponto longe sonat unda refuso,
Tyrrhenusque fretis immittitur æstus Avernis?

Hæc eadem argenti rivos, ærisque metalla
Ostendit venis, atque auro plurima fluxit.
Hæc genus acre virum, Marsos, pubemque sabellam,
Assuetumque malo Ligurem, Volscosque verutos
Extulit; hæc Decios, Marios, magnosque Camillos,
Scipiadas duros bello; et te, maxime Cæsar,
Qui nunc extremis Asiæ jam victor in oris
Imbellem avertis romanis arcibus Indum.

Salve, magna parens frugum, Saturnia tellus,
Magna virum; tibi res antiquæ laudis et artis
Ingredior, sanctos ausus recludere fontes,
Ascræumque cano romana per oppida carmen.

fruits. L'Italie ne craint ni la rage du tigre, ni la race cruelle du lion ; la main trompée n'y cueille point de mortels poisons. Jamais un serpent n'y déroule ses immenses anneaux, pour les ramener ensuite en replis tortueux. Ajoutez tant de villes magnifiques, de merveilleux travaux; ces forteresses suspendues sur des rocs escarpés, ces fleuves qui coulent sous nos antiques remparts. Parlerai-je des deux mers qui, au nord et au midi, baignent l'Italie; des lacs immenses qu'elle renferme ? faut-il te nommer, toi Laris, le plus grand de tous; et toi Benac, qu'à tes frémissemens, à tes flots soulevés, on dirait une mer? faut-il rappeler ces ports célèbres, ces barrières qui défendent le Lucrin, et contre lesquelles vient en mugissant se briser l'onde indignée, dans ces lieux où le port Jules retentit au loin du bruit des flots qu'il repousse d'un côté, tandis que, de l'autre, il leur ouvre, vers l'Averne, un libre passage?

L'Italie montre encore dans son sein et l'argent et l'airain; l'or même y coule en longs ruisseaux. Elle a produit le Marse, le Sabin, le Ligurien endurci à la fatigue, le Volsque habile à lancer le javelot, toutes ces dures races d'hommes; elle a enfanté les Decius, les Marius, les héroïques Camilles, les deux Scipions, ces foudres de guerre, et toi surtout César; toi qui, déjà vainqueur aux extrémités de l'Asie, repousses en ce moment, loin des frontières romaines, l'Indien impuissant à te résister.

Salut! terre de Saturne! terre féconde en productions, en héros féconde, salut! je chante un art qui fit la gloire et l'étude de nos ancêtres; je rouvre pour toi les sources sacrées du Permesse, et je vais répétant dans les villes d'Italie les vers du vieillard d'Ascra.

Nunc locus arvorum ingeniis; quæ robora cuique,
Quis color, et quæ sit rebus natura ferendis.
Difficiles primum terræ, collesque maligni,
Tenuis ubi argilla, et dumosis calculus arvis,
Palladia gaudent silva vivacis olivæ.
Indicio est tractu surgens oleaster eodem
Plurimus, et strati baccis silvestribus agri.
At quæ pinguis humus, dulcique uligine læta,
Quique frequens herbis et fertilis ubere campus,
Qualem sæpe cava montis convalle solemus
Despicere; huc summis liquuntur rupibus amnes,
Felicemque trahunt limum; quique editus Austro,
Et filicem curvis invisam pascit aratris:
Hic tibi prævalidas olim multoque fluentes
Sufficiet Baccho vites; hic fertilis uvæ,
Hic laticis, qualem pateris libamus et auro,
Inflavit quum pinguis ebur Tyrrhenus ad aras,
Lancibus et pandis fumantia reddimus exta.
Sin armenta magis studium vitulosque tueri,
Aut fetus ovium, aut urentes culta capellas,
Saltus et saturi petito longinqua Tarenti,
Et qualem infelix amisit Mantua campum,
Pascentem niveos herboso flumine cycnos.
Non liquidi gregibus fontes, non gramina desunt;
Et, quantum longis carpent armenta diebus,
Exigua tantum gelidus ros nocte reponet.

Distinguons maintenant la force, la couleur de chaque terrain, leurs fruits et leur culture.

D'abord ces terres rebelles, ces collines ingrates, à peine recouvertes d'une légère couche d'argile, ces champs hérissés de cailloux et de buissons, aiment, de l'arbre cher à Pallas, les rejetons vivaces. On les reconnaît aux oliviers sauvages qui y croissent nombreux, et aux fruits amers dont la terre est jonchée. Au contraire, un terrain gras qu'avive une douce humidité, où l'herbe pousse épaisse, où tout annonce la fécondité, tel qu'au pied des montagnes nous voyons s'étendre une vallée profonde, arrosée par les eaux des rochers, qui y déposent un heureux limon; ce terrain, si d'ailleurs il est exposé au midi, s'il nourrit la fougère, odieuse au soc de la charrue, te donnera des ceps vigoureux, d'où couleront à grands flots ces vins purs et délicieux que nous offrons aux dieux dans des coupes d'or, quand au pied de leurs autels, au son de la flûte d'ivoire d'un Toscan, nous plaçons dans de larges bassins les entrailles fumantes des victimes.

Aimes-tu mieux voir s'élever autour de toi de jeunes taureaux, des agneaux avec leurs mères, et des chèvres, fléau des terres cultivées? va chercher les forêts, les gras pâturages de Tarente, où des plaines semblables à celles qu'a perdues l'infortunée Mantoue, sur les bords fleuris où se jouent des cygnes éclatans de blancheur. Là ne manqueront à tes troupeaux ni les claires fontaines, ni le vert gazon; et ce que, pendant le plus long jour, ils consommeront de pâture, la plus courte des nuits et un peu de rosée le rendront avec usure.

Nigra fere, et presso pinguis sub vomere terra,
Et cui putre solum, namque hoc imitamur arando,
Optima frumentis. Non ullo ex aequore cernes
Plura domum tardis decedere plaustra juvencis;
Aut unde iratus silvam devexit arator,
Et nemora evertit multos ignava per annos,
Antiquasque domos avium cum stirpibus imis
Eruit : illae altum nidis petiere relictis;
At rudis enituit impulso vomere campus.
Nam jejuna quidem clivosi glarea ruris
Vix humiles apibus casias roremque ministrat,
Et tophus scaber, et nigris exesa chelydris
Creta. Negant alios aeque serpentibus agros
Dulcem ferre cibum, et curvas praebere latebras.
Quae tenuem exhalat nebulam fumosque volucres,
Et bibit humorem, et, quum vult, ex se ipsa remittit;
Quaeque suo semper viridi se gramine vestit,
Nec scabie et salsa laedit rubigine ferrum,
Illa tibi laetis intexet vitibus ulmos;
Illa ferax oleae est, illam experiere colendo
Et facilem pecori, et patientem vomeris unci.
Talem dives arat Capua, et vicina Vesevo
Ora jugo, et vacuis Clanius non aequus Acerris.
Nunc, quo quamque modo possis cognoscere, dicam.
Rara sit, an supra morem sit densa, requiras;
Altera frumentis quoniam favet, altera Baccho;

Une terre noirâtre, grasse sous le tranchant de la charrue, et naturellement friable, qualités que l'on tâche de lui donner par le labour, est celle qui convient le mieux au froment. Aucun autre champ ne verra un plus grand nombre de chariots ramener lentement à ta grange d'abondantes récoltes. Tel encore ce terrain où la main du laboureur irrité a porté le fer, abattu des bois trop long-temps inutiles, et détruit les antiques demeures des habitans de l'air : ils fuient à travers les nues, ils abandonnent leurs nids; et cette plaine, naguère inculte, brille sous le soc de la charrue.

Mais ce maigre gravier, épars sur la pente d'un coteau, fournit à peine aux abeilles quelques humbles tiges de lavande et de romarin : n'attends rien de ce tuf rude au toucher, ni de la craie minée par de noirs serpens; car c'est là, dit-on, leur plus douce nourriture, et leur retraite la plus sûre. Mais cette terre d'où s'exhale, en vapeurs fugitives, un léger brouillard; qui, tour-à-tour, absorbe et renvoie l'humidité, qui se tapisse d'un gazon toujours vert, et n'attache point au fer une rouille qui le ronge, tu y marieras heureusement la vigne à l'ormeau; l'olivier y viendra en abondance; la culture trouvera un tel fonds propre aux troupeaux, et docile au soc de la charrue. Telles sont les riches plaines que cultive Capoue; tels sont les coteaux voisins du Vésuve; tels encore les champs arrosés par le Clain, funeste à Acerra qu'il dépeuple.

Je vais maintenant t'apprendre à quels signes tu pourras reconnaître si une terre est forte ou légère, et partant plus propre au froment, ou si elle convient mieux à la

Densa magis Cereri, rarissima quaeque Lyaeo :
Ante locum capies oculis, alteque jubebis
In solido puteum demitti, omnemque repones
Rursus humum, et pedibus summas aequabis arenas.
Si deerunt, rarum, pecorique et vitibus almis
Aptius uber erit. Sin in sua posse negabunt
Ire loca, et scrobibus superabit terra repletis,
Spissus ager; glebas cunctantes crassaque terga
Exspecta, et validis terram proscinde juvencis.

Lassa autem tellus, et quae perhibetur amara,
Frugibus infelix. Ea nec mansuescit arando,
Nec Baccho genus, aut pomis sua nomina servat.
Tale dabit specimen. Tu spisso vimine qualos
Colaque prelorum fumosis deripe tectis;
Huc ager ille malus, dulcesque a fontibus undae
Ad plenum calcentur. Aqua eluctabitur omnis
Scilicet, et grandes ibunt per vimina guttae;
At sapor indicium faciet manifestus, et ora
Tristia tentantum sensu torquebit amaro.
Pinguis item quae sit tellus, hoc denique pacto
Discimus. Haud umquam manibus jactata fatiscit,
Sed picis in morem ad digitos lentescit habendo.

Humida majores herbas alit, ipsaque justo
Laetior. Ah! nimium ne sit mihi fertilis illa,
Neu se praevalidam primis ostendat aristis!

vigne. Cérès veut une terre forte, Bacchus exige la plus légère. Choisis d'abord un endroit commode ; fais-y creuser une fosse profonde, dans laquelle on repousse la terre qui vient d'en sortir ; qu'ensuite ton pied la foule, pour la mettre de niveau avec le terrain : descend-elle sous les bords ; cette terre est légère. Les troupeaux et la vigne y prospèreront également. Refuse-t-elle au contraire de rentrer au lieu d'où elle sort, et, la fosse remplie, en excède-t-elle les bords ; reconnais une terre forte, dont la charrue soulèvera avec peine les glèbes paresseuses et rebelles : pour la fendre, il te faudra tes plus vigoureux taureaux.

Mais ce terrain salé, amer, triste, stérile, que la culture ne saurait adoucir, où la vigne dégénère, où les fruits perdent jusqu'à leur nom, voici le moyen de le reconnaître. De tes toits enfumés détache la corbeille d'osier qui te sert à couler tes vins ; remplis-la de cette mauvaise terre, humecte-la d'une eau douce que tu fouleras avec les pieds. L'eau, pour s'échapper, s'écoulera goutte à goutte le long du tissu d'osier : indice certain, sa triste amertume révoltera le palais qui en aura tenté l'essai.

A ce signe tu reconnaîtras une terre grasse : on a beau la pétrir, loin de se dissoudre, elle s'attache comme une poix visqueuse aux doigts qui la façonnent.

Un sol humide se reconnaît à la hauteur de l'herbage, quelquefois même à son trop de fertilité ; ah ! crains-en l'excès ! crains une force malheureuse qui s'épuise en épis prématurés !

Quæ gravis est, ipso tacitam se pondere prodit,
Quæque levis. Promptum est oculis prædiscere nigram,
Et quis cui color. At sceleratum exquirere frigus
Difficile est; piceæ tantum, taxique nocentes
Interdum, aut hederæ pandunt vestigia nigræ.
His animadversis, terram multo ante memento
Excoquere, et magnos scrobibus concidere montes;
Ante supinatas Aquiloni ostendere glebas,
Quam lætum infodias vitis genus. Optima putri
Arva solo; id venti curant, gelidæque pruinæ,
Et labefacta movens robustus jugera fossor.
At, si quos haud ulla viros vigilantia fugit,
Ante locum similem exquirunt, ubi prima paretur
Arboribus seges, et quo mox digesta feratur,
Mutatam ignorent subito ne semina matrem.
Quin etiam cœli regionem in cortice signant,
Ut, quo quæque modo steterit, qua parte calores
Austrinos tulerit, qua terga obverterit axi,
Restituant. Adeo in teneris consuescere multum est!
Collibus, an plano melius sit ponere vitem,
Quære prius. Si pinguis agros metabere campi,
Densa sere; in denso non segnior ubere Bacchus.
Sin tumulis acclive solum, collesque supinos,
Indulge ordinibus; nec secius omnis in unguem
Arboribus positis secto via limite quadret.
Ut sæpe ingenti bello quum longa cohortes
Explicuit legio, et campo stetit agmen aperto,

A son poids seul, on juge de la pesanteur ou de la légèreté d'une terre. L'œil suffit pour décider de sa couleur; mais il est plus difficile d'en reconnaître le froid meurtrier. Le pin, l'if, le lierre noir qui y croissent offrent seuls quelques indices de ce défaut secret.

Toutes ces précautions prises, prépare long-temps d'avance la terre qui doit recevoir tes plants ; que de nombreux fossés entrecoupent le penchant des coteaux; que la glèbe retournée reste long-temps exposée aux fureurs de l'Aquilon. Le meilleur sol, c'est le plus friable : qualité que lui donnent et les vents, et les frimas, et les bras robustes du vigneron. Celui dont la prévoyance songe à tout, choisit, pour former sa pépinière et disposer son plant, un terrain semblable, de peur que le jeune cep, brusquement arraché au sol maternel, ne le puisse oublier. D'autres vont même jusqu'à graver sur l'écorce de l'arbre son exposition première, afin de rendre aux chaleurs du midi, aux froids du nord, les parties qui y étaient exposées. Tant de nos premiers ans l'habitude est puissante !

Vaut-il mieux planter la vigne sur les coteaux ou en plaine? c'est ce qu'il faut d'abord examiner. Si tu lui destines une terre grasse, presse les rangs ; pour être serrés, tes ceps ne dégénèreront point en un terrain fertile. Préfères-tu la pente d'un terrain inégal, ou le dos des collines, écarte tes rangs ; et qu'avec soin alignés, tes ceps, comme autant de routes régulières, laissent entre eux des intervalles égaux. Telle, aux approches d'un grand combat, une armée déploie avec ordre ses nom-

Directæque acies, ac late fluctuat omnis
Ære renidenti tellus, necdum horrida miscent
Prœlia, sed dubius mediis Mars errat in armis:
Omnia sint paribus numeris dimensa viarum;
Non animum modo uti pascat prospectus inanem,
Sed quia non aliter vires dabit omnibus æquas
Terra, neque in vacuum poterunt se extendere rami.

FORSITAN et scrobibus quæ sint fastigia quæras.
Ausim vel tenui vitem committere sulco.
Altior ac penitus terræ defigitur arbos;
Æsculus in primis, quæ, quantum vertice ad auras
Ætherias, tantum radice in Tartara tendit.
Ergo non hiemes illam, non flabra, neque imbres
Convellunt. Immota manet, multosque per annos
Multa virum volvens durando sæcula vincit.
Tum fortes late ramos et brachia tendens
Huc illuc, media ipsa ingentem sustinet umbram.

NEVE tibi ad solem vergant vineta cadentem;
Neve inter vites corylum sere; neve flagella
Summa pete, aut summa defringe ex arbore plantas;
Tantus amor terræ! neu ferro læde retuso
Semina; neve oleæ silvestres insere truncos.
Nam sæpe incautis pastoribus excidit ignis,
Qui, furtim pingui primum sub cortice tectus,
Robora comprendit, frondesque elapsus in altas
Ingentem cœlo sonitum dedit. Inde secutus

breux bataillons dans une vaste plaine; la terre semble au loin ondoyer sous l'éclat de l'airain; l'horrible mêlée n'a point encore confondu tous les bras; Mars erre encore incertain au milieu des guerriers. Que tes ceps reproduisent ces savantes dispositions; non pour flatter les yeux par une vaine symétrie; mais sans cela la terre ferait de ses sucs un partage inégal, et la vigne ne pourrait en liberté étendre ses rameaux.

Peut-être désires-tu aussi savoir quelle doit être la profondeur des fossés. La vigne ne demande qu'un sillon légèrement creusé; l'arbre veut être plus profondément enfoncé dans la terre; le chêne surtout, dont la tête s'élève dans les cieux, et dont les racines descendent aux enfers. Aussi les tempêtes, les aquilons, les orages ne le sauraient ébranler; immobile, dans sa longue durée il voit passer les générations, et triomphe des siècles. Son vieux tronc étend au loin, comme autant de bras, ses robustes rameaux, et soutient seul l'ombrage immense dont il est le centre.

Que ta vigne ne regarde point le soleil couchant; ne la plante point au milieu des coudriers; ne va pas non plus, pour former tes plants, chercher l'extrémité des tiges, ou les branches supérieures de l'arbre (tant les arbres aiment la terre!); qu'un fer émoussé ne blesse point leurs fibres délicates, et dans les intervalles ne souffre point l'olivier sauvage. Souvent, en effet, une étincelle échappe à l'imprudence des bergers. D'abord cachée sous l'écorce onctueuse de l'arbre, elle en saisit le tronc, atteint le feuillage, et produit dans l'air une explosion terrible; ensuite, courant de branche

Per ramos victor, perque alta cacumina regnat,
Et totum involvit flammis nemus, et ruit atram
Ad coelum picea crassus caligine nubem;
Praesertim si tempestas a vertice silvis
Incubuit, glomeratque ferens incendia ventus.
Hoc ubi; non a stirpe valent, caesaeque reverti
Possunt, atque ima similes revirescere terra.
Infelix superat foliis oleaster amaris.

Nec tibi tam prudens quisquam persuadeat auctor,
Tellurem Borea rigidam spirante movere.
Rura gelu tum claudit hiems, nec semine jacto
Concretam patitur radicem affigere terrae.
Optima vinetis satio, quum vere rubenti
Candida venit avis, longis invisa colubris;
Prima vel autumni sub frigora, quum rapidus sol
Nondum hiemem contingit equis, jam praeterit aestas.

Ver adeo frondi nemorum, ver utile silvis;
Vere tument terrae, et genitalia semina poscunt.
Tum pater omnipotens fecundis imbribus aether
Conjugis in gremium laetae descendit, et omnes
Magnus alit, magno commixtus corpore, fetus.
Avia tum resonant avibus virgulta canoris,
Et Venerem certis repetunt armenta diebus.
Parturit almus ager, zephyrique tepentibus auris
Laxant arva sinus; superat tener omnibus humor.

en branche, victorieuse elle s'empare de la cime et y domine; elle enveloppe la forêt dans un océan de flammes, et élève dans les airs, en noirs tourbillons, une épaisse fumée, surtout si l'ouragan vient en ce moment augmenter, en le chassant devant lui, ce vaste incendie. N'espère plus que tes ceps ainsi détruits puissent renaître de leur souche, revivre sous le tranchant du fer, ni même que d'autres fleurissent sur cette terre désolée. L'auteur seul du désastre, l'olivier, avec ses feuilles amères, y survit.

Ne cède jamais au conseil (quelque sage que soit celui qui le donne) de remuer une terre endurcie par le souffle de Borée. L'hiver alors resserre son sein, et les semences n'y peuvent prendre racine, glacées qu'elles sont par le froid. Le meilleur moment pour planter la vigne, c'est lorsqu'aux premières rougeurs du printemps, revient l'oiseau brillant redouté des couleuvres; ou bien encore aux premiers froids de l'automne, quand le soleil, dans sa course rapide, n'a point encore atteint les limites de l'hiver, et que cependant les chaleurs sont passées.

Telle est la puissance du printemps : il rend aux bois leur feuillage, aux forêts leur sève. Au printemps, la terre s'ouvre, impatiente de recevoir les germes créateurs. Alors le dieu de l'air descend en pluies fécondes dans le sein de son épouse, et, mêlé à ce vaste corps, il nourrit, de son influence puissante, les semences qu'elle a reçues. Alors, les bosquets retentissent du chant harmonieux des oiseaux, alors les troupeaux revolent aux plaisirs de l'amour. La nature est travaillée d'une heureuse fécondité; et, à la douce haleine des zéphyrs, les champs entr'ouvrent leur sein : un luxe de sève pé-

Inque novos soles audent se germina tuto
Credere; nec metuit surgentes pampinus austros,
Aut actum coelo magnis aquilonibus imbrem,
Sed trudit gemmas, et frondes explicat omnes.
Non alios prima crescentis origine mundi
Illuxisse dies, aliumve habuisse tenorem
Crediderim. Ver illud erat; ver magnus agebat
Orbis, et hibernis parcebant flatibus Euri:
Quum primae lucem pecudes hausere, virumque
Ferrea progenies duris caput extulit arvis,
Immissaeque ferae silvis, et sidera coelo.
Nec res hunc tenerae possent perferre laborem,
Si non tanta quies iret frigusque caloremque
Inter, et exciperet coeli indulgentia terras.
Quod superest, quaecumque premes virgulta per agros,
Sparge fimo pingui, et multa memor occule terra;
Aut lapidem bibulum, aut squalentes infode conchas.
Inter enim labentur aquae, tenuisque subibit
Halitus, atque animos tollent sata. Jamque reperti,
Qui saxo super, atque ingentis pondere testae
Urgerent: hoc effusos munimen ad imbres;
Hoc, ubi hiulca siti findit Canis aestifer arva.

Seminibus positis, superest deducere terram
Saepius ad capita, et duros jactare bidentes;
Aut presso exercere solum sub vomere, et ipsa
Flectere luctantes inter vineta juvencos.
Tum leves calamos, et rasae hastilia virgae,

nètre tous les végétaux. Le germe se confie sans crainte aux rayons d'un soleil nouveau; et, bravant le souffle orageux du midi et les froides pluies que l'Aquilon amène, la vigne montre ses tendres bourgeons, et étale tout son feuillage.

Non, le monde naissant ne vit pas briller d'autres jours ; autre ne fut pas son aspect. C'était un éternel printemps ; le printemps seul alors remplissait le grand cercle de l'année; l'Eurus craignait de souffler la froidure, quand, pour la première fois, les animaux parurent à la lumière, quand une race de fer s'éleva du sein pierreux de la terre, quand les bêtes féroces s'élancèrent dans les forêts, et les astres dans le ciel. Faible encore, le monde n'eût pu suffire à ce laborieux enfantement ; si le ciel n'eût ménagé cette longue trêve entre les glaces de l'hiver et les feux, et si une douce température n'eût accueilli l'univers naissant.

Un dernier soin : quels que soient les arbustes que tu plantes, ne leur épargne pas l'engrais, et n'oublie pas de les recouvrir d'une couche épaisse de terre, d'y enfouir des pierres spongieuses, des débris de coquillages. Ainsi les eaux et l'air y pénètreront librement, et les jeunes ceps s'élèveront plus vigoureux. On a vu même des vignerons les charger de pierres et d'énormes tessons : double rempart contre les pluies excessives et les chaleurs dévorantes de la Canicule.

Tes ceps sont-ils plantés, il te reste à ramener souvent la terre à leurs pieds, à y pousser le dur hoyau, à y promener le soc de la charrue, et à faire passer et repasser entre leurs rangs tes bœufs infatigables. Ensuite, présente à la jeune vigne de légers roseaux, des baguettes dépouillées de leur écorce, des échalas de frêne, et des

Fraxineasque aptare sudes, furcasque valentes,
Viribus eniti quarum, et contemnere ventos
Assuescant, summasque sequi tabulata per ulmos.
Ac, dum prima novis adolescit frondibus ætas,
Parcendum teneris; et, dum se lætus ad auras
Palmes agit, laxis per purum immissus habenis,
Ipsa acie nondum falcis tentanda, sed uncis
Carpendæ manibus frondes, interque legendæ.
Inde ubi jam validis amplexæ stirpibus ulmos
Exierint, tum stringe comas, tum brachia tonde.
Ante reformidant ferrum; tum denique dura
Exerce imperia, et ramos compesce fluentes.

Texendæ sepes etiam, et pecus omne tenendum,
Præcipue dum frons tenera imprudensque laborum;
Cui, super indignas hiemes solemque potentem,
Silvestres uri assidue capreæque sequaces
Illudunt, pascuntur oves avidæque juvencæ.
Frigora nec tantum cana concreta pruina,
Aut gravis incumbens scopulis arentibus æstas,
Quantum illi nocuere greges, durique venenum
Dentis, et admorso signata in stirpe cicatrix.
Non aliam ob culpam Baccho caper omnibus aris
Cæditur, et veteres ineunt proscenia ludi,
Præmiaque ingentes pagos et compita circum
Thesidæ posuere, atque inter pocula læti
Mollibus in pratis unctos saliere per utres.

bâtons fourchus : avec leur appui, elle apprend à s'élever, à braver les vents, à gagner, de branche en branche, le sommet des ormeaux.

Mais lorsque, jeune encore, ta vigne se couvre d'un tendre feuillage, ménage sa faiblesse; et alors même que, moins frêle, elle s'élance dans les airs libre et en jets brillans, le fer ne la doit point blesser; que ta main seulement éclaircisse son feuillage. Mais quand plus vigoureux ses rameaux serrent les ormes de leurs nœuds redoublés, alors retranche, coupe les branches parasites. Plus tôt, elles redoutent le fer; alors exerce sans pitié ton empire, et arrête la licence de la sève égarée.

Qu'une haie étroitement enlacée écarte les troupeaux de la vigne, surtout lorsque, tendre encore, sa feuille ne saurait leur résister. Déjà exposée aux rigueurs de l'hiver, à l'action brûlante du soleil, qu'elle n'ait pas du moins à craindre les insultes du buffle sauvage et de la chèvre grimpante, la dent des brebis et de la génisse avide. Les frimas dont l'hiver blanchit les plaines, les rayons du soleil qui brûlent les rochers, sont moins funestes à la vigne, que la dent meurtrière de ces animaux, et la cicatrice qu'imprime leur morsure.

Voilà le crime qu'expie le bouc, immolé sur tous les autels de Bacchus; voilà de nos théâtres l'antique origine; de là, les prix proposés au génie, dans les bourgs et les carrefours, par les enfans de Thésée; de là ces luttes où, ivres de vin et de gaîté, ils bondissaient, au milieu des prairies, sur des outres glis-

Necnon Ausonii, Troja gens missa, coloni
Versibus incomptis ludunt, risuque soluto,
Oraque corticibus sumunt horrenda cavatis;
Et te, Bacche, vocant per carmina læta, tibique
Oscilla ex alta suspendunt mollia pinu.
Hinc omnis largo pubescit vinea fetu;
Complentur vallesque cavæ saltusque profundi,
Et quocumque deus circum caput egit honestum.
Ergo rite suum Baccho dicemus honorem
Carminibus patriis, lancesque et liba feremus;
Et ductus cornu stabit sacer hircus ad aram,
Pinguiaque in verubus torrebimus exta colurnis.
Est etiam ille labor curandis vitibus alter,
Cui numquam exhausti satis est; namque omne quotannis
Terque quaterque solum scindendum, glebaque versis
Æternum frangenda bidentibus; omne levandum
Fronde nemus. Redit agricolis labor actus in orbem,
Atque in se sua per vestigia volvitur annus.
Ac jam olim seras posuit quum vinea frondes,
Frigidus et silvis Aquilo decussit honorem,
Jam tum acer curas venientem extendit in annum
Rusticus, et curvo Saturni dente relictam
Persequitur vitem attondens, fingitque putando.
Primus humum fodito, primus devecta cremato
Sarmenta, et vallos primus sub tecta referto;
Postremus metito. Bis vitibus ingruit umbra;
Bis segetem densis obducunt sentibus herbæ.

santes. A leur exemple, nos Latins, bien qu'issus des Troyens, célèbrent ces fêtes par des vers rustiques et un rire effréné. Ils se font, avec l'écorce d'un arbre, un horrible visage; puis t'invoquant, ô Bacchus, dans leur vive et poétique allégresse, ils suspendent, en ton honneur, au haut d'un pin, leurs masques légers. Soudain, de grappes nombreuses se couvre le vignoble; les vallons, les coteaux, tous les lieux enfin où le dieu s'est montré s'embellissent de fertiles vendanges. Honneur donc à Bacchus! fidèles à son culte, répétons à sa louange les hymnes de nos pères; offrons-lui des fruits et des gâteaux sacrés; qu'un bouc soit par la corne à l'autel mené, et que ses entrailles brûlent suspendues aux branches du coudrier.

La vigne exige encore un autre travail; elle veut des soins continuels. Trois ou quatre fois par an, il faut, autour d'elle, fendre les flancs de la terre; en briser, avec le hoyau, les mottes rebelles; soulager le cep d'un feuillage qui l'accable : travaux sans cesse renaissans, et qui roulent dans un cercle éternel comme l'année qui revient sans cesse sur ses traces. Quand la vigne est dépouillée de ses dernières feuilles, et que le froid Aquilon a enlevé aux forêts leur parure, déjà le laboureur étend, sur l'année qui doit venir, sa prévoyance; armé de sa serpette, il reprend ses travaux, il taille sa vigne, et la façonne en l'émondant. Sois donc le premier à bêcher la terre, le premier à enlever, à brûler le sarment, et à retirer tes échalas; mais le dernier à vendanger. Deux fois de son feuillage la vigne est étouffée, et sa tige deux fois assiégée d'une herbe stérile : deux tâches également pénibles pour toi. Loue un vaste domaine, contente-toi d'en cultiver un petit. Ne faut-il

Durus uterque labor. Laudato ingentia rura;
Exiguum colito. Necnon etiam aspera rusci
Vimina per silvam, et ripis fluvialis arundo
Cæditur, incultique exercet cura salicti.
Jam vinctæ vites, jam falcem arbusta reponunt,
Jam canit effectos extremus vinitor antes;
Sollicitanda tamen tellus, pulvisque movendus,
Et jam maturis metuendus Jupiter uvis.

CONTRA, non ulla est oleis cultura; neque illæ
Procurvam exspectant falcem rastrosque tenaces,
Quum semel hæserunt arvis, aurasque tulerunt.
Ipsa satis tellus, quum dente recluditur unco,
Sufficit humorem, et gravidas, quum vomere, fruges.
Hoc pinguem et placitam paci nutritor olivam.

POMA quoque, ut primum truncos sensere valentes,
Et vires habuere suas, ad sidera raptim
Vi propria nituntur, opisque haud indiga nostræ.
Nec minus interea fetu nemus omne gravescit,
Sanguineisque inculta rubent aviaria baccis.
Tondentur cytisi, tædas silva alta ministrat,
Pascunturque ignes nocturni, et lumina fundunt.
Et dubitant homines serere atque impendere curam?
Quid majora sequar? salices humilesque genistæ,
Aut illæ pecori frondem, aut pastoribus umbram
Sufficiunt, sepemque satis, et pabula melli.
Et juvat undantem buxo spectare Cytorum,

pas encore couper le houx dans la forêt, et le jonc aux bords des fleuves? L'osier inculte n'est pas non plus à négliger. Enfin, tes vignes sont liées; leurs rameaux laissent reposer la serpe, et le vigneron façonne, en chantant, son dernier cep. Eh bien! la bêche doit encore remuer la terre, la réduire en poudre, et pour tes raisins déjà mûrs, tu as à craindre les orages.

L'olivier, au contraire, ne demande point de culture; il n'attend ni le secours de la serpe, ni les dents du hoyau, dès qu'il a pris racine et soutenu l'effet du grand air. La terre, pourvu qu'une fois le râteau la remue, lui fournit la sève nécessaire, et un simple labour fait éclore ses bourgeons. Nourris donc l'olivier, heureux symbole de la paix.

L'arbre fruitier n'exige pas plus de soins : dès qu'il sent son tronc affermi, qu'il a conscience de sa force, il s'élance de lui-même dans les airs, et sans notre secours. Ainsi encore se chargent de fruits les arbres de nos forêts. Sur le buisson inculte, on voit rougir la mûre sanglante; le cytise offre aux troupeaux son feuillage; les forêts nous fournissent les pins résineux qui, pendant la nuit, nous éclairent. Et l'homme hésiterait à donner ses soins à la culture des arbres! Mais pourquoi ne parler que de ces rois des forêts? le saule, l'humble genêt, n'offrent-ils pas aux troupeaux leur feuillage, leur ombre aux bergers, aux moissons des remparts, à l'abeille des sucs? On aime à voir, sur le mont Cytorus, le buis ondoyant, les sapins de la Na-

Naryciæque picis lucos; juvat arva videre
Non rastris, hominum non ulli obnoxia curæ.
Ipsæ caucasio steriles in vertice silvæ,
Quas animosi Euri assidue franguntque feruntque,
Dant alios aliæ fetus; dant utile lignum,
Navigiis pinos, domibus cedrumque cupressosque.
Hinc radios trivere rotis, hinc tympana plaustris
Agricolæ, et pandas ratibus posuere carinas.

VIMINIBUS salices fecundæ; frondibus ulmi;
At myrtus validis hastilibus, et bona bello
Cornus; ituræos taxi torquentur in arcus.
Nec tiliæ leves aut torno rasile buxum
Non formam accipiunt, ferroque cavantur acuto.
Necnon et torrentem undam levis innatat alnus,
Missa Pado; necnon et apes examina condunt
Corticibusque cavis vitiosæque ilicis alvo.
Quid memorandum æque Baccheia dona tulerunt?
Bacchus et ad culpam causas dedit, ille furentes
Centauros letho domuit, Rhœtumque Pholumque,
Et magno Hylæum Lapithis cratere minantem.

O FORTUNATOS nimium, sua si bona norint,
Agricolas! Quibus ipsa, procul discordibus armis,
Fundit humo facilem victum justissima tellus.
Si non ingentem foribus domus alta superbis
Mane salutantum totis vomit ædibus undam;
Nec varios inhiant pulchra testudine postes,

rycie qui fournissent la poix ; on aime à les voir ces terres qui, pour produire, n'attendent ni le râteau, ni les soins de l'homme. Que dis-je ? les forêts même du Caucase, sans cesse battues, fracassées sans cesse par le souffle violent de l'Eurus, ont, toutes stériles qu'elles sont, leur fécondité ; elles donnent des pins aux navires, aux maisons des cèdres et des cyprès. Le laboureur en tire, pour les roues de ses chars, des rayons et de solides moyeux ; le navigateur, la carène de son vaisseau.

Le saule nous donne son osier flexible, l'orme son ombrage, le myrte et le cornouiller leurs jets vigoureux, recherchés pour la guerre ; l'if, sous la main du Parthe, se courbe en arc ; le tilleul uni, le buis docile, se façonnent au gré du tour et du fer qui les creuse. Lancé sur le Pô, l'aune léger fend les ondes ; et l'abeille cache ses rayons sous des écorces creuses, et dans les flancs d'un chêne miné par les ans. Les présens de Bacchus valent-ils ces richesses ? Bacchus a même quelquefois été la cause de crimes. C'est lui qui, après avoir rempli les Centaures de ses fureurs, immola sans pitié Rhœtus, Pholus, et Hylée d'une énorme coupe menaçant les Lapithes.

Trop heureux l'habitant des campagnes s'il connaît son bonheur ! loin des discordes, loin des combats, la terre, justement libérale, lui prodigue une nourriture facile. Son palais orgueilleux ne voit pas, il est vrai, se presser, sous ses portiques, des flots d'adulateurs qui viennent de leur patron adorer le réveil. L'œil n'y est point ébloui de l'éclat des lambris, de la

Illusasque auro vestes, ephyreiaque aera,
Alba neque assyrio fucatur lana veneno,
Nec casia liquidi corrumpitur usus olivi :
At secura quies, et nescia fallere vita,
Dives opum variarum; at latis otia fundis,
Speluncae, vivique lacus; at frigida Tempe,
Mugitusque boum, mollesque sub arbore somni
Non absunt. Illic saltus ac lustra ferarum,
Et patiens operum, parvoque assueta juventus,
Sacra deum, sanctique patres ; extrema per illos
Justitia excedens terris vestigia fecit.

Me vero primum dulces ante omnia Musae,
Quarum sacra fero ingenti perculsus amore,
Accipiant, coelique vias et sidera monstrent;
Defectus solis varios, lunaeque labores;
Unde tremor terris; qua vi maria alta tumescant
Objicibus ruptis, rursusque in se ipsa residant;
Quid tantum Oceano properent se tingere soles
Hiberni, vel quae tardis mora noctibus obstet.
Sin, has ne possim naturae accedere partes,
Frigidus obstiterit circum praecordia sanguis,
Rura mihi, et rigui placeant in vallibus amnes;
Flumina amem silvasque inglorius. O, ubi campi,
Sperchiusque, et virginibus bacchata Lacaenis
Taygeta! O, qui me gelidis in vallibus Haemi

beauté de ces vêtemens où l'or se joue en mille formes différentes, de la richesse des vases de Corinthe; le pourpre de Tyr n'altère point la blancheur de ses laines; le mélange d'essences étrangères ne corrompt point la pureté de ses huiles; mais la sécurité, le repos, l'innocence, une vie riche en mille biens; mais, dans de paisibles vallons, le repos, des grottes profondes, des sources d'eau vive; mais le frais Tempé, les mugissemens des bœufs, et sous un arbre un doux sommeil : voilà les biens qui ne lui manquent point. Aux champs, on trouve des prairies pour les troupeaux; pour les bêtes fauves, des retraites; une jeunesse laborieuse et sobre; le culte des dieux, le respect pour la vieillesse; c'est là, qu'en se retirant de la terre, la Justice laissa ses derniers vestiges.

Pour moi, daignent les Muses, mes plus douces amours, l'objet de mon culte profond, me recevoir dans leurs chœurs sacrés, m'enseigner du ciel et des astres les mouvemens secrets; la cause qui éclipse tantôt le soleil, tantôt la lune; pourquoi tremble la terre; quelle force soulève les mers, brise leurs barrières, et les fait ensuite retomber sur elles-mêmes; pourquoi le soleil d'hiver se hâte de se plonger dans l'Océan; quel obstacle retarde des nuits l'inégale lumière. Mais si je ne puis aborder ces grands secrets de la nature, si mon sang trop froid se resserre autour de ma poitrine, riantes prairies, frais vallons, fleuves limpides, tranquilles forêts, c'est vous que j'aimerai! Adieu, mes rêves de gloire! campagnes fortunées qu'arrose le Sperchius, montagnes du Taygète, en cadence foulées par les vierges de Sparte! fraîches vallées de l'Hémus!

Sistat, et ingenti ramorum protegat umbra!

FELIX, qui potuit rerum cognoscere causas,
Atque metus omnes et inexorabile fatum
Subjecit pedibus, strepitumque Acherontis avari!
Fortunatus et ille deos qui novit agrestes,
Panaque, Silvanumque senem, Nymphasque sorores!
Illum non populi fasces, non purpura regum
Flexit, et infidos agitans discordia fratres,
Aut conjurato descendens Dacus ab Histro;
Non res romanæ, perituraque regna; neque ille
Aut doluit miserans inopem, aut invidit habenti.
Quos rami fructus, quos ipsa volentia rura
Sponte tulere sua, carpsit; nec ferrea jura,
Insanumque Forum, aut populi tabularia vidit.
Sollicitant alii remis freta cæca, ruuntque
In ferrum, penetrant aulas et limina regum;
Hic petit excidiis urbem miserosque penates,
Ut gemma bibat, et sarrano dormiat ostro.
Condit opes alius, defossoque incubat auro.
Hic stupet attonitus rostris; hunc plausus hiantem
Per cuneos, geminatur enim, plebisque patrumque
Corripuit. Gaudent perfusi sanguine fratrum,
Exsilioque domos et dulcia limina mutant,
Atque alio patriam quærunt sub sole jacentem.

AGRICOLA incurvo terram dimovit aratro.

oh ! qui me transportera sur vos rives et me couvrira de l'ombre épaisse de vos bois ?

Heureux qui a pu de la nature pénétrer les secrets, fouler à ses pieds toutes les craintes, et le destin inexorable, et le bruit de l'Achéron avare ! Heureux aussi celui qui connaît les divinités champêtres, Pan, le vieux Silvain et les Nymphes ! Le peuple et les faisceaux qu'il donne, la pourpre des rois, la discorde armant des frères parjures, le Dace descendant de l'Ister conjuré contre nous, les triomphes de Rome et les empires destinés à périr, rien ne l'émeut. Son cœur n'est point attristé de pitié à la vue de l'indigence, d'envie à l'aspect de la richesse. Les fruits que lui donnent d'eux-mêmes ses arbres et ses champs, il les recueille en paix. Nos lois de fer, le Forum avec ses cris insensés, le dépôt des actes publics, il ne les a point vus. Les uns vont, la rame en main, affronter les abîmes de la mer ; les autres se précipitent aux combats ; ceux-ci s'introduisent dans les cours et jusque dans le palais des rois. Le conquérant livre une ville au pillage, détruit les pénates domestiques, pour boire dans une coupe de diamans, et dormir sur la pourpre de Tyr. L'avare enfouit ses richesses, et veille étendu sur son trésor. Celui-ci admire, en extase, les harangues de la tribune ; celui-là, avide du double suffrage du peuple et du sénat, s'enivre des applaudissemens du théâtre. Des frères triomphent, couverts du sang de leurs frères : ils s'exilent, ils abandonnent la maison et le seuil paternels, et vont, sous un autre soleil, chercher une patrie.

Le laboureur, avec le soc de la charrue, ouvre le

Hinc anni labor; hinc patriam parvosque penates
Sustinet; hinc armenta boum, meritosque juvencos.
Nec requies, quin aut pomis exuberet annus,
Aut fetu pecorum, aut cerealis mergite culmi,
Proventuque oneret sulcos, atque horrea vincat.
Venit hiems, teritur sicyonia bacca trapetis;
Glande sues laeti redeunt; dant arbuta silvae,
Et varios ponit fetus autumnus, et alte
Mitis in apricis coquitur vindemia saxis.
Interea dulces pendent circum oscula nati;
Casta pudicitiam servat domus; ubera vaccae
Lactea demittunt; pinguesque in gramine laeto
Inter se adversis luctantur cornibus haedi.
Ipse dies agitat festos, fususque per herbam,
Ignis ubi in medio, et socii cratera coronant,
Te, libans, Lenaee, vocat; pecorisque magistris
Velocis jaculi certamina ponit in ulmo,
Corporaque agresti nudat praedura palaestrae.

Hanc olim veteres vitam coluere Sabini;
Hanc Remus et frater; sic fortis Etruria crevit;
Scilicet et rerum facta est pulcherrima Roma,
Septemque una sibi muro circumdedit arces.
Ante etiam sceptrum dictaei regis, et ante

sein de la terre : c'est son travail de toute l'année ; ainsi, il soutient sa patrie et son humble fortune ; il nourrit ses troupeaux, et ses bœufs, compagnons de son labeur. Pour lui, point de repos qu'il n'ait vu ses arbres rompre sous le poids des fruits, ses agneaux peupler sa bergerie, ses sillons se couvrir d'épis, ses greniers crouler sous la récolte. Vient l'hiver : le pressoir écrase l'olive de Sicyone ; les porcs reviennent rassasiés de glands ; les forêts donnent les baies sauvages ; l'automne lui offre successivement ses productions diverses, et sur les coteaux exposés aux rayons du soleil, mûrit un doux raisin. Cependant, ses enfans chéris, à son cou suspendus, se disputent ses caresses ; sa maison est le sanctuaire de la pudeur. Ses vaches rentrent à l'étable laissant traîner leurs mamelles pleines de lait ; et, sur le gazon, ses chevreaux font, en bondissant, l'essai de leurs cornes naissantes. Lui-même, il a ses jours de fête. Couché sur l'herbe avec les compagnons de ses travaux, autour d'un grand feu et d'une large coupe que couronne un vin pétillant, il t'invoque, dieu puissant de la vigne, et t'offre des libations. Tantôt, à ses bergers, il montre, au haut d'un orme, le prix de l'adresse à lancer le javelot, ou leur fait déployer, dans une lutte champêtre, leur mâle souplesse.

Ainsi vécurent les vieux Sabins, ainsi Remus et son frère ; ainsi s'accrut la puissante Étrurie, ainsi Rome est devenue la plus belle des cités, et seule a, dans son enceinte, renfermé sept monts. Avant même que Jupiter eût usurpé le sceptre, avant qu'une race impie égorgeât les animaux pour s'en nourrir, c'était là, sous Saturne, l'âge

Impia quam cæsis gens est epulata juvencis,
Aureus hanc vitam in terris Saturnus agebat.
Necdum etiam audierant inflari classica, necdum
Impositos duris crepitare incudibus enses.
SED nos immensum spatiis confecimus æquor,
Et jam tempus equum fumantia solvere colla.

d'or de la terre. On n'avait point encore entendu retentir le clairon, et, sur l'enclume, forger à grand bruit le glaive meurtrier.

Mais nous avons fourni une trop longue carrière ; il est temps de dételer nos coursiers fumans sous le harnois.

LIBER TERTIUS.

Te quoque, magna Pales, et te, memorande, canemus,
Pastor ab Amphryso; vos, silvae amnesque Lycaei.
Caetera, quae vacuas tenuissent carmina mentes,
Omnia jam vulgata. Quis aut Eurysthea durum,
Aut illaudati nescit Busiridis aras?
Cui non dictus Hylas puer, et Latonia Delos?
Hippodameque, humeroque Pelops insignis eburno,
Acer equis? Tentanda via est, qua me quoque possim
Tollere humo, victorque virum volitare per ora.
Primus ego in patriam mecum, modo vita supersit,
Aonio rediens deducam vertice Musas;
Primus Idumaeas referam tibi, Mantua, palmas;
Et viridi in campo templum de marmore ponam
Propter aquam, tardis ingens ubi flexibus errat
Mincius, et tenera praetexit arundine ripas.
In medio mihi Caesar erit, templumque tenebit.
Illi victor ego, et tyrio conspectus in ostro,
Centum quadrijugos agitabo ad flumina currus.
Cuncta mihi, Alpheum linquens lucosque Molorchi,

LIVRE TROISIÈME.

Vénérable Palès, et toi divin berger qui, sur les bords de l'Amphryse, conduisis les troupeaux d'Admète; fleuves, forêts du mont Lycée, c'est vous que je vais chanter. Tous les sujets, dont l'harmonie aurait captivé les esprits, sont épuisés. Qui ne sait l'implacable Eurysthée, l'infâme Busiris et ses autels sanglans? Qui n'a chanté le jeune Hylas, Latone et son île chérie, Hippodamie, Pélops, son épaule d'ivoire, et son adresse à diriger un char? Il me faut tenter des routes nouvelles, m'élancer loin de la terre, et, vainqueur, voler de bouche en bouche.

Oui, le premier, si la vie ne me manque, je ramènerai dans ma patrie les Muses du sommet de l'Hélicon; le premier, ô Mantoue, je te rapporterai les palmes d'Idumée; je t'élèverai un temple de marbre, au bord de l'eau, dans les vertes prairies où le Mincio promène lentement ses ondes tortueuses, et couronne ses rives d'une forêt de tendres roseaux. Au milieu du temple, je placerai César : il en sera le dieu. Moi-même, en son honneur, ceint du laurier de la victoire, et brillant de l'éclat de la pourpre tyrienne, je ferai, sur les bords du fleuve, voler cent chars rapides. Pour ces jeux, toute la Grèce quittera l'Alphée et les bois sa-

Cursibus et crudo decernet Græcia cæstu.
Ipse, caput tonsæ foliis ornatus olivæ,
Dona feram. Jam nunc sollemnes ducere pompas
Ad delubra juvat, cæsosque videre juvencos;
Vel scena ut versis discedat frontibus, utque
Purpurea intexti tollant aulæa Britanni.
In foribus pugnam ex auro solidoque elephanto
Gangaridum faciam, victorisque arma Quirini,
Atque hic undantem bello magnumque fluentem
Nilum, ac navali surgentes ære columnas.
Addam urbes Asiæ domitas, pulsumque Niphaten,
Fidentemque fuga Parthum versisque sagittis,
Et duo rapta manu diverso ex hoste tropæa,
Bisque triumphatas utroque ab litore gentes.
Stabunt et parii lapides, spirantia signa,
Assaraci proles, demissæque ab Jove gentis
Nomina, Trosque parens, et Trojæ Cynthius auctor.
Invidia infelix Furias amnemque severum
Cocyti metuet, tortosque Ixionis angues,
Immanemque rotam, et non exsuperabile saxum.
INTEREA Dryadum silvas saltusque sequamur
Intactos, tua, Mæcenas, haud mollia jussa.
Te sine nil altum mens inchoat. En age, segnes
Rumpe moras; vocat ingenti clamore Cithæron,
Taygetique canes, domitrixque Epidaurus equorum,
Et vox assensu nemorum ingeminata remugit.
Mox tamen ardentes accingar dicere pugnas

crés de Molorque : elle viendra disputer le prix de la course et du ceste sanglant. Et moi, le front paré d'un rameau d'olivier, je couronnerai les vainqueurs. Déjà je crois conduire au temple la pompe triomphale ; déjà je vois les victimes immolées. La scène m'étale ses spectacles divers, et le Breton, ces riches tapis où sont tissues ses défaites. Sur les portes du temple, seront gravés en or et en airain, avec les armes du nouveau Romulus, ses combats au bord du Gange. On y verra le Nil, enfler, sous le poids des flottes guerrières, ses ondes majestueuses, et l'airain des proues s'élever en colonnes. J'y enchaînerai les villes domptées de l'Asie, le Niphate repoussé, le Parthe cherchant en vain son salut dans les traits qu'il lance en fuyant; les trophées de deux victoires remportées en deux contrées diverses, et, de l'un à l'autre rivage, les nations deux fois vaincues. Le marbre de Paros y ranimera, sous des traits vivans, la race d'Assaracus, et cette suite de héros descendus de Jupiter, et Tros leur père, et le dieu du Cynthe, de Troie l'immortel auteur. L'Envie au cœur malheureux y frémira d'épouvante à l'aspect des Furies, du sombre Cocyte, des serpens d'Ixion, de la roue fatale, et de l'éternel rocher.

Parcourons cependant ces forêts vierges, ces routes nouvelles que nous montrent les Dryades : c'est, Mécène, la tâche difficile que tes ordres m'ont imposée ; sans toi, mon esprit ne tenterait rien de grand. Viens donc, que rien ne t'arrête ; j'entends de mille cris retentir le Cithéron, aboyer les chiens du Taygète, hennir les fiers coursiers d'Épidaure, et l'écho des forêts répondre à ces bruyantes clameurs. Bientôt cependant, j'entreprendrai de chanter les combats de César, et d'as-

Cæsaris, et nomen fama tot ferre per annos,
Tithoni prima quot abest ab origine Cæsar.
Seu quis, olympiacæ miratus præmia palmæ,
Pascit equos; seu quis fortes ad aratra juvencos,
Corpora præcipue matrum legat. Optima torvæ
Forma bovis, cui turpe caput, cui plurima cervix,
Et crurum tenus a mento palearia pendent.
Tum longo nullus lateri modus; omnia magna,
Pes etiam, et camuris hirtæ sub cornibus aures.
Nec mihi displiceat maculis insignis et albo,
Aut juga detrectans, interdumque aspera cornu,
Et faciem tauro propior, quæque ardua tota,
Et gradiens ima verrit vestigia cauda.

Ætas Lucinam, justosque pati hymenæos
Desinit ante decem, post quatuor incipit annos;
Cætera nec feturæ habilis, nec fortis aratris.
Interea, superat gregibus dum læta juventas,
Solve mares; mitte in Venerem pecuaria primus,
Atque aliam ex alia generando suffice prolem.
Optima quæque dies miseris mortalibus ævi
Prima fugit; subeunt morbi, tristisque senectus,
Et labor, et duræ rapit inclementia mortis.
Semper erunt, quarum mutari corpora malis.
Semper enim refice; ac, ne post amissa requiras,
Anteveni, et sobolem armento sortire quotannis.

Necnon et pecori est idem delectus equino.

surer à son nom une durée égale aux siècles qui se sont écoulés depuis Tithon jusqu'à César.

Soit que, jaloux des palmes olympiques, tu élèves des coursiers pour la lice, ou pour la charrue de vigoureux taureaux, l'essentiel, c'est de bien choisir les mères. La génisse que tu dois préférer a le regard farouche, la tête hideuse, l'encolure épaisse; son fanon descend de la lèvre inférieure jusqu'à ses genoux. Ses flancs sont extrêmement allongés ; tout en elle est grand, même le pied. Ses oreilles velues sont pressées sous des cornes recourbées. J'aimerais encore celle qui, tachetée de blanc et de noir, indocile au joug, menace quelquefois de la corne, et se rapproche du taureau par sa mâle vigueur; et qui, haute de stature, des longs crins de sa queue balaie la poussière.

Pour elle, l'âge de l'hymen et des travaux de Lucine commence après quatre ans, et finit avant dix. Plus tôt ou plus tard, elle est également inhabile à la reproduction et à la charrue. Profite donc de cette sève et de cette vivacité de la jeunesse; donne aux mâles toute liberté; livre le premier tes troupeaux aux transports du plaisir, et que des générations nouvelles repeuplent, chaque année, ton étable. Nos plus beaux jours, malheureux mortels, s'envolent les premiers; bientôt viennent les maladies, la triste vieillesse, et la mort qui nous enlève. Tu auras toujours quelques-unes de tes génisses à réformer ; songe donc à les remplacer ; et pour prévenir les regrets que leur perte te causerait, que ta prévoyance élève chaque année de nouveaux nourrissons.

Le choix des chevaux exige la même attention. Ceux

Tu modo, quos in spem statues summittere gentis,
Præcipuum jam inde a teneris impende laborem.
Continuo pecoris generosi pullus in arvis
Altius ingreditur, et mollia crura reponit.
Primus et ire viam, et fluvios tentare minaces
Audet, et ignoto sese committere ponti;
Nec vanos horret strepitus. Illi ardua cervix,
Argutumque caput, brevis alvus, obesaque terga,
Luxuriatque toris animosum pectus. Honesti
Spadices, glaucique; color deterrimus albis,
Et gilvo. Tum, si qua sonum procul arma dedere,
Stare loco nescit; micat auribus, et tremit artus;
Collectumque fremens volvit sub naribus ignem.
Densa juba, et dextro jactata recumbit in armo.
At duplex agitur per lumbos spina; cavatque
Tellurem, et solido graviter sonat ungula cornu.
Talis Amyclæi domitus Pollucis habenis
Cyllarus, et, quorum graii meminere poetæ,
Martis equi bijuges, et magni currus Achillis.
Talis et ipse jubam cervice effudit equina
Conjugis adventu pernix Saturnus, et altum
Pelion hinnitu fugiens implevit acuto.
Hunc quoque, ubi aut morbo gravis, aut jam segnior
    annis
Deficit, abde domo, nec turpi ignosce senectæ.
Frigidus in Venerem senior, frustraque laborem
Ingratum trahit; et, si quando ad prœlia ventum est,

que tu destines à perpétuer le troupeau, doivent être, dès leur enfance, le principal objet de tes soins. Dèslors le poulain de bonne race se trahit à la fierté de son allure, à la souplesse de ses jarrets. Toujours à la tête du troupeau, le premier il brave un fleuve menaçant, et tente le passage d'un pont inconnu ; il ne s'effraie pas d'un vain bruit. Son encolure est hardie, sa tête effilée, son ventre court, sa croupe large. Sur son poitrail généreux se dessinent ses muscles. On estime assez le gris et le bai brun, fort peu le blanc et l'alezan clair. Si au loin retentit le bruit des armes, le coursier généreux s'agite impatient ; il dresse l'oreille ; tout son corps frémit, et le feu qu'il roule dans ses naseaux s'en échappe malgré lui. Son épaisse crinière flotte et retombe sur son épaule droite. Une double épine s'étend sur ses reins ; son pied creuse la terre, qui retentit sous sa corne sonore. Tels furent Cyllare, que dompta le frein de Pollux ; les coursiers du dieu Mars et du grand Achille, tant célébrés par les poètes grecs ; tel enfin parut Saturne, lorsqu'à l'arrivée imprévue de son épouse, il s'enfuit, agitant une crinière de coursier, et remplit le mont Pélion de ses hennissemens.

Mais ce coursier superbe, lorsque, appesanti par la maladie, ou affaibli par l'âge, il succombe, ménage une retraite à son honorable vieillesse. Inhabile au plaisir, il se consume en efforts stériles ; et si parfois il engage le combat, son ardeur, semblable à la paille légère que dévore une grande flamme, s'éteint

Ut quondam in stipulis magnus sine viribus ignis,
Incassum furit. Ergo animos ævumque notabis
Præcipue; hinc alias artes, prolemque parentum,
Et quis cuique dolor victo, quæ gloria palmæ.
Nonne vides, quum præcipiti certamine campum
Corripuere, ruuntque effusi carcere currus,
Quum spes arrectæ juvenum, exsultantiaque haurit
Corda pavor pulsans? Illi instant verbere torto,
Et proni dant lora; volat vi fervidus axis;
Jamque humiles, jamque elati sublime videntur
Aera per vacuum ferri, atque assurgere in auras.
Nec mora, nec requies. At fulvæ nimbus arenæ
Tollitur; humescunt spumis flatuque sequentum.
Tantus amor laudum, tantæ est victoria curæ!

Primus Erichthonius currus et quatuor ausus
Jungere equos, rapidusque rotis insistere victor.
Frena Pelethronii Lapithæ gyrosque dedere,
Impositi dorso, atque equitem docuere sub armis
Insultare solo, et gressus glomerare superbos.
Æquus uterque labor; æque juvenemque magistri
Exquirunt, calidumque animis, et cursibus acrem;
Quamvis sæpe fuga versos ille egerit hostes,
Et patriam Epirum referat, fortesque Mycenas,
Neptunique ipsa deducat origine gentem.
His animadversis instant sub tempus, et omnes
Impendunt curas denso distendere pingui,

sans fruit. Observe donc principalement sa vigueur et son âge; puis, ses autres qualités, sa race, sa douleur dans la défaite, sa joie dans le triomphe.

Ne l'as-tu pas remarqué, lorsque les chars rapides, élancés de la barrière, se précipitent dans la lice, et dévorent l'espace? lorsque, le cœur animé à l'espérance, et palpitant de crainte, les jeunes combattans pressent du fouet leurs coursiers, et, sur eux penchés, leur abandonnent les rênes? l'essieu vole et s'enflamme dans sa rapidité; tantôt rasant la terre, tantôt se dressant, on les dirait portés au milieu des airs sur l'aile des vents. Point de repos, point de relâche; cependant un nuage de poussière s'élève autour d'eux. Les vainqueurs sont mouillés du souffle et de l'écume des vaincus qui les pressent. Tant pour eux la gloire a de charme, et la victoire de prix!

Érichthon osa, le premier, atteler à un char quatre chevaux de front, et, sur des roues rapides, s'élancer vainqueur. Montés sur ces fiers coursiers, les Lapithes les soumirent au frein, leur apprirent à cadencer leur pas, et à bondir dans la plaine, sous un cavalier armé. Deux exercices également utiles; les maîtres de l'art exigent dans leur élève, avec l'ardeur, la force et l'agilité de la jeunesse; un coursier eût-il cent fois, d'ailleurs, mis l'ennemi en fuite; eût-il pour patrie l'Épire, ou la belliqueuse Mycènes; fît-il, jusqu'au trident même de Neptune, remonter son origine.

Enfin ton choix est fait; la saison des amours approche; hâte-toi; redouble de soins pour fournir une

Quem legere ducem, et pecori dixere maritum;
Florentesque secant herbas, fluviosque ministrant,
Farraque, ne blando nequeat superesse labori,
Invalidique patrum referant jejunia nati.
Ipsa autem macie tenuant armenta volentes,
Atque, ubi concubitus primos jam nota voluptas
Sollicitat, frondesque negant, et fontibus arcent;
Sæpe etiam cursu quatiunt, et sole fatigant,
Quum graviter tunsis gemit area frugibus, et quum
Surgentem ad zephyrum paleæ jactantur inanes.
Hoc faciunt, nimio ne luxu obtusior usus
Sit genitali arvo, et sulcos oblimet inertes;
Sed rapiat sitiens Venerem, interiusque recondat.

Rursus cura patrum cadere, et succedere matrum
Incipit. Exactis gravidæ quum mensibus errant,
Non illas gravibus quisquam juga ducere plaustris,
Non saltu superare vam sit passus, et acri
Carpere prata fuga, fluviosque innare rapaces.
Saltibus in vacuis pascant, et plena secundum
Flumina, muscus ubi et viridissima gramine ripa,
Speluncæque tegant, et saxea procubet umbra.
Est lucos Silari circa ilicibusque virentem
Plurimus Alburnum volitans, cui nomen asilo
Romanum est, œstrum Graii vertere vocantes,
Asper, acerba sonans; quo tota exterrita silvis

nourriture solide et abondante à celui que tu as appelé à guider et à perpétuer le troupeau. Pour lui, on fauche l'herbe tendre; on l'abreuve de l'eau du fleuve; on lui prodigue le grain; sans cela, il succomberait à ses douces fatigues, et la faiblesse des enfans trahirait l'épuisement du père. Pour les mères, il en va autrement : on les amaigrit à dessein; et quand la volupté qu'elles ont déjà connue, commence à réveiller en elles les désirs amoureux, on leur retranche le feuillage, on les éloigne des fontaines; souvent même on les brise par des courses forcées, on les fatigue à l'ardeur du soleil, dans le temps où l'aire retentit sous le fléau, où la paille légère s'envole au premier souffle du zéphyr. Sans cette précaution, un embonpoint excessif fermerait les routes de l'amour, altèrerait la puissance des germes créateurs; plus maigre, la mère les reçoit avec plus d'avidité, et en est plus profondément pénétrée.

Les soins jusque-là donnés aux pères, les mères les réclament, quand une allure plus pesante annonce leur fécondité. Ne leur laisse plus traîner de lourds chariots, franchir des passages difficiles, et traverser à la nage des fleuves. Qu'elles paissent en des bois solitaires, auprès d'un ruisseau qui coule à pleins bords, et leur offre une mousse épaisse, des rives couvertes d'un vert gazon, une grotte, et l'ombre prolongée des rochers. Dans les bois de Silare, autour de ces vertes forêts de chênes qui couvrent l'Alburne, voltige un affreux insecte que les Romains ont nommé *asilo*, et les Grecs, en changeant le mot, *œstron*; insecte toujours furieux, au seul bruit de son aigre bourdonnement, les troupeaux fuient épouvantés. Le ciel, les forêts, les rives desséchées du Tanagre retentissent de longs mugissemens. C'est le

Diffugiunt armenta; furit mugitibus æther
Concussus, silvæque et sicci ripa Tanagri.
Hoc quondam monstro horribiles exercuit iras
Inachiæ Juno pestem meditata juvencæ.
Hunc quoque, nam mediis fervoribus acrior instat,
Arcebis gravido pecori, armentaque pasces
Sole recens orto, aut noctem ducentibus astris.
Post partum cura in vitulos traducitur omnis;
Continuoque notas et nomina gentis inurunt,
Et quos aut pecori malint summittere habendo,
Aut aris servare sacros, aut scindere terram,
Et campum horrentem fractis invertere glebis.
Cætera pascuntur virides armenta per herbas.
Tu, quos ad studium atque usum formabis agrestem,
Jam vitulos hortare, viamque insiste domandi,
Dum faciles animi juvenum, dum mobilis ætas.
Ac primum laxos tenui de vimine circlos
Cervici subnecte; dehinc, ubi libera colla
Servitio assuerint, ipsis e torquibus aptos
Junge pares, et coge gradum conferre juvencos;
Atque illis jam sæpe rotæ ducantur inanes
Per terram, et summo vestigia pulvere signent.
Post valido nitens sub pondere faginus axis
Instrepat, et junctos temo trahat æreus orbes.
Interea pubi indomitæ non gramina tantum,
Nec vescas salicum frondes, ulvamque palustrem,
Sed frumenta manu carpes sata; nec tibi fetæ,

monstre que déchaîna l'horrible vengeance de Junon, pour faire périr d'Inachus la fille infortunée. Attentif à garantir les jeunes mères de ce fléau, qui s'attache à elles avec plus de violence pendant les feux du midi, tu les conduiras au pâturage quand le soleil commence à paraître, ou lorsque les astres nous ramènent la nuit.

Une fois nés, leurs petits appellent tous tes soins. Que d'abord un fer brûlant imprime sur leur corps, et leur race, et leur emploi futur. Les uns repeupleront le troupeau; les autres, victimes sacrées, seront réservés aux autels; ceux-ci ouvriront le sein de la terre, et briseront les glèbes dont elle est hérissée. Tout le reste ira, en liberté, paître l'herbe des prairies.

Les taureaux que tu destines à la charrue et aux travaux champêtres, commence de bonne heure à les façonner, à les plier au joug, tandis que leur jeunesse est docile, et leur âge souple aux impressions. D'abord, attache à leur cou un cercle d'osier qui y flotte librement; ensuite, quand leur fierté sera faite au joug, qu'unis par leurs colliers mêmes, ils marchent de front et du même pas; quelquefois, d'un char vide ils emportent les roues, qui laissent à peine des traces sur la poussière. Plus tard, l'essieu criera sous une charge pesante, et, attelés à un timon d'airain, ils le traîneront avec de pénibles efforts. Cependant, à tes jeunes élèves, tu donneras pour nourriture, outre le gazon, les feuilles nourrissantes du saule, l'herbe des marais, et le superflu de tes blés. Ne va pas, comme nos pères, garder pour toi le lait dont tes génisses rem-

More patrum, nivea implebunt mulctralia vaccae,
Sed tota in dulces consument ubera natos.
Sin ad bella magis studium, turmasque feroces,
Aut Alphea rotis praelabi flumina Pisae,
Et Jovis in luco currus agitare volantes:
Primus equi labor est, animos atque arma videre
Bellantum, lituosque pati, tractuque gementem
Ferre rotam, et stabulo fraenos audire sonantes,
Tum magis atque magis blandis gaudere magistri
Laudibus, et plausae sonitum cervicis amare.
Atque haec jam primo depulsus ab ubere matris
Audeat, inque vicem det mollibus ora capistris
Invalidus, etiamque tremens, etiam inscius aevi.
At, tribus exactis, ubi quarta accesserit aestas,
Carpere mox gyrum incipiat, gradibusque sonare
Compositis, sinuetque alterna volumina crurum,
Sitque laboranti similis; tum cursibus auras,
Tum vocet, ac per aperta volans, ceu liber habenis,
Aequora, vix summa vestigia ponat arena.
Qualis hyperboreis Aquilo quum densus ab oris
Incubuit, Scythiaeque hiemes atque arida differt
Nubila; tum segetes altae campique natantes
Lenibus horrescunt flabris, summaeque sonorem
Dant silvae, longique urgent ad litora fluctus:
Ille volat, simul arva fuga, simul aequora verrens.

Hic vel ad Elei metas et maxima campi

pliront les vases; leurs doux nourrissons doivent seuls épuiser leurs mamelles.

Nourris-tu des coursiers pour vaincre dans les combats, ou pour parcourir sur des roues rapides les rives de l'Alphée et les bois sacrés de Jupiter ; accoutume leurs yeux et leur cœur à l'éclat des armes et des guerriers, au bruit de la trompette, au roulement des chars, au cliquetis des freins. Que chaque jour, plus sensibles aux caresses d'un maître, ils tressaillent sous la main qui les flatte. Telles sont les leçons qu'à peine séparé de la mamelle d'une mère, recevra ton élève, et lorsque, de lui-même, il présente la bouche à un mords léger, faible encore, encore timide, et ignorant de la vie. Mais a-t-il atteint son quatrième été, que dès-lors il commence à tourner dans un manège, à bondir, à marcher en cadence, à développer avec grâce des jarrets nerveux ; que ses exercices soient plus sérieux. Bientôt, à la course, il devancera les vents, et, lancé dans la plaine, libre de tout frein, il imprimera à peine ses traces sur la poussière. Tel, des régions hyperborées, se précipite le fougueux Aquilon, dispersant au loin les frimas et les nuages de la Scythie. Les vagues des moissons, les plaines ondoyantes frémissent doucement agitées; les forêts balancent leur cime harmonieuse, et les flots pressés viennent de loin battre le rivage : l'Aquilon vole, et, dans sa course, balaie et les terres et les mers.

Ainsi préparé, ton coursier se couvrira de sueur

Sudabit spatia, et spumas aget ore cruentas,
Belgica vel molli melius feret esseda collo.
Tum demum crassa magnum farragine corpus
Crescere jam domitis sinito; namque ante domandum
Ingentes tollent animos, prensique negabunt
Verbera lenta pati, et duris parere lupatis.

Sed non ulla magis vires industria firmat,
Quam Venerem et cæci stimulos avertere amoris,
Sive boum, sive est cui gratior usus equorum.
Atque ideo tauros procul atque in sola relegant
Pascua, post montem oppositum, et trans flumina lata;
Aut intus clausos satura ad præsepia servant.
Carpit enim vires paulatim, uritque videndo
Femina, nec nemorum patitur meminisse nec herbæ.
Dulcibus illa quidem illecebris et sæpe superbos
Cornibus inter se subigit decernere amantes.
Pascitur in magna silva formosa juvenca:
Illi alternantes multa vi prœlia miscent
Vulneribus crebris; lavit ater corpora sanguis,
Versaque in obnixos urgentur cornua vasto
Cum gemitu. Reboant silvæque et magnus Olympus.
Nec mos bellantes una stabulare; sed alter
Victus abit, longeque ignotis exsulat oris,
Multa gemens ignominiam plagasque superbi
Victoris, tum, quos amisit inultus, amores,
Et stabula adspectans regnis excessit avitis.

aux champs d'Élis; et, impatient de fournir la carrière olympique, il rougira d'écume son mords sanglant; ou bien, d'une allure plus douce, il emportera dans la plaine ces chars légers, invention du Belge. Attends, pour lui donner une nourriture forte et abondante, qu'il soit dompté ; plus tôt, sa fierté se révolterait contre le fouet, et refuserait d'obéir au frein qui gourmande sa bouche.

Mais, pour entretenir la vigueur des taureaux et des coursiers, il n'est pas de plus sûr moyen, que d'éloigner d'eux l'amour et ses aveugles transports. C'est pour cela qu'on relègue le taureau dans des pâturages solitaires ; qu'on le sépare du troupeau par une montagne ou par un large fleuve, et qu'on le garde à l'étable, auprès d'une ample pâture. Car, à la vue de celle qu'il aime, ses forces se consument insensiblement. Pour elle, il oublie et les forêts et le pâturage; c'est elle encore dont les charmes puissans forcent souvent deux superbes rivaux à combattre entre eux. Tranquille, la belle génisse erre en liberté dans les forêts de Sila, tandis que ses amans se livrent une horrible guerre, et se couvrent de blessures; un sang noir coule le long de leurs flancs. Les cornes entrelacées, et tournées contre l'ennemi, ils s'entrechoquent avec d'affreux mugissemens, qui font retentir et les forêts et les vastes cieux. Désormais une même étable ne les peut réunir; le vaincu s'exile ; il va, gémissant, cacher sur des bords lointains la honte de sa défaite, les blessures qu'il a reçues d'un orgueilleux vainqueur, et ses amours perdues sans vengeance; et, l'œil tourné vers l'étable, il s'éloigne lentement de l'empire de ses aïeux. Aussi, sans relâche, il exerce ses forces. La nuit, couché sur d'ari-

Ergo omni cura vires exercet, et inter
Dura jacet pernix instrato saxa cubili,
Frondibus hirsutis et carice pastus acuta;
Et tentat sese, atque irasci in cornua discit
Arboris obnixus trunco, ventosque lacessit
Ictibus, et sparsa ad pugnam proludit arena.
Post, ubi collectum robur viresque refectæ,
Signa movet, præcepsque oblitum fertur in hostem.
Fluctus uti, medio cœpit quum albescere ponto
Longius, ex altoque sinum trahit; utque volutus
Ad terras, immane sonat per saxa, neque ipso
Monte minor procumbit : at ima exæstuat unda
Verticibus, nigramque alte subjectat arenam.
OMNE adeo genus in terris hominumque ferarumque,
Et genus æquoreum, pecudes, pictæque volucres
In furias ignemque ruunt. Amor omnibus idem.
Tempore non alio catulorum oblita leæna
Sævior erravit campis; nec funera vulgo
Tam multa informes ursi stragemque dedere
Per silvas. Tum sævus aper, tum pessima tigris.
Heu, male tum Libyæ solis erratur in agris!
Nonne vides, ut tota tremor pertentet equorum
Corpora, si tantum notas odor attulit auras?
Ac neque eos jam fræna virum, neque verbera sæva,
Non scopuli, rupesque cavæ, atque objecta retardant
Flumina, correptosque unda torquentia montes.
Ipse ruit, dentesque sabellicus exacuit sus,

des rochers, il se nourrit de ronces et de feuilles amères; le jour, il s'essaie; de ses cornes, il attaque le tronc des arbres, fatigue l'air de mille coups, et prélude au combat, en faisant voler la poussière. Enfin, il a rassemblé ses forces, il a retrouvé sa vigueur; il part et fond tout à coup sur l'ennemi qui l'a oublié. Tel, formé au sein des mers, le flot d'abord blanchit, s'allonge, s'approche de la plage, se brise avec fracas sur les rochers, s'élève à leur hauteur, et retombe de tout son poids; au fond de ses abîmes, l'onde bouillonne, et vomit un sable noir qui couvre sa surface.

Ainsi, tout sur la terre, hommes, animaux, habitans des eaux et des airs, se livre avec fureur aux transports du plaisir : de l'amour tout ressent l'empire. Jamais, oubliant ses lionceaux, la lionne n'erra plus terrible dans les campagnes; jamais les ours hideux n'ont semé plus de funérailles, et par plus de carnages désolé les forêts. Alors le sanglier redouble de fureur, le tigre de cruauté. Oh! malheur à qui parcourt seul alors les déserts de la Libye! Vois le corps des coursiers frémir de plaisir, si le vent leur apporte une odeur trop connue. Les freins, les fouets, les rochers, les précipices, les fleuves grossis des débris des montagnes, rien ne les peut arrêter. Le sanglier sabellien lui-même se prépare au combat; il aiguise ses dents, il creuse la terre de son pied; et, frottant contre un arbre ses flancs et ses épaules, il les endurcit aux blessures.

Et pede prosubigit terram, fricat arbore costas,
Atque hinc atque illinc humeros ad vulnera durat.
Quid juvenis, magnum cui versat in ossibus ignem
Durus amor? Nempe abruptis turbata procellis
Nocte natat cæca serus freta. Quem super ingens
Porta tonat cœli, et scopulis illisa reclamant
Æquora; nec miseri possunt revocare parentes,
Nec moritura super crudeli funere virgo.

Quid lynces Bacchi variæ, et genus acre luporum,
Atque canum? Quid, quæ imbelles dant prœlia cervi?
Scilicet ante omnes furor est insignis equarum;
Et mentem Venus ipsa dedit, quo tempore Glauci
Potniades malis membra absumpsere quadrigæ.
Illas ducit amor trans Gargara, transque sonantem
Ascanium; superant montes, et flumina tranant.
Continuoque, avidis ubi subdita flamma medullis,
Vere magis, quia vere calor redit ossibus, illæ
Ore omnes versæ ad Zephyrum stant rupibus altis,
Exceptantque leves auras: et sæpe sine ullis
Conjugiis vento gravidæ, mirabile dictu!
Saxa per et scopulos et depressas convalles
Diffugiunt, non, Eure, tuos, neque solis ad ortus;
In Borean Caurumque, aut unde nigerrimus Auster
Nascitur, et pluvio contristat frigore cœlum.
Hic demum, hippomanes vero quod nomine dicunt
Pastores, lentum destillat ab inguine virus,

Que n'ose un jeune homme, quand les feux de l'amour dévorent ses veines brûlantes? La nuit, au plus fort de l'orage, il traverse une mer couverte de ténèbres. Vainement sur sa tête le ciel s'ouvre, la foudre éclate; vainement l'onde vient, avec fracas, se briser contre les rochers; il est sourd à la voix de ses malheureux parens, sourd au désespoir d'une amante dont la mort doit suivre son trépas.

Que dirai-je des lynx de Bacchus, des loups, des chiens, races naturellement belliqueuses? Le cerf lui-même ne livre-t-il pas des combats? Mais c'est surtout dans les cavales que ces fureurs sont terribles. Vénus elle-même les leur inspira, lorsqu'aux champs de Béotie elles écrasèrent sous leurs dents les membres du malheureux Glaucus. L'amour les emporte au delà des sommets du Gargare, au delà des ondes bruyantes de l'Ascagne; elles franchissent les monts, elles traversent les fleuves. A peine leurs veines brûlantes se sont-elles enflammées des feux qu'y allume le printemps (car le printemps ranime dans tous les êtres la chaleur des désirs), elles volent sur quelque rocher élevé; et là, tournées vers le Zéphyr, elles recueillent ses douces haleines; et souvent, ô prodige! fécondées par son souffle seul, elles se précipitent à travers les rochers, les torrens et les vallées profondes, et non vers les régions d'où tu viens, Eurus, vers celles qu'éclaire le soleil naissant, mais du côté de Borée, du côté où, chargé de sombres nuages, l'Auster vient attrister le ciel de ses pluies les plus froides. C'est alors qu'elles dis-

Hippomanes, quod sæpe malæ legere novercæ,
Miscueruntque herbas et non innoxia verba.

Sed fugit interea, fugit irreparabile tempus,
Singula dum capti circumvectamur amore.
Hoc satis armentis. Superat pars altera curæ,
Lanigeros agitare greges, hirtasque capellas.
Hic labor; hinc laudem fortes sperate coloni.
Nec sum animi dubius, verbis ea vincere magnum
Quam sit, et angustis hunc addere rebus honorem.
Sed me Parnassi deserta per ardua dulcis
Raptat amor. Juvat ire jugis, qua nulla priorum
Castaliam molli devertitur orbita clivo.
Nunc, veneranda Pales, magno nunc ore sonandum.

Incipiens stabulis edico in mollibus herbam
Carpere oves, dum mox frondosa reducitur æstas;
Et multa duram stipula filicumque maniplis
Sternere subter humum, glacies ne frigida lædat
Molle pecus, scabiemque ferat turpesque podagras.
Post hinc digressus jubeo frondentia capris
Arbuta sufficere, et fluvios præbere recentes;
Et stabula a ventis hiberno opponere soli
Ad medium conversa diem, quum frigidus olim
Jam cadit, extremoque irrorat Aquarius anno.
Hæ quoque non cura nobis leviore tuendæ,
Nec minor usus erit, quamvis milesia magno

tillent, en courant, cette liqueur fameuse que les bergers ont justement appelée *hippomanes* : poison auquel une cruelle marâtre a souvent mêlé des paroles magiques.

Mais le temps fuit; il fuit sans retour, tandis qu'un charme secret m'égare dans l'empire de l'amour.

C'est assez parler des grands troupeaux : nous avons maintenant à nous occuper de la brebis à la riche toison, de la chèvre au long poil. Objet de vos soins, ces animaux feront votre gloire, laborieux habitans des campagnes. Je le sais, il est difficile de vaincre par l'expression l'aridité de la matière, et de prêter à d'humbles sujets l'éclat de la poésie. Mais un doux penchant m'entraîne dans les solitudes et sur les hauteurs du Pinde; j'aime à me frayer, vers les sources sacrées de Castalie, des routes nouvelles. Viens donc, auguste Palès; viens soutenir ma voix.

D'abord, renfermées l'hiver dans des bergeries commodes, tes brebis y seront nourries d'herbe, jusqu'à ce que le printemps ramène la verdure; étendues sur la terre, la paille et la fougère les préserveront des atteintes du froid, et des honteuses maladies qu'il peut causer, la gale et la goutte. Quant aux chèvres, ne les laisse manquer ni de feuilles d'arboisier, ni d'eau fraîche; que leur étable, exposée au soleil du midi, les défende des aquilons, quand le Verseau, déjà sur son déclin, attriste de ses pluies froides les derniers jours de l'année.

Aussi digne de nos soins que la brebis, la chèvre n'est pas moins utile. Les laines de Milet, teintes de la pour-

Vellera mutentur tyrios incocta rubores.
Densior hinc soboles, hinc largi copia lactis.
Quam magis exhausto spumaverit ubere mulctra,
Læta magis pressis manabunt flumina mammis.
Nec minus interea barbas incanaque menta
Cinyphii tondent hirci, sætasque comantes,
Usum in castrorum, et miseris velamina nautis.
Pascuntur vero silvas, et summa Lycæi,
Horrentesque rubos, et amantes ardua dumos.
Atque ipsæ memores redeunt in tecta, suosque
Ducunt, et gravido superant vix ubere limen.
Ergo omni studio glaciem ventosque nivales,
Quo minor est illis curæ mortalis egestas,
Avertes; victumque feres, et virgea lætus
Pabula, nec tota claudes fœnilia bruma.
At vero, zephyris quum læta vocantibus æstas
In saltus utrumque gregem atque in pascua mittet;
Luciferi primo cum sidere frigida rura
Carpamus, dum mane novum, dum gramina canent,
Et ros in tenera pecori gratissimus herba.
Inde, ubi quarta sitim cœli collegerit hora,
Et cantu querulæ rumpent arbusta cicadæ,
Ad puteos aut alta greges ad stagna jubeto
Currentem ilignis potare canalibus undam;
Æstibus at mediis umbrosam exquirere vallem,
Sicubi magna Jovis antiquo robore quercus
Ingentes tendat ramos, aut sicubi nigrum

pre de Tyr, sont, il est vrai, bien précieuses ; mais la chèvre est plus souvent féconde, et son lait coule plus abondant. Plus ta main pressera ses mamelles, plus entre tes doigts ruissellera la douce liqueur. Autres avantages : le long poil du bouc, et la barbe qui blanchit son menton, fournissent des tentes à nos soldats, à nos pauvres matelots des vêtemens. La chèvre se plaît à parcourir les bois, les hautes montagnes, à brouter la ronce épineuse et le buisson ami des lieux escarpés. Fidèle à son toit, elle y revient d'elle-même, y ramène ses chevreaux, et peut à peine franchir le seuil avec sa mamelle gonflée de lait. Tu protègeras donc sa faiblesse contre le froid et contre les vents, avec d'autant plus de soin, qu'elle est plus insouciante de ses propres besoins ; porte à son étable de l'herbe et des branches d'arboisier, et laisse-lui, l'hiver entier, tes greniers ouverts.

Mais sur l'aile des zéphyrs le printemps ramené appelle les brebis aux pâturages, et les chèvres dans les bois : dès le lever de l'astre cher à Vénus, mène tes troupeaux sur l'herbe nouvelle, quand le jour vient d'éclore, lorsqu'un léger frimat blanchit la prairie, et que le gazon brille encore de la rosée qui le rend si agréable aux troupeaux. Lorsque la quatrième heure du jour a réveillé leur soif, et que la cigale plaintive fatigue les bois de son cri monotone, conduis-les aux citernes publiques, ou à ces abreuvoirs qu'alimentent des eaux amenées dans de longs canaux ; mais, au milieu des chaleurs, qu'elles aillent chercher une sombre vallée, sur laquelle le chêne de Jupiter étende ses antiques et immenses rameaux, et où l'yeuse toujours verte pro-

Illicibus crebris sacra nemus accubet umbra.
Tum tenues dare rursus aquas, et pascere rursus
Solis ad occasum, quum frigidus aera vesper
Temperat, et saltus reficit jam roscida luna,
Litoraque alcyonen resonant, acalanthida dumi.

Quid tibi pastores Libyae, quid pascua versu
Prosequar, et raris habitata mapalia tectis?
Saepe diem noctemque, et totum ex ordine mensem,
Pascitur, itque pecus longa in deserta sine ullis
Hospitiis; tantum campi jacet. Omnia secum
Armentarius Afer agit, tectumque, Laremque,
Armaque, amyclaeumque canem, cressamque pharetram.
Non secus ac patriis acer Romanus in armis
Injusto sub fasce viam quum carpit, et hosti
Ante exspectatum positis stat in agmine castris.

At non, qua Scythiae gentes, Maeoticaque unda,
Turbidus et torquens flaventes Ister arenas,
Quaque redit medium Rhodope porrecta sub axem.
Illic clausa tenent stabulis armenta. Neque ullae
Aut herbae campo apparent aut arbore frondes;
Sed jacet aggeribus niveis informis et alto
Terra gelu late, septemque assurgit in ulnas.
Semper hiems, semper spirantes frigora cauri.
Tum sol pallentes haud unquam discutit umbras,
Nec quum invectus equis altum petit aethera, nec quum
Praecipitem Oceani rubro lavit aequore currum.

jette au loin son ombre sacrée. Au coucher du soleil, il faut de nouveau les abreuver, de nouveau les faire paître, quand l'étoile du berger ramène la fraîcheur, quand la lune ranime les prairies, quand les rivages retentissent du cri de l'alcyon, les bois du chant du rossignol.

Dirai-je les pasteurs de Libye, leurs pâturages, et ces solitudes où apparaissent çà et là quelques chétives cabanes? Le jour, la nuit, souvent durant des mois entiers, on y laisse paître les troupeaux; ils errent dans d'immenses déserts, sans un seul toit pour les recevoir : telle est l'étendue de ces plaines! Le berger africain mène tout avec lui : sa maison, ses pénates, ses armes, son chien fidèle, son carquois. Tel, sous le poids de ses armes, le soldat romain marche léger où l'appelle la patrie, et se présente à l'ennemi surpris de le trouver ainsi en avant de ses tentes.

Autres mœurs chez les peuples de Scythie, vers les Palus-Méotides, et aux champs où l'Ister roule avec violence des sables d'or, aux lieux où le mont Rhodope revient sur lui-même, après s'être étendu jusqu'au pôle. Là, les troupeaux restent renfermés dans l'étable; là, on n'aperçoit ni herbe dans les plaines, ni feuilles sur les arbres; la terre ne présente qu'un amas informe de neige, et une glace continue, profonde de sept coudées. Toujours l'hiver, toujours des vents qui soufflent la froidure; de sombres brouillards que ne dissipe jamais le soleil, ni lorsque, animant ses coursiers, il s'élève au plus haut des airs, ni lorsque, précipitant son char vers l'horizon, il le plonge au sein de l'Océan qu'il éclaire de ses feux. Le fleuve rapide sent tout à coup

Concrescunt subitæ currenti in flumine crustæ,
Undaque jam tergo ferratos sustinet orbes,
Puppibus illa prius patulis, nunc hospita plaustris.
Æraque dissiliunt vulgo, vestesque rigescunt
Indutæ, cæduntque securibus humida vina,
Et totæ solidam in glaciem vertere lacunæ,
Stiriaque impexis induruit horrida barbis.
Interea toto non secius aere ninguit.
Intereunt pecudes, stant circumfusa pruinis
Corpora magna boum; confertoque agmine cervi
Torpent mole nova, et summis vix cornibus exstant.
Hos non immissis canibus, non cassibus ullis,
Puniceæve agitant pavidos formidine pennæ;
Sed frustra oppositum trudentes pectore montem
Cominus obtruncant ferro, graviterque rudentes
Cædunt, et magno læti clamore reportant.
Ipsi in defossis specubus secura sub alta
Otia agunt terra, congestaque robora, totasque
Advolvere focis ulmos, ignique dedere.
Hic noctem ludo ducunt, et pocula læti
Fermento atque acidis imitantur vitea sorbis.
Talis hyperboreo septem subjecta Trioni
Gens effræna virum rhipæo tunditur Euro,
Et pecudum fulvis velantur corpora setis.

Si tibi lanitium curæ, primum aspera silva
Lappæque tribulique absint; fuge pabula læta;

ses eaux enchaînées sous une couche de glace ; l'onde supporte des chars avec leurs jantes de fer, et, là où voguaient des navires, glissent des traîneaux. L'airain même se fend ; les vêtemens se roidissent sur le corps, et la hache coupe le vin ; l'eau des citernes se change en un bloc de marbre ; la barbe même se hérisse de glaçons. Cependant la neige ne cesse de tomber ; les menus troupeaux périssent ; plus grands et plus vigoureux, les bœufs restent ensevelis sous les frimas ; les cerfs rassemblés et serrés les uns contre les autres, immobiles sous la masse qui les écrase, laissent à peine percer la pointe de leur bois. Pour les prendre, pas n'est besoin alors de meutes, de toiles, de filets aux plumes mobiles et éclatantes. En vain ils cherchent à écarter les montagnes qui les arrêtent, le barbare habitant de ces contrées les perce, et, fier de son triomphe, remporte à grands cris sa victime au fond de son antre. C'est là que, dans de profondes cavernes qu'ils ont creusées sous la terre, habitent tranquilles ces hordes sauvages, entassant, roulant dans d'immenses brasiers, et livrant aux flammes des chênes et des ormes tout entiers. Elles passent la nuit à jouer et s'enivrent avec délices de boissons fermentées, dont le goût acide imite le jus de la vigne. Ainsi vivent, sous la constellation de l'Ourse, des peuples sans frein et sans lois, toujours battus des vents riphéens, et vêtus seulement de la peau des bêtes fauves.

Si tu fais de la laine l'objet de tes soins, avant tout, éloigne tes brebis des buissons, des ronces et des épi-

Continuoque greges villis lege mollibus albos.
Illum autem, quamvis aries sit candidus ipse,
Nigra subest udo tantum cui lingua palato,
Rejice, ne maculis infuscet vellera pullis
Nascentum, plenoque alium circumspice campo.
Munere sic niveo lanæ, si credere dignum est,
Pan deus Arcadiæ captam te, Luna, fefellit,
In nemora alta vocans; nec tu adspernata vocantem.

At, cui lactis amor, cytisum lotosque frequentes
Ipse manu salsasque ferat præsepibus herbas.
Hinc et amant fluvios magis, et magis ubera tendunt,
Et salis occultum referunt in lacte saporem.
Multi jam excretos prohibent a matribus hædos,
Primaque ferratis præfigunt ora capistris.
Quod surgente die mulsere horisque diurnis,
Nocte premunt; quod jam tenebris et sole cadente,
Sub lucem exportans calathis adit oppida pastor,
Aut parco sale contingunt, hiemique reponunt.

Nec tibi cura canum fuerit postrema; sed una
Veloces Spartæ catulos acremque molossum
Pasce sero pingui. Numquam custodibus illis
Nocturnum stabulis furem incursusque luporum,
Aut impacatos a tergo horrebis Iberos.
Sæpe etiam cursu timidos agitabis onagros,
Et canibus leporem, canibus venabere damas.

nes; évite aussi les gras pâturages, et que ton troupeau se distingue par la blancheur et le moelleux de sa toison. Quant au bélier lui-même, fût-il blanc comme la neige, si tu aperçois sur sa langue une tache noire, rejette-le : les agneaux qui naîtraient de lui seraient marqués de cette sombre couleur; cherche-lui un successeur dans tout le troupeau. Ce fut, s'il en faut croire la fable, à la faveur d'une blanche toison, que Pan, le dieu de l'Arcadie, surprit, jeune Phébé, ton innocence; et sut t'attirer au fond des bois; docile, tu suivis la voix qui t'appelait.

Préfères-tu le laitage; porte toi-même à tes brebis le cytise et le lotos en abondance; assaisonne de sel l'herbe que tu leur présentes dans la bergerie : le sel irrite leur soif, gonfle leurs mamelles, et donne à leur lait une saveur plus délicate. Plusieurs séparent les chevreaux de leurs mères et du troupeau, ou arment leur bouche d'une muselière hérissée de pointes de fer. Le lait qu'on a tiré le matin ou dans la journée, le soir on le met en présure; celui du soir, le berger va, dès le point du jour, le porter à la ville dans des corbeilles d'osier, ou bien l'assaisonne d'un peu de sel, et le met en réserve pour l'hiver.

Le chien ne doit pas être le dernier de tes soins. D'un pain pétri avec le petit-lait le plus gras, nourris et l'agile lévrier de Sparte, et le dogue vigoureux d'Épire. Avec de tels gardiens, tu ne craindras, pour tes bergeries, ni le voleur nocturne, ni le loup affamé, ni de l'Ibère perfide les soudaines attaques. Avec eux encore, tu poursuivras l'âne sauvage, tu courras et le lièvre et le daim : leurs aboiemens relanceront dans sa bauge

Saepe volutabris pulsos silvestribus apros
Latratu turbabis agens, montesque per altos
Ingentem clamore premes ad retia cervum.
Disce et odoratam stabulis accendere cedrum,
Galbaneoque agitare graves nidore chelydros.
Saepe sub immotis praesepibus aut mala tactu
Vipera delituit, coelumque exterrita fugit;
Aut tecto assuetus coluber succedere et umbrae,
Pestis acerba boum, pecorique adspergere virus,
Fovit humum. Cape saxa manu, cape robora, pastor,
Tollentemque minas et sibila colla tumentem
Dejice. Jamque fuga timidum caput abdidit alte,
Quum medii nexus extremaeque agmina caudae
Solvuntur, tardosque trahit sinus ultimus orbes.

Est etiam ille malus Calabris in saltibus anguis,
Squamea convolvens sublato pectore terga,
Atque notis longam maculosus grandibus alvum;
Qui, dum amnes ulli rumpuntur fontibus, et dum
Vere madent udo terrae ac pluvialibus austris,
Stagna colit, ripisque habitans, hic piscibus atram
Improbus ingluviem ranisque loquacibus explet.
Postquam exusta palus, terraeque ardore dehiscunt,
Exsilit in siccum, et flammantia lumina torquens
Saevit agris, asperque siti atque exterritus aestu.
Ne mihi tum molles sub divo carpere somnos,
Neu dorso nemoris libeat jacuisse per herbas!

le sanglier; ou bien, en le poursuivant à grands cris de montagne en montagne, ils précipiteront dans tes filets le cerf timide.

N'oublie pas non plus de purifier tes étables en y brûlant du bois de cèdre, et d'en chasser les reptiles impurs par l'odeur du galbanum. Souvent, sous la crèche immobile, la perfide vipère se cache, loin du jour qu'elle redoute; souvent la couleuvre, accoutumée à rechercher l'ombre et la solitude de nos toits, se glisse dans nos étables, pour y infecter, de son venin, les grands et les petits troupeaux. Saisis une pierre; arme-toi de gros bâtons, et, quand le monstre se dresse menaçant, et le cou gonflé de poisons, frappe : déjà il a fui, déjà il a caché bien avant sa tête dans son repaire; mais les derniers anneaux de son corps mutilé sont brisés, et se traînent lentement après lui.

Il est dans les pâturages de la Calabre un reptile non moins dangereux. Levant fièrement sa tête, ce monstre déroule en replis ondoyans son dos brillant d'écailles, et son ventre énorme nuancé de mille couleurs. Tant que les sources coulent abondantes, tant que le printemps et les pluies qu'il amène entretiennent l'humidité de la terre, il habite les lacs et le bord des fleuves. Là, son insatiable ventre engloutit les poissons et les grenouilles coassantes. Les marais sont-ils desséchés, la terre fendue par une chaleur excessive; il s'élance dans la plaine, et, roulant avec fureur des yeux enflammés, il parcourt les campagnes, terrible de soif, et aigri par un soleil brûlant. Me préservent les dieux de me livrer, en plein air, au doux sommeil, ou de m'étendre sur l'herbe à l'ombre d'une forêt, lorsque, fier

Quum positis novus exuviis nitidusque juventa
Volvitur, aut catulos tectis aut ova relinquens,
Arduus ad solem, et linguis micat ore trisulcis.

Morborum quoque te causas et signa docebo.
Turpis oves tentat scabies, ubi frigidus imber
Altius ad vivum persedit, et horrida cano
Bruma gelu; vel quum tonsis illotus adhæsit
Sudor, et hirsuti secuerunt corpora vepres.
Dulcibus idcirco fluviis pecus omne magistri
Perfundunt, udisque aries in gurgite villis
Mersatur, missusque secundo defluit amni;
Aut tonsum tristi contingunt corpus amurca,
Et spumas miscent argenti, vivaque sulfura,
Idæasque pices, et pingues unguine ceras,
Scillamque, elleborosque graves, nigrumque bitumen.
Non tamen ulla magis præsens fortuna laborum est,
Quam si quis ferro potuit rescindere summum
Ulceris os. Alitur vitium, vivitque tegendo,
Dum medicas adhibere manus ad vulnera pastor
Abnegat, et meliora deos sedet omina poscens.
Quin etiam, ima dolor balantum lapsus ad ossa
Quum furit, atque artus depascitur arida febris,
Profuit incensos æstus avertere, et inter
Ima ferire pedis salientem sanguine venam;
Bisaltæ quo more solent, acerque Gelonus,
Quum fugit in Rhodopen, atque in deserta Getarum,
Et lac concretum cum sanguine potat equino.

de sa peau nouvelle, et brillant de jeunesse, il s'avance, et que, laissant dans sa demeure ses petits ou ses œufs, il se dresse au soleil, et fait dans sa gueule siffler un triple dard!

Je vais aussi t'apprendre les causes et les symptômes des maladies qui attaquent les troupeaux. Un mal honteux, la gale, infecte les brebis, lorsqu'une pluie froide ou une forte gelée a pénétré leurs chairs jusqu'au vif; ou lorsqu'après la tonte, on ne lave pas la sueur qui les mouille, ou que des ronces ont déchiré leur peau. Pour prévenir le mal, les bergers ont soin de les baigner dans une onde pure, et de plonger dans l'endroit le plus profond le bélier qui, avec sa toison chargée d'eau, s'abandonne au courant du fleuve. D'autres, après la tonte, leur frottent le corps avec un mélange de marc d'huile d'olive, de litharge, de soufre vif, de poix et de cire grasse, auquel on peut encore ajouter le jus de l'ognon, l'ellébore et le bitume noir. Mais le remède le plus puissant, c'est d'ouvrir l'ulcère par une incision. Le mal se nourrit et augmente en demeurant caché, si le berger écarte du médecin la main salutaire, et, tranquille, adresse au ciel des vœux stériles. Quand le poison a pénétré jusqu'à la moelle des os, et y cause une douleur violente, quand la fièvre brûle et dessèche les veines, il faut, pour en calmer les accès, que, du pied de l'animal, le fer fasse jaillir le sang : c'est la méthode des Bisaltes, et de l'infatigable Gélon, quand, retirés sur le Rhodope, ou dans les déserts de la Scythie, du sang de leurs coursiers ils rougissent leur lait.

Quam procul aut molli succedere saepius umbrae
Videris, aut summas carpentem ignavius herbas,
Extremamque sequi, aut medio procumbere campo
Pascentem, et serae solam decedere nocti;
Continuo culpam ferro compesce, prius quam
Dira per incautum serpant contagia vulgus.
Non tam creber agens hiemem ruit aequore turbo,
Quam multae pecudum pestes. Nec singula morbi
Corpora corripiunt; sed tota aestiva repente,
Spemque gregemque simul, cunctamque ab origine
  gentem.
Tum sciat, aerias Alpes et norica si quis
Castella in tumulis, et Iapydis arva Timavi,
Nunc quoque post tanto videat, desertaque regna
Pastorum, et longe saltus lateque vacantes.
Hic quondam morbo coeli miseranda coorta est
Tempestas, totoque autumni incanduit aestu,
Et genus omne neci pecudum dedit, omne ferarum;
Corrupitque lacus; infecit pabula tabo.
Nec via mortis erat simplex; sed ubi ignea venis
Omnibus acta sitis miseros adduxerat artus,
Rursus abundabat fluidus liquor, omniaque in se
Ossa minutatim morbo collapsa trahebat.

Saepe in honore deum medio stans hostia ad aram,
Lanea dum nivea circumdatur infula vitta,
Inter cunctantes cecidit moribunda ministros.

Vois-tu une brebis chercher au loin et souvent l'ombrage, effleurer nonchalamment la pointe de l'herbe, marcher la dernière du troupeau, se coucher au milieu de la prairie, revenir la dernière et seule à la bergerie; hâte-toi, que le fer coupe le mal dans sa racine, avant que ton imprévoyance ait laissé la contagion gagner tout le bercail. Les orages qui bouleversent les mers sont moins nombreux que les maladies qui attaquent les troupeaux; et ces maladies ne saisissent pas seulement quelques animaux, mais, au milieu des plus beaux pâturages, elles enlèvent des troupeaux entiers, mères et petits, et tarissent la race tout entière dans sa source. Pour le savoir, il suffit de parcourir le sommet élevé des Alpes, les hauteurs fortifiées de la Norique, et les champs de l'Iapydie arrosés par le Timave; lieux maintenant encore et depuis si long-temps abandonnés; empire autrefois des bergers, aujourd'hui immenses et profondes solitudes.

Là, un air corrompu, s'enflammant des feux excessifs de l'automne, fit périr les animaux domestiques et les bêtes sauvages, empoisonna les lacs, infecta les pâturages. La mort n'arrivait pas par une seule route: d'abord, un feu brûlant courait de veine en veine, desséchait leurs membres bientôt gonflés d'une liqueur corrosive, qui lentement calcinait et dévorait leurs os.

Souvent, auprès de l'autel où elle allait être immolée en l'honneur des dieux, tandis que d'une bandelette sacrée on parait sa tête, la victime tomba mourante au milieu des sacrificateurs trop lents; ou, si leur main

Aut si quam ferro mactaverat ante sacerdos,
Inde neque impositis ardent altaria fibris,
Nec responsa potest consultus reddere vates;
Ac vix suppositi tinguntur sanguine cultri,
Summaque jejuna sanie infuscatur arena.
Hinc lætis vituli vulgo moriuntur in herbis,
Et dulces animas plena ad præsepia reddunt.
Hinc canibus blandis rabies venit, et quatit ægros
Tussis anhela sues, ac faucibus angit obesis.

Labitur infelix, studiorum atque immemor herbæ,
Victor equus, fontesque avertitur, et pede terram
Crebra ferit; demissæ aures; incertus ibidem
Sudor, et ille quidem morituris frigidus; aret
Pellis, et ad tactum tractanti dura resistit.
Hæc ante exitium primis dant signa diebus.
Sin in processu coepit crudescere morbus,
Tum vero ardentes oculi, atque attractus ab alto
Spiritus, interdum gemitu gravis, imaque longo
Ilia singultu tendunt; it naribus ater
Sanguis, et obsessas fauces premit aspera lingua.
Profuit inserto latices infundere cornu
Lenæos; ea visa salus morientibus una.
Mox erat hoc ipsum exitio, furiisque refecti
Ardebant, ipsique suos, jam morte sub ægra,
Di meliora piis, erroremque hostibus illum!
Discissos nudis laniabant dentibus artus.

plus prompte en prévenait la chute, ses entrailles placées sur l'autel ne brûlaient pas, et le prêtre consulté y cherchait en vain une réponse. A peine de quelques gouttes de sang le fer sacré était teint ; à peine un peu d'humeur corrompue mouillait la superficie du sol.

Cependant les jeunes taureaux meurent épars çà et là au milieu des riantes prairies, et exhalent, auprès d'une crèche remplie d'herbe, le doux souffle de la vie. Le chien si caressant expire dans la rage ; et le porc, suffoqué par une toux violente qui serre sa gorge épaissie.

Il tombe, indifférent à tout ce qu'il aimait, oublieux des prairies, le coursier tant de fois vainqueur ! il se détourne des fontaines, et du pied frappe sans cesse la terre ; son oreille est baissée ; sa sueur intermittente, et froide aux approches de la mort ; sa peau se dessèche, et, dure, résiste à la main qui la touche. Tels sont, dans les premiers jours, les symptômes de la maladie. Si elle fait des progrès, si elle s'irrite, alors les yeux s'enflamment ; du fond de la poitrine, la respiration sort difficilement, entrecoupée quelquefois de pénibles gémissemens, et de longs soupirs qui tendent ses flancs. De ses narines jaillit un sang noir, et sa langue, plus rude, obstrue son gosier. Un vin pur épanché, à l'aide d'une corne, dans la gorge, parut d'abord l'unique moyen de le sauver ; mais bientôt cela même fut une cause de mort. Ranimé par ce breuvage, ses forces se changeaient en fureur, et, dans les convulsions de la mort (dieux, loin de nous ce délire ! gardez-le pour vos ennemis !), de ses propres dents, l'animal mordait ses membres déchirés !

Ecce autem duro fumans sub vomere taurus
Concidit, et mixtum spumis vomit ore cruorem,
Extremosque ciet gemitus. It tristis arator,
Mœrentem abjungens fraterna morte juvencum,
Atque opere in medio defixa relinquit aratra.
Non umbræ altorum nemorum, non mollia possunt
Prata movere animum, non, qui per saxa volutus
Purior electro campum petit amnis; at ima
Solvuntur latera, atque oculos stupor urget inertes,
Ad terramque fluit devexo pondere cervix.
Quid labor, aut benefacta juvant? Quid vomere terras
Invertisse graves? Atqui non massica Bacchi
Munera, non illis epulæ nocuere repostæ.
Frondibus et victu pascuntur simplicis herbæ;
Pocula sunt fontes liquidi, atque exercita cursu
Flumina; nec somnos abrumpit cura salubres.

Tempore non alio dicunt regionibus illis
Quæsitas ad sacra boves Junonis, et uris
Imparibus ductos alta ad donaria currus.
Ergo ægre rastris terram rimantur, et ipsis
Unguibus infodiunt fruges, montesque per altos
Contenta cervice trahunt stridentia plaustra.

Non lupus insidias explorat ovilia circum,
Nec gregibus nocturnus obambulat; acrior illum

Plus loin, le taureau, fumant sous le poids de la charrue, tombe tout à coup, vomit un sang mêlé d'écume, et pousse un profond et dernier gémissement. Triste, le laboureur va dételer l'autre bœuf affligé de la mort d'un frère, et laisse, dans le sillon imparfait, le soc enfoncé.

Ombres épaisses des forêts, tendre verdure des prairies, rien ne saurait ranimer leur langueur ; rien, pas même le ruisseau qui, plus pur que le cristal, coule sur un lit de cailloux, à travers la plaine. Leurs flancs s'abaissent et se détendent ; une morne stupeur charge leurs yeux éteints ; et, vers la terre, se penche, entraînée par son poids, leur tête languissante. Tant de travaux, tant de bienfaits, que leur servent-ils ? Que leur revient-il d'avoir, d'un soc pesant, retourné une terre rebelle ? Pourtant les vins de Massique, nos mets flatteurs, n'ont point brûlé leurs veines. Ils ont, pour nourriture, la feuille de l'arbrisseau et l'herbe des prairies ; pour boisson, une source fraîche, l'onde d'un fleuve rapide ; et les soucis jamais n'interrompent leur sommeil.

Ce fut alors, dit-on, que, dans ces contrées, on chercha vainement des taureaux pour les fêtes de Junon, et que des buffles d'inégale grandeur conduisirent aux temples les chars chargés des dons sacrés. On vit donc des malheureux, pour enfouir les graines, déchirer péniblement avec le râteau, et de leurs ongles sillonner la terre, et jusqu'au sommet des montagnes, traîner, le cou tendu, des chariots criant sous l'effort.

Le loup ne va plus la nuit rôder autour du bercail pour surprendre les troupeaux : un mal, plus vio-

Cura domat. Timidi damæ cervique fugaces
Nunc interque canes et circum tecta vagantur.
Jam maris immensi prolem, et genus omne natantum,
Litore in extremo, ceu naufraga corpora, fluctus
Proluit; insolitæ fugiunt in flumina phocæ.
Interit et curvis frustra defensa latebris
Vipera, et attoniti squamis adstantibus hydri.
Ipsis est aer avibus non æquus, et illæ
Præcipites alta vitam sub nube relinquunt.

PRÆTEREA jam nec mutari pabula refert,
Quæsitæque nocent artes; cessere magistri
Phillyrides Chiron, Amythaoniusque Melampus.
Sævit, et, in lucem stygiis emissa tenebris,
Pallida Tisiphone Morbos agit ante Metumque,
Inque dies avidum surgens caput altius effert.
Balatu pecorum et crebris mugitibus amnes
Arentesque sonant ripæ, collesque supini.
Jamque catervatim dat stragem, atque aggerat ipsis
In stabulis turpi dilapsa cadavera tabo,
Donec humo tegere ac foveis abscondere discunt.
Non neque erat coriis usus; nec viscera quisquam
Aut undis abolere potest, aut vincere flamma;
Nec tondere quidem morbo illuvieque peresa
Vellera, nec telas possunt attingere putres.
Verum etiam invisos si quis tentarat amictus,

lent que la faim, a dompté sa rage. Le daim timide, le cerf que tout alarmait, errent maintenant confondus avec les chiens, autour des demeures de l'homme. Les habitans eux-mêmes de la vaste mer, et tout ce qui nage dans ses abîmes, gisent sur le rivage, comme autant de cadavres naufragés qu'y ont jetés les flots. Les phoques se réfugient dans les fleuves, étonnés de les recevoir. Vainement protégée par sa retraite souterraine, la vipère expire, et l'hydre, effrayée, dresse en vain ses écailles. Aux oiseaux mêmes l'air est mortel : ils en tombent précipités, et laissent la vie au sein des nues.

En vain on change de pâturages; les remèdes se tournent en poisons. Ils cèdent à la force du mal, les maîtres de l'art, les Chiron, les Mélampe. Échappée des gouffres ténébreux du Styx, la pâle Tisiphone exerce aussi ses fureurs; et, faisant marcher devant elle les Maladies et la Peur, elle lève, au dessus de ces victimes amoncelées, une tête, de jour en jour, plus avide de carnage. Les bêlemens des brebis, les mugissemens des taureaux retentissent au loin sur le rivage des fleuves, dans le fond des vallons, au sommet des montagnes. Déjà l'impitoyable furie multiplie les funérailles, et, dans le bercail même, amoncèle les cadavres qui tombent par lambeaux en une honteuse dissolution, avant qu'on les enfouisse dans des fosses profondes; car leurs peaux n'étaient d'aucun usage; l'eau et le feu ne les pouvaient purifier. On n'eût même osé tondre les brebis mortes de la contagion, ou toucher ces tissus empoisonnés. Malheur à qui eût essayé de s'en revêtir! A l'instant son corps se couvrait de tumeurs ar-

Ardentes papulæ, atque immundus olentia sudor
Membra sequebatur. Nec longo deinde moranti
Tempore contactos artus sacer ignis edebat.

dentes; de ses membres infects coulait une sueur immonde, et bientôt le seul contact de ce vêtement le consumait par d'invisibles feux.

LIBER QUARTUS.

Protinus aerii mellis cœlestia dona
Exsequar. Hanc etiam, Mæcenas, adspice partem.
Admiranda tibi levium spectacula rerum,
Magnanimosque duces, totiusque ordine gentis
Mores, et studia, et populos, et prœlia dicam.
In tenui labor; at tenuis non gloria, si quem
Numina læva sinunt, auditque vocatus Apollo.
Principio sedes apibus statioque petenda,
Quo neque sit ventis aditus, nam pabula venti
Ferre domum prohibent; neque oves hædique petalci
Floribus insultent, aut errans bucula campo
Decutiat rorem, et surgentes atterat herbas.
Absint et picti squalentia terga lacerti
Pinguibus a stabulis, meropesque, aliæque volucres,
Et manibus Procne pectus signata cruentis.
Omnia nam late vastant, ipsasque volantes
Ore ferunt dulcem nidis immitibus escam.
At liquidi fontes et stagna virentia musco
Adsint, et tenuis fugiens per gramina rivus,
Palmaque vestibulum aut ingens oleaster inumbret.

LIVRE QUATRIÈME.

Je vais enfin chanter le miel, doux présent de la rosée céleste; daigne encore, ô Mécène, m'inspirer d'un regard. Je célèbrerai, dans de faibles objets, de merveilleux spectacles : des chefs magnanimes, la naissance, les mœurs, les arts, les combats d'un peuple industrieux. Mince est le sujet, mais non la gloire, si les dieux me sont favorables, et si Apollon exauce mes vœux.

Il faut d'abord choisir pour tes abeilles une demeure fixe et commode, où les vents ne pénètrent point : les vents les empêcheraient d'apporter à la ruche le tribut de leurs ailes; que les brebis et le chevreau pétulant n'y viennent point bondir sur les fleurs, ni la génisse vagabonde en détacher la rosée, et fouler l'herbe naissante. Loin aussi de leur asile, le lézard à la peau gluante et bigarrée, l'avide guêpier, et les autres oiseaux; loin, bien loin surtout, Procné dont la poitrine porte encore l'empreinte de ses mains sanglantes. Ces animaux ravagent tout aux environs, saisissent l'abeille elle-même dans son vol et l'emportent, douce nourriture pour leurs impitoyables enfans. Cherche de claires fontaines, des étangs bordés d'une mousse verdoyante, un léger ruisseau fuyant à travers la prairie. Qu'un palmier ou un olivier sauvage protège de son ombre l'entrée de leur

Ut, quum prima novi ducent examina reges
Vere suo, ludetque favis emissa juventus,
Vicina invitet decedere ripa calori,
Obviaque hospitiis teneat frondentibus arbos.
In medium, seu stabit iners, seu profluet humor,
Transversas salices, et grandia conjice saxa,
Pontibus ut crebris possint consistere, et alas
Pandere ad aestivum solem, si forte morantes
Sparserit, aut praeceps Neptuno immerserit Eurus.
Haec circum casiae virides, et olentia late
Serpylla, et graviter spirantis copia thymbrae
Floreat, irriguumque bibant violaria fontem.
Ipsa autem, seu corticibus tibi suta cavatis,
Seu lento fuerint alvearia vimine texta,
Angustos habeant aditus. Nam frigore mella
Cogit hiems, eademque calor liquefacta remittit.
Utraque vis apibus pariter metuenda ; neque illae
Nequidquam in tectis certatim tenuia cera
Spiramenta linunt, fucoque et floribus oras
Explent, collectumque haec ipsa ad munera gluten
Et visco et phrygiae servant pice lentius Idae.
Saepe etiam effossis, si vera est fama, latebris
Sub terra fovere larem, penitusque repertae
Pumicibusque cavis, exesaeque arboris antro.

Tu tamen et levi rimosa cubilia limo
Unge fovens circum, et raras super injice frondes.
Neu propius tectis taxum sine, neve rubentes

demeure. Ainsi, au retour du printemps, quand les nouveaux rois sortiront à la tête de leurs essaims, et que cette vive jeunesse s'ébattra hors de la ruche, la rive voisine leur offrira un abri contre la chaleur, et l'arbre un repos sous son feuillage hospitalier. Que l'eau soit stagnante, ou qu'elle coule, jette-s-y, en travers, de grosses pierres, ou des troncs de saules, comme autant de ponts où les abeilles se puissent reposer, et étendre leurs ailes aux rayons d'un soleil d'été, si la pluie les a surprises ou dispersées, ou si le vent les a précipitées dans l'onde. Près de là fleuriront la verte lavande, le serpolet odoriférant, et le thym à l'odeur forte; la violette s'y abreuvera d'une eau toujours fraîche.

Quant aux ruches elles-mêmes, formées d'écorces creuses, ou tissues d'un flexible osier, elles ne doivent avoir qu'une étroite ouverture : car le miel se gèle l'hiver, et se fond aux chaleurs de l'été : deux inconvéniens également à craindre pour les abeilles; aussi ont-elles la précaution de boucher avec de la cire jusqu'aux moindres fentes de leurs maisons, d'en enduire les bords avec le suc des plantes et des fleurs, et de mettre en réserve, pour cet emploi, une gomme plus onctueuse que la glu et que la poix du mont Ida. Souvent même, dit-on, elles se sont creusé des demeures souterraines, et l'on en a trouvé logées dans les trous des pierres-ponces, et au sein des arbres minés par le temps.

Que ton art se joigne à leurs soins; enduis tout autour leur frêle habitation d'une couche de terre grasse, et couvre-la de quelques feuillages. Ne souffre point d'ifs dans leur voisinage; n'y fais pas, sur le charbon,

Ure foco cancros; altæ neu crede paludi,
Aut ubi odor cœni gravis, aut ubi concava pulsu
Saxa sonant, vocisque offensa resultat imago.

Quod superest, ubi pulsam hiemem sol aureus egit
Sub terras, cœlumque æstiva luce reclusit,
Illæ continuo saltus silvasque peragrant,
Purpureosque metunt flores, et flumina libant
Summa leves. Hinc nescio qua dulcedine lætæ
Progeniem nidosque fovent; hinc arte recentes
Excudunt ceras, et mella tenacia fingunt.

Hinc, ubi jam emissum caveis ad sidera cœli
Nare per æstatem liquidam suspexeris agmen,
Obscuramque trahi vento mirabere nubem,
Contemplator; aquas dulces et frondea semper
Tecta petunt. Huc tu jussos adsperge sapores,
Trita melisphylla, et cerinthæ ignobile gramen,
Tinnitusque cie, et Matris quate cymbala circum.
Ipsæ consident medicatis sedibus; ipsæ
Intima more suo sese in cunabula condent.

Sin autem ad pugnam exierint, nam sæpe duobus
Regibus incessit magno discordia motu;
Continuoque animos vulgi et trepidantia bello
Corda licet longe præsciscere: namque morantes
Martius ille æris rauci canor increpat, et vox
Auditur fractos sonitus imitata tubarum.

rougir d'écrevisses. Crains pour elles un marais profond, l'odeur d'un bourbier fangeux, et ces roches sonores, où l'écho répond avec éclat à la voix qui l'appelle.

Mais l'hiver a fui devant le soleil qui l'a relegué sous la terre, et au ciel brille la sérénité des beaux jours. Soudain, l'abeille s'élance, elle parcourt et les bois et les plaines, recueille le parfum des fleurs, et, légère, effleure la surface des eaux. Transportée alors d'une joie nouvelle, elle revient soigner avec plus d'ardeur et sa cellule et sa future famille : de là ces palais de cire bâtis avec tant d'art, et cet amas de miel qui les doit remplir.

Bientôt, échappé de son berceau, dans un beau jour de printemps, tu verras un jeune essaim flotter dans les airs, et, comme un nuage obscur, se traîner sur l'aile des vents. Suis-le : il va chercher une onde pure et un toit de feuillage. Répands, dans ces lieux, les odeurs chéries des abeilles : que la mélisse broyée se mêle au mélinet ; fais-y retentir l'airain, et de Cybèle les cymbales bruyantes. D'elles-mêmes, les abeilles viendront se fixer dans ces demeures parfumées, et reprendre, au fond de leurs ruches, leurs travaux accoutumés.

Mais si elles volent au combat, car souvent, entre deux rois, s'élèvent de terribles discordes, l'on peut tout d'abord prévoir ces dispositions du peuple, et ces fiers courages animés à la guerre. Le bruit belliqueux de l'airain semble hâter leur marche, et leur bourdonnement imite les sons brisés du clairon. Alors, elles s'assemblent en tumulte, agitent leurs ailes, aiguisent leurs dards, préparent leurs bras, et, rangées autour de

Tum trepidæ inter se coeunt, pennisque coruscant,
Spiculaque exacuunt rostris aptantque lacertos,
Et circa regem atque ipsa ad prætoria densæ
Miscentur, magnisque vocant clamoribus hostem.
Ergo, ubi ver nactæ sudum camposque patentes,
Erumpunt portis; concurritur; æthere in alto
Fit sonitus, magnum mixtæ glomerantur in orbem,
Præcipitesque cadunt. Non densior aere grando,
Nec de concussa tantum pluit ilice glandis.
Ipsi per medias acies, insignibus alis,
Ingentes animos angusto in pectore versant,
Usque adeo obnixi non cedere, dum gravis aut hos
Aut hos versa fuga victor dare terga subegit.
Hi motus animorum atque hæc certamina tanta
Pulveris exigui jactu compressa quiescent.
Verum ubi ductores acie revocaveris ambo,
Deterior qui visus, eum, ne prodigus obsit,
Dede neci; melior vacua sine regnet in aula.
Alter erit maculis auro squalentibus ardens,
Nam duo sunt genera; hic melior, insignis et ore,
Et rutilis clarus squamis : ille horridus alter
Desidia, latamque trahens inglorius alvum.
Ut binæ regum facies, ita corpora plebis.
Namque aliæ turpes horrent, ceu pulvere ab alto
Quum venit, et sicco terram spuit ore viator
Aridus; elucent aliæ, et fulgore coruscant
Ardentes auro, et paribus lita corpora guttis.

leur roi, aux portes de sa tente pressées, elles appellent à grands cris l'ennemi au combat.

Enfin, un beau jour a lui, et leur a ouvert un libre champ : soudain, les barrières sont franchies, la bataille s'engage, et l'air en retentit ; les combattans se mêlent, s'agitent en un rapide tourbillon, et tombent précipités sur la terre. La grêle fond moins serrée pendant un orage, le gland tombe moins nombreux du chêne que l'on secoue. Au milieu des rangs, les rois eux-mêmes, remarquables à l'éclat de leurs ailes, déploient, dans un faible corps, un grand courage, obstinés qu'ils sont à ne point céder, jusqu'à ce que la victoire ait forcé un des deux rivaux à plier et à fuir. Mais, ces courages émus, ces terribles combats, jette en l'air un peu de poussière, et ils s'apaiseront à l'instant. Lorsque tu auras ainsi rappelé les deux rivaux du champ de bataille, livre au trépas celui qui aura montré le moins de valeur : il serait pour l'état un fardeau inutile. Que le plus brave règne seul désormais. L'un, car ce sont deux espèces, se reconnaît à l'éclat de sa tête, aux écailles brillantes de sa cuirasse, aux taches d'or répandues sur ses anneaux ; c'est là le vainqueur ; l'autre, à sa figure hideuse, à sa démarche paresseuse, au ventre ignoble qu'il traîne pesamment. Ainsi que les deux rois, les deux nations se distinguent à des oppositions marquées. Sombres et hideuses, les unes ressemblent à la salive épaisse que chasse de son gosier altéré le voyageur qui vient de marcher dans des chemins poudreux ; les autres sont propres, brillantes,

Hæc potior soboles; hinc cœli tempore certo
Dulcia mella premes, nec tantum dulcia, quantum
Et liquida, et durum Bacchi domitura saporem.

At quum incerta volant, cœloque examina ludunt,
Contemnuntque favos, et frigida tecta relinquunt,
Instabiles animos ludo prohibebis inani.
Nec magnus prohibere labor. Tu regibus alas
Eripe. Non illis quisquam cunctantibus altum
Ire iter, aut castris audebit vellere signa.
Invitent croceis halantes floribus horti,
Et custos furum atque avium cum falce saligna
Hellespontiaci servet tutela Priapi.
Ipse thymum pinosque ferens de montibus altis
Tecta serat late circum, cui talia curæ;
Ipse labore manum duro terat; ipse feraces
Figat humo plantas, et amicos irriget imbres.
Atque equidem, extremo ni jam sub fine laborum
Vela traham, et terris festinem advertere proram,
Forsitan et, pingues hortos quæ cura colendi
Ornaret, canerem, biferique rosaria Pæsti,
Quoque modo potis gauderent intyba rivis,
Et virides apio ripæ, tortusque per herbam
Cresceret in ventrem cucumis; nec sera comantem
Narcissum, aut flexi tacuissem vimen acanthi,
Pallentesque hederas, et amantes litora myrtos.

Namque sub œbaliæ memini me turribus arcis,

riches de taches d'or et d'émail : voilà la meilleure race ; celle qui, dans la saison, te donnera le miel le plus doux, le plus limpide, le plus propre à corriger l'âpreté d'un vin trop dur.

Vois-tu tes essaims voltiger sans objet, se jouer dans l'air, oublier leurs rayons, et abandonner leurs ruches solitaires ; hâte-toi de fixer leur légèreté, de les détourner d'un vain amusement. Rien de plus facile. Arrache les ailes à leur roi ; les rois restant tranquilles, nul sujet n'osera lever l'étendard et le déployer dans la plaine. Que des jardins remplis de fleurs odorantes les invitent aussi à s'y arrêter ; qu'armé de sa faux de bois, le dieu de Lampsaque les défende des voleurs et des oiseaux. Et si tes abeilles te sont chères, va toi-même sur les montagnes cueillir le serpolet, et chercher de jeunes pins, pour en entourer leur habitation ; qu'un dur travail exerce ta main ; plante toi-même ces fertiles rejetons, et verse-leur une eau bienfaisante.

Pour moi, si, bientôt à la fin de ma course, je ne ployais déjà mes voiles, impatient de regagner le rivage, peut-être chanterais-je l'art d'embellir les jardins, de cultiver le rosier de Pæstum, qui, deux fois l'année, se couvre de fleurs. Dans mes vers, la chicorée se ranimerait sous l'arrosoir ; le persil, de sa verdure, borderait les rivages, et le concombre au ventre creux presserait l'herbe où il se tord en grossissant ; je n'oublierais ni le narcisse lent à s'épanouir, ni l'acanthe flexible, ni le lierre pâle, ni le myrte ami des rivages.

Non loin des tours superbes de Tarente, là où le

Qua niger humectat flaventia culta Galesus,
Corycium vidisse senem, cui pauca relicti
Jugera ruris erant; nec fertilis illa juvencis,
Nec pecori opportuna seges, nec commoda Baccho.
Hic rarum tamen in dumis olus, albaque circum
Lilia, verbenasque premens, vescumque papaver,
Regum æquabat opes animis, seraque revertens
Nocte domum dapibus mensas onerabat inemptis.
Primus vere rosam atque autumno carpere poma,
Et quum tristis hiems etiam nunc frigore saxa
Rumperet, et glacie cursus frænaret aquarum,
Ille comam mollis jam tum tondebat acanthi,
Æstatem increpitans seram zephyrosque morantes.
Ergo apibus fetis idem atque examine multo
Primus abundare, et spumantia cogere pressis
Mella favis. Illi tiliæ, atque uberrima pinus.
Quotque in flore novo pomis se fertilis arbos
Induerat, totidem autumno matura tenebat.
Ille etiam seras in versum distulit ulmos,
Eduramque pyrum, et spinos jam pruna ferentes,
Jamque ministrantem platanum potantibus umbras.
Verum hæc ipse equidem spatiis exclusus iniquis
Prætereo, atque aliis post me memoranda relinquo.
Nunc age, naturas apibus quas Jupiter ipse
Addidit, expediam; pro qua mercede, canoros
Curetum sonitus crepitantiaque æra secutæ,
Dictæo cœli regem pavere sub antro.

noir Galèse arrose de brillantes moissons, j'ai vu, il
m'en souvient, un vieillard cilicien, possesseur de
quelques arpens d'un terrain long-temps abandonné :
sol rebelle à la charrue, peu propre aux troupeaux,
peu favorable à la vigne. Toutefois, au milieu des
buissons, le vieillard avait su faire venir çà et là
quelques légumes; ses planches étaient bordées de lis,
de verveine et de pavots. Par son âme, il égalait
les richesses des rois; et, chaque soir, de retour en
son modeste asile, il chargeait sa table de mets qu'il
n'avait point achetés. Le premier il cueillait la rose du
printemps, le premier les fruits de l'automne; et quand
le triste hiver fendait encore les pierres, et enchaînait
de ses glaçons le cours des fleuves, lui déjà de l'acanthe
émondait les rameaux, gourmandait et le printemps
tardif et le zéphyr paresseux. Aussi voyait-il, le premier,
de ses ruches fécondes, sortir de nombreux essaims, et
le miel à grands flots couler de ses pressoirs. Le tilleul
et le pin lui offraient partout leur ombrage; et les
fleurs dont le printemps embellissait ses arbres, étaient
autant de promesses que l'automne ne manquait pas de
tenir. Il avait même disposé en allées régulières des
ormes déjà vieux, des poiriers durcis par les ans, le
prunier épineux, et des platanes qui, déjà, prêtaient
aux buveurs leur ombre hospitalière. Mais, renfermé
dans un étroit espace, il me faut renoncer à ces riantes
peintures : d'autres, après moi, les traceront. Je vais
dire maintenant les natures, les instincts merveilleux
dont Jupiter a doué les abeilles, pour les récompenser
d'avoir, attirées par le bruit de l'airain et le son des
cymbales que frappaient les Corybantes, nourri dans
l'antre de Dicté le roi du ciel.

Solæ communes natos, consortia tecta
Urbis habent, magnisque agitant sub legibus ævum,
Et patriam solæ et certos novere penates;
Venturæque hiemis memores æstate laborem
Experiuntur, et in medium quæsita reponunt.
Namque aliæ victu invigilant, et fœdere pacto
Exercentur agris; pars intra septa domorum
Narcissi lacrymam, et lentum de cortice gluten,
Prima favis ponunt fundamina, deinde tenaces
Suspendunt ceras; aliæ, spem gentis, adultos
Educunt fetus; aliæ purissima mella
Stipant, et liquido distendunt nectare cellas.
Sunt, quibus ad portas cecidit custodia sorti;
Inque vicem speculantur aquas et nubila cœli,
Aut onera accipiunt venientum, aut agmine facto
Ignavum fucos pecus a præsepibus arcent.
Fervet opus, redolentque thymo fragrantia mella.
Ac veluti lentis Cyclopes fulmina massis
Quum properant, alii taurinis follibus auras
Accipiunt redduntque, alii stridentia tingunt
Æra lacu; gemit impositis incudibus Ætna.
Illi inter sese magna vi brachia tollunt
In numerum, versantque tenaci forcipe ferrum.
Non aliter, si parva licet componere magnis,
Cecropias innatus apes amor urget habendi,
Munere quamque suo. Grandævis oppida curæ,

Seules de tous les animaux, les abeilles élèvent en commun leurs enfans, habitent une cité commune, et vivent tranquilles sous des lois. Seules, elles connaissent une patrie; seules, elles ont des pénates fixes. Prévoyantes de l'hiver qui doit venir, elles travaillent l'été, et mettent en réserve ce qu'elles ont amassé. Chacune a son emploi. Les unes sont chargées du soin des vivres, et vont butiner dans la campagne ; les autres, occupées dans l'intérieur de la ruche, élèvent de l'édifice les premiers fondemens, en mêlant aux pleurs du narcisse la gomme onctueuse des arbres, et cimentent ensuite, avec de la cire, les différens étages de leurs cellules. Celles-ci font éclore les jeunes abeilles, espoir de la république; celles-là distillent un miel pur, et de ce doux nectar remplissent les alvéoles. A d'autres est échue la garde des portes : sentinelles vigilantes, elles observent tour-à-tour les signes précurseurs de la pluie et du vent; tantôt elles reçoivent les fardeaux de celles qui arrivent chargées de butin, ou bien elles se réunissent pour chasser de leur demeure le frelon paresseux. Tout s'anime au travail, et l'air est embaumé de l'odeur du thym. On dirait les Cyclopes forgeant à la hâte les foudres de Jupiter. Les uns reçoivent, dans d'énormes soufflets, l'air qu'ils rendent aux fourneaux; les autres plongent dans l'eau l'airain frémissant; l'Etna gémit sous le poids des enclumes. Les Cyclopes soulèvent, avec de grands efforts, leurs bras qui retombent en cadence sur la masse embrasée, que tournent et retournent de fortes tenailles. Telle est, si aux grands objets l'on peut comparer les petits, l'ardeur naturelle qu'ont les abeilles, d'ajouter, chacune dans leur emploi, aux richesses qu'elles ont déjà amassées. Les plus vieilles ont soin

Et munire favos, et dædala fingere tecta.
At fessæ multa referunt se nocte minores,
Crura thymo plenæ; pascuntur et arbuta passim,
Et glaucas salices, casiamque, crocumque rubentem,
Et pinguem tiliam, et ferrugineos hyacinthos.

Omnibus una quies operum, labor omnibus unus.
Mane ruunt portis; nusquam mora. Rursus easdem
Vesper ubi e pastu tandem decedere campis
Admonuit, tum tecta petunt, tum corpora curant.
Fit sonitus, mussantque oras et limina circum.
Post, ubi jam thalamis se composuere, siletur
In noctem, fessosque sopor suus occupat artus.

Nec vero a stabulis pluvia impendente recedunt
Longius, aut credunt cœlo adventantibus euris;
Sed circum tutæ sub mœnibus urbis aquantur,
Excursusque breves tentant, et sæpe lapillos,
Ut cymbæ instabiles fluctu jactante saburram,
Tollunt; his sese per inania nubila librant.

Illum adeo placuisse apibus mirabere morem,
Quod nec concubitu indulgent, nec corpora segnes
In Venerem solvunt, aut fetus nixibus edunt;
Verum ipsæ e foliis natos et suavibus herbis
Ore legunt; ipsæ regem parvosque Quirites
Sufficiunt, aulasque et cerea regna refingunt.

de l'intérieur ; ce sont elles encore qui donnent aux rayons leur solidité, et en règlent l'ingénieuse architecture. Les plus jeunes ne rentrent que le soir, bien fatiguées, et les jambes pleines de la poussière du thym ; elles vont aussi effleurer l'arbousier, le saule verdâtre, la lavande, le safran éclatant, le tilleul touffu, et le sombre hyacinthe.

Le temps du travail et du repos est le même pour toutes les abeilles. Le matin, les portes s'ouvrent, tout s'élance : point de traîneurs ; le soir, quand l'astre du berger les avertit de quitter enfin les prairies, elles regagnent leurs demeures pour y réparer leurs forces épuisées. Un bruit se fait entendre, il se prolonge autour des portes et le long des remparts. Mais bientôt chaque abeille est rentrée dans sa cellule ; tout se tait ; et un sommeil réparateur enchaîne leurs membres fatigués.

Jamais, quand la pluie menace, elles ne s'éloignent de leurs ruches, jamais, à l'approche d'un grand vent, elles ne s'aventurent dans les airs. Cantonnées alors autour de leurs murailles, elles vont puiser de l'eau à la source voisine : là se bornent leurs excursions. Quelquefois, elles enlèvent avec elles un grain de sable pour leur servir de lest, comme le gravier à une barque légère, et elles se balancent ainsi sans crainte au sein des nuages.

Mœurs admirables des abeilles ! elles ne connaissent point les caresses de l'hymen ; elles n'affaiblissent point leur corps aux plaisirs de l'amour ; elles ignorent les douleurs de l'enfantement. C'est sur les fleurs, sur les plantes les plus suaves, qu'elles recueillent, avec leur trompe, une jeune postérité ; là qu'elles retrouvent un roi et de nouveaux citoyens, pour qui elles réparent et leur ville et leur palais de cire.

Saepe etiam duris errando in cotibus alas
Attrivere, ultroque animam sub fasce dedere.
Tantus amor florum, et generandi gloria mellis!
Ergo ipsas quamvis angusti terminus aevi
Excipiat, neque enim plus septima ducitur aestas;
At genus immortale manet, multosque per annos
Stat fortuna domus, et avi numerantur avorum.
Praeterea regem non sic Aegyptus, et ingens
Lydia, nec populi Parthorum, aut Medus Hydaspes
Observant. Rege incolumi mens omnibus una est;
Amisso rupere fidem, constructaque mella
Diripuere ipsae, et crates solvere favorum.
Ille operum custos; illum admirantur, et omnes
Circumstant fremitu denso, stipantque frequentes,
Et saepe attollunt humeris, et corpora bello
Objectant, pulchramque petunt per vulnera mortem.

His quidam signis, atque haec exempla secuti,
Esse apibus partem divinae mentis et haustus
Aetherios dixere. Deum namque ire per omnes
Terrasque, tractusque maris, coelumque profundum;
Hinc pecudes, armenta, viros, genus omne ferarum,
Quemque sibi tenues nascentem arcessere vitas.
Scilicet huc reddi deinde ac resoluta referri
Omnia; nec morti esse locum, sed viva volare
Sideris in numerum, atque alto succedere coelo.

Souvent, il leur arrive, dans leurs courses, de briser leurs ailes au tranchant d'un caillou, et d'expirer, victimes généreuses, sous leur fardeau. Tant est vive en elles la passion des fleurs, et l'ardeur de produire le miel ! Aussi, bien que leur vie soit renfermée en des bornes étroites (elle ne va guère au delà du septième été), la race est immortelle ; la fortune d'une famille se soutient florissante pendant une longue suite d'années, et compte les aïeux de ses aïeux. Autre trait caractéristique : l'Égypte, la Lydie, les nations des Parthes, le Mède habitant des bords de l'Hydaspe, ont pour leur roi moins de vénération. Tant que vit le roi, toutes n'ont qu'un même esprit : le roi est-il mort, tout pacte est rompu ; elles-mêmes pillent les magasins, et brisent les rayons. C'est le roi qui protège les travaux ; il est l'objet de leur admiration ; elles l'entourent avec un bourdonnement flatteur, et lui forment une escorte nombreuse. Souvent elles le portent en triomphe sur leurs ailes, lui font à la guerre un rempart de leur corps, et bravent les blessures pour mourir avec gloire sous ses yeux.

A ces signes, à ce merveilleux instinct, quelques sages ont cru reconnaître dans les abeilles une étincelle de la divine intelligence, une émanation du ciel. Dieu, selon ces philosophes, remplit l'immensité de la terre, les abîmes de la mer, les profondeurs du ciel. C'est de lui que l'homme et les diverses espèces d'animaux empruntent, en naissant, le souffle léger qui les anime ; c'est à lui que retournent, après leur dissolution, tous les êtres. Ainsi, rien ne meurt : les substances vivantes vont se réunir aux astres, et, lumières nouvelles, peupler la voûte des cieux.

Si quando sedem angustam, servataque mella
Thesauris relines; prius haustu sparsus aquarum
Ore fove, fumosque manu prætende sequaces.
Bis gravidos cogunt fetus, duo tempora messis,
Taygete simul os terris ostendit honestum
Pliäs, et Oceani spretos pede reppulit amnes;
Aut eadem sidus fugiens ubi Piscis aquosi
Tristior hibernas cœlo descendit in undas.
Illis ira modum supra est, læsæque venenum
Morsibus inspirant, et spicula cæca relinquunt
Affixæ venis, animasque in vulnere ponunt.
Sin duram metues hiemem; parcesque futuro,
Contusosque animos et res miserabere fractas.
At suffire thymo, cerasque recidere inanes,
Quis dubitet? Nam sæpe favos ignotus adedit
Stellio, lucifugis congesta cubilia blattis,
Immunisque sedens aliena ad pabula fucus,
Aut asper crabro imparibus se immiscuit armis,
Aut dirum tineæ genus, aut invisa Minervæ
In foribus laxos suspendit aranea casses.
Quo magis exhaustæ fuerint, hoc acrius omnes
Incumbent generis lapsi sarcire ruinas,
Complebuntque foros, et floribus horrea texent.
Si vero, quoniam casus apibus quoque nostros
Vita tulit, tristi languebunt corpora morbo,
Quod jam non dubiis poteris cognoscere signis :
Continuo est ægris alius color; horrida vultum

Veux-tu pénétrer dans l'intérieur des ruches? veux-tu enlever tous ces trésors de miel si soigneusement conservés? puise d'abord de l'eau, mouille-s-en ton visage, remplis-en ta bouche, et d'un tison fumant arme ta main pour en chasser les abeilles. Terribles en leur colère, si on les offense, elles se vengent par des blessures mortelles ; elles lancent un trait qui perce jusqu'au sang, et laissent dans la plaie leur dard avec leur vie. Deux fois leurs rayons se remplissent, deux fois on les recueille, et lorsque la chaste Taygète, élevant son front virginal au dessus de l'horizon, repousse d'un pied dédaigneux les flots de l'Océan, et lorsque, fuyant les regards du Poisson pluvieux, elle se replonge tristement au sein des mers. Mais si tu crains pour tes essaims les rigueurs de l'hiver, si leur découragement et leur détresse excitent ta compassion, n'hésite point à parfumer leur ruche de thym, et à en retrancher les cires inutiles. Sans cette précaution, souvent un lézard inaperçu ronge leurs rayons; le cloporte y cherche un refuge contre le jour qui le blesse; la guêpe parasite s'y nourrit aux dépens d'autrui ; le lourd frelon se rit de leurs armes inégales; les teignes s'y introduisent. Objet de la haine de Pallas, l'araignée y suspend ses toiles flottantes. Plus elles verront leur trésor épuisé, plus elles travailleront avec ardeur à réparer les ruines de l'état appauvri, à remplir de nouveau les magasins, et à construire leurs greniers avec le tribut des fleurs.

Mais si la maladie vient tristement alanguir leur corps (car, ainsi que la nôtre, la vie des abeilles a ses misères), tu pourras le reconnaître à des signes non équivoques. Malades, leur couleur change; une horrible maigreur les défigure. Bientôt, elles enlèvent de la

Deformat macies; tum corpora luce carentum
Exportant tectis, et tristia funera ducunt;
Aut illae pedibus connexae ad limina pendent,
Aut intus clausis cunctantur in aedibus omnes,
Ignavaeque fame et contracto frigore pigrae;
Tum sonus auditur gravior, tractimque susurrant,
Frigidus ut quondam silvis immurmurat Auster,
Ut mare sollicitum stridit refluentibus undis,
Æstuat ut clausis rapidus fornacibus ignis.
Hic jam galbaneos suadebo incendere odores,
Mellaque arundineis inferre canalibus, ultro
Hortantem, et fessas ad pabula nota vocantem.
Proderit et tunsum gallae admiscere saporem,
Arentesque rosas, aut igni pinguia multo
Defruta, vel psithia passos de vite racemos,
Cecropiumque thymum, et grave olentia centaurea.
Est etiam flos in pratis, cui nomen amello
Fecere agricolae, facilis quaerentibus herba.
Namque uno ingentem tollit de cespite silvam,
Aureus ipse; sed in foliis, quae plurima circum
Funduntur, violae sublucet purpura nigrae.
Saepe deum nexis ornatae torquibus arae.
Asper in ore sapor. Tonsis in vallibus illum
Pastores et curva legunt prope flumina Mellae.
Hujus odorato radices incoque Baccho,
Pabulaque in foribus plenis appone canistris.
Sed, si quem proles subito defecerit omnis,

ruche les corps de leurs compagnes mortes, et mènent le deuil des funérailles. D'autres demeurent, au seuil de la porte, par les pieds suspendues, ou bien restent renfermées dans leurs cellules, abattues par la faim, engourdies par le froid. Alors se fait entendre un bourdonnement plus fort qu'à l'ordinaire, et qui grossit par intervalles. Ainsi murmure le vent dans les forêts; ainsi s'agite la mer, quand le flot se retire; ainsi bouillonne le feu au fond d'une fournaise ardente. C'est le moment de brûler dans l'habitation le galbanum odoriférant, d'y introduire du miel dans des tubes de roseaux pour les exciter, les inviter à ranimer leurs forces par cet aliment chéri. Il sera bon d'y joindre la noix de galle pilée, des roses sèches, du raisinet bien cuit, du thym et de la centaurée. On trouve aussi, dans les prairies, une plante que les cultivateurs ont nommée *amellum*, et que l'on reconnaît aisément ; car, d'une seule et même racine s'élève une forêt de tiges; sa fleur est couleur d'or; mais les feuilles nombreuses qui l'entourent ont de la violette la pourpre foncée. Souvent de ses guirlandes on pare les autels des dieux. La saveur en est âcre. Les pasteurs la recueillent dans les prés déjà fauchés, sur les bords tortueux de la Melle. Fais-en bouillir les racines dans le vin le plus odorant, et place-s-en des corbeilles pleines à l'entrée des ruches.

Mais si, l'espèce tout entière venant à périr, tu n'a-

Nec, genus unde novæ stirpis revocetur, habebit,
Tempus et Arcadii memoranda inventa magistri
Pandere, quoque modo cæsis jam sæpe juvencis
Insincerus apes tulerit cruor. Altius omnem
Expediam, prima repetens ab origine, famam.
Nam qua Pellæi gens fortunata Canopi
Accolit effuso stagnantem flumine Nilum,
Et circum pictis vehitur sua rura phaselis,
Quaque pharetratæ vicinia Persidis urget,
Et viridem Ægyptum nigra fecundat arena,
Et diversa ruens septem discurrit in ora
Usque coloratis amnis devexus ab Indis;
Omnis in hac certam regio jacit arte salutem.

Exiguus primum, atque ipsos contractus ad usus
Eligitur locus. Hunc angustique imbrice tecti
Parietibusque premunt arctis, et quatuor addunt
Quatuor a ventis, obliqua luce, fenestras.
Tum vitulus bima curvans jam cornua fronte
Quæritur. Huic geminæ nares, et spiritus oris
Multa reluctanti obstruitur, plagisque perempto
Tunsa per integram solvuntur viscera pellem.
Sic positum in clauso linquunt, et ramea costis
Subjiciunt fragmenta, thymum, casiasque recentes.
Hoc geritur, zephyris primum impellentibus undas,
Ante novis rubeant quam prata coloribus, ante
Garrula quam tignis nidum suspendat hirundo.

vais aucun moyen de la renouveler, il est temps de t'apprendre la merveilleuse découverte du berger d'Arcadie, et comment, du sang corrompu des victimes, naquirent souvent de nouveaux essaims d'abeilles. Je vais, remontant à l'origine de ce prodige, t'en raconter toute l'histoire.

Dans ces régions où le Nil couvre la terre de ses débordemens féconds, et voit de Canope l'heureux habitant parcourir, sur des gondoles ornées de peintures, ses champs héréditaires; dans ces lieux où le fleuve, après avoir baigné les pays voisins de la Perse, fertilise de son noir limon les vertes campagnes de l'Égypte, et court, en descendant de chez l'Indien brûlé du soleil, se précipiter dans la mer par sept embouchures, les peuples ont, en cette découverte, une confiance qui n'est jamais trompée.

On choisit d'abord un emplacement étroit, et préparé pour cet usage; on l'entoure de murs surmontés d'une toiture de tuiles, on y perce quatre fenêtres, recevant obliquement le jour, et tournées aux quatre vents; puis, on prend un taureau de deux ans, dont les jeunes cornes commencent à se courber sur son front. Malgré sa résistance, on lui bouche les narines et la respiration; ensuite, on le fait périr sous les coups qui meurtrissent ses flancs sans déchirer sa peau. Ainsi abattu, on le laisse dans l'enceinte, étendu sur un lit de feuillage de thym et de fraîche lavande. Cette opération se fait aussitôt que le zéphyr commence à caresser la surface de l'eau, avant que, dans les prairies, brillent des fleurs nouvelles, et que l'hirondelle vienne, en gazouillant, suspendre son nid au toit de nos maisons.

Interea teneris tepefactus in ossibus humor
Æstuat, et visenda modis animalia miris,
Trunca pedum primo, mox et stridentia pennis
Miscentur, tenuemque magis, magis aera carpunt:
Donec, ut æstivis effusus nubibus imber,
Erupere; aut ut nervo pulsante sagittæ,
Prima leves ineunt si quando prœlia Parthi.
Quis deus hanc, Musæ, quis nobis extudit artem?
Unde nova ingressus hominum experientia cepit?
Pastor Aristæus, fugiens peneia Tempe,
Amissis, ut fama, apibus morboque fameque,
Tristis ad extremi sacrum caput adstitit amnis,
Multa querens, atque hac affatus voce parentem:
« Mater! Cyrene mater! quæ gurgitis hujus
Ima tenes, quid me præclara stirpe deorum,
Si modo, quem perhibes, pater est Thymbræus Apollo,
Invisum fatis genuisti? Aut quo tibi nostri
Pulsus amor? Quid me cœlum sperare jubebas?
En etiam hunc ipsum vitæ mortalis honorem,
Quem mihi vix frugum et pecudum custodia solers
Omnia tentanti extuderat, te matre relinquo.
Quin age, et ipsa manu felices erue silvas,
Fer stabulis inimicum ignem, atque interfice messes,
Ure sata, et validam in vites molire bipennem,
Tanta meæ si te ceperunt tædia laudis. »

At mater sonitum thalamo sub fluminis alti
Sensit. Eam circum milesia vellera Nymphæ

Cependant les chairs s'échauffent et fermentent dans le corps de l'animal. Bientôt, ô prodige! on en voit sortir une foule d'insectes; informes d'abord et sans pieds, puis agitant déjà leurs ailes bruyantes, ils se hasardent de plus en plus, et s'élancent dans les airs. On dirait les torrens d'un orage d'été, ou cette grêle épaisse de traits que lance le Parthe, comme prélude du combat.

Le berger Aristée fuyait les bords du Pénée, après avoir, dit-on, perdu toutes ses abeilles par la maladie et par la faim. Triste, il s'arrêta aux sources sacrées du fleuve, se répandant en plaintes, et s'adressant ainsi à la Nymphe qui lui donna le jour : « O Cyrène! ô ma mère! qui habites au fond de ces eaux, pourquoi m'avoir fait naître du sang des dieux, si, comme tu l'assures, Apollon est mon père, pour être le jouet des destins? Qu'est devenue ta tendresse pour un fils? Ce bien même, le seul qui faisait la gloire de ma vie mortelle, ce bien qu'avec tant de peines m'avaient procuré la culture des champs et les soins donnés à mes troupeaux, je le perds aujourd'hui; et Cyrène est ma mère! achève : de ta main arrache les arbres que j'ai plantés; porte dans mes étables la flamme ennemie; détruis, brûle mes moissons, abats à coups de hache mes jeunes vignes, puisque l'honneur d'un fils touche si peu ton âme. »

Au son de cette voix, dans le fond de sa grotte, Cyrène s'est émue; autour d'elle groupées, les Nymphes

Carpebant, hyali saturo fucata colore,
Drymoque, Xanthoque, Ligeaque, Phyllodoceque,
Caesariem effusae nitidam per candida colla;
Nesaee, Spioque, Thaliaque, Cymodoceque;
Cydippeque, et flava Lycorias, altera virgo,
Altera tum primos Lucinae experta labores;
Clioque et Beroe soror, Oceanitides ambae,
Ambae auro, pictis incinctae pellibus ambae;
Atque Ephyre, atque Opis, et Asia Deiopea,
Et tandem positis velox Arethusa sagittis.
INTER quas curam Clymene narrabat inanem
Vulcani, Martisque dolos et dulcia furta,
Aque Chao densos divum numerabat amores.
Carmine quo captae, dum fusis mollia pensa
Devolvunt, iterum maternas impulit aures
Luctus Aristaei, vitreisque sedilibus omnes
Obstupuere; sed ante alias Arethusa sorores
Prospiciens, summa flavum caput extulit unda,
Et procul: « O gemitu non frustra exterrita tanto,
Cyrene soror; ipse tibi, tua maxima cura,
Tristis Aristaeus, Penei genitoris ad undam
Stat lacrymans, et te crudelem nomine dicit. »
Huic perculsa nova mentem formidine mater:
« Duc age, duc ad nos; fas illi limina divum
Tangere, » ait. Simul alta jubet discedere late
Flumina, qua juvenis gressus inferret. At illum
Curvata in montis faciem circumstetit unda,

faisaient, sur leurs fuseaux, rouler la laine de Milet ; où se mêlaient du vert les nuances les plus douces. Là brillaient Drymo, Xantho, Ligée et Phyllodocé, dont les beaux cheveux flottaient librement sur un cou blanc comme l'albâtre ; Nésée, Spio, Thalie et Cymodocé ; Cydippe, vierge encore, et la blonde Lycoris qui, pour la première fois, venait de connaître les douleurs de Lucine ; Clio, et Béroé sa sœur, vêtues toutes deux de peaux nuancées de diverses couleurs, que relève une teinture d'or ; Éphyre, Opis, Déiopée, fille d'Asias, et l'agile Aréthuse, qui avait pour toujours déposé l'arc et le carquois.

Au milieu d'elles, Clymène racontait les inutiles précautions de Vulcain, les artifices de Mars et ses doux larcins, et, depuis le Chaos, les nombreuses amours des dieux. Attentives à ses récits, les Nymphes laissaient rouler leurs légers fuseaux, lorsqu'une seconde fois les plaintes d'Aristée frappent l'oreille de sa mère. Sur leurs sièges de cristal toutes ont tressailli ; mais, plus prompte, Aréthuse élève au dessus des eaux sa blonde chevelure, et de loin : « Oh ! ce n'est pas en vain que ces gémissemens alarmaient ton cœur, Cyrène, ma sœur ! lui-même, l'objet de ta prédilection, Aristée est là sur les rives du fleuve paternel, triste, baigné de larmes, et te reprochant ta cruauté. » A ces mots, le cœur saisi d'un nouvel effroi, Cyrène s'écrie : « Mon fils ! amène-moi mon fils : mon fils a droit d'entrer dans le palais des dieux. » Elle dit, et ordonne au fleuve de se séparer pour laisser au jeune homme un libre passage : devant lui l'onde s'entr'ouvre, et en montagne se recourbant, le reçoit dans son vaste sein, et le conduit au fond du fleuve.

Accepitque sinu vasto, misitque sub amnem.
Jamque domum mirans genitricis, et humida regna,
Speluncisque lacus clausos, lucosque sonantes,
Ibat, et, ingenti motu stupefactus aquarum,
Omnia sub magna labentia flumina terra
Spectabat diversa locis, Phasimque, Lycumque,
Et caput, unde altus primum se erumpit Enipeus,
Unde pater Tiberinus, et unde Aniena fluenta,
Saxosumque sonans Hypanis, Mysusque Caicus,
Et gemina auratus taurino cornua vultu
Eridanus, quo non alius per pinguia culta
In mare purpureum violentior influit amnis.
Postquam est in thalami pendentia pumice tecta
Perventum, et nati fletus cognovit inanes
Cyrene, manibus liquidos dant ordine fontes
Germanæ, tonsisque ferunt mantilia villis.
Pars epulis onerant mensas, et plena reponunt
Pocula. Panchæis adolescunt ignibus aræ.
Et mater : « Cape mæonii carchesia Bacchi,
Oceano libemus, » ait. Simul ipsa precatur
Oceanumque patrem rerum, Nymphasque sorores,
Centum quæ silvas, centum quæ flumina servant.
Ter liquido ardentem perfudit nectare Vestam;
Ter flamma ad summum tecti subjecta reluxit.
Omine quo firmans animum, sic incipit ipsa :
« Est in carpathio Neptuni gurgite vates
Cæruleus Proteus, magnum qui piscibus æquor

Il s'avance, admirant la demeure de sa mère, et son humide empire; ces lacs renfermés dans de vastes réservoirs, et ces forêts retentissantes. Étonné du bruit de toutes les eaux qui l'entourent, il voit, sous la voûte profonde de la terre, rouler ces fleuves qui se répandent dans les diverses contrées du monde : le Phase, le Lycus, et l'Énipée, de sa source s'élançant avec violence; le Tibre, père des Romains, l'Anio paisible; l'Hypanis, à grand bruit se brisant sur les rochers ; l'Éridan au front de taureau, armé de deux cornes dorées, l'Éridan qui, à travers des plaines fertiles, se précipite, impétueux, dans le sein des mers.

Cependant, Aristée a pénétré dans le palais de sa mère, sous ces voûtes de rocailles suspendues; Cyrène a essuyé les pleurs de son fils; elle l'a rassuré. Les Nymphes, sur ses mains, épanchent une eau pure, et, pour les essuyer, lui présentent de fins tissus. D'autres chargent les tables de mets, et remplissent les coupes. L'encens fume sur les autels. Cyrène alors : « Prends ce vin de Méonie; offrons-en les prémices à l'Océan. » Aussitôt, la première, elle invoque l'Océan, père de toutes choses, et les Nymphes, ses sœurs, protectrices des bois et des fleuves. Trois fois de la liqueur sacrée elle arrose la flamme; trois fois, jusqu'à la voûte, la flamme s'élance brillante. Ce présage la rassure, et elle commence en ces mots :

« Près de Carpathos, dans l'empire de Neptune, habite Protée; c'est lui que nous voyons parcourir les

Et juncto bipedum curru metitur equorum.
Hic nunc Emathiae portus patriamque revisit
Pallenen. Hunc et Nymphae veneramur, et ipse
Grandaevus Nereus. Novit namque omnia vates,
Quae sint, quae fuerint, quae mox ventura trahantur.
Quippe ita Neptuno visum est, immania cujus
Armenta, et turpes pascit sub gurgite phocas.
Hic tibi, nate, prius vinclis capiendus, ut omnem
Expediat morbi causam, eventusque secundet.
Nam sine vi non ulla dabit praecepta, neque illum
Orando flectes : vim duram et vincula capto
Tende ; doli circum haec demum frangentur inanes.
Ipsa ego te, medios quum sol accenderit aestus,
Quum sitiunt herbae, et pecori jam gratior umbra est,
In secreta senis ducam, quo fessus ab undis
Se recipit, facile ut somno aggrediare jacentem.
Verum ubi correptum manibus vinclisque tenebis,
Tum variae illudent species atque ora ferarum.
Fiet enim subito sus horridus, atraque tigris,
Squamosusque draco, et fulva cervice leaena ;
Aut acrem flammae sonitum dabit, atque ita vinclis
Excidet, aut in aquas tenues dilapsus abibit.
Sed, quanto ille magis formas se vertet in omnes,
Tanto, nate, magis contende tenacia vincla ;
Donec talis erit mutato corpore, qualem
Videris, incepto tegeret quum lumina somno. »
Haec ait, et liquidum ambrosiae diffundit odorem,

mers sur un char attelé de chevaux marins ; en ce moment même, il vient revoir et les ports d'Amathie, et Pallène, sa patrie. Toutes les Nymphes le révèrent ; le vieux Nérée lui-même le respecte : car sa science immense embrasse le passé, le présent, l'avenir : c'est un don de Neptune, dont il garde, au fond des mers, les troupeaux et les phoques hideux. Il te faudra, mon fils, le tenir dans des liens, si tu veux qu'il te révèle la cause de cette funeste maladie, et t'en enseigne le remède ; car, sans violence, il ne parlera point. Tes prières ne le fléchiraient pas. Emploie donc la force pour l'enchaîner : contre tes efforts seulement se briseront toutes ses ruses. Moi-même, quand le soleil, au milieu de sa course, lancera tous ses feux, à l'heure où l'herbe meurt desséchée, où le troupeau cherche l'ombre, je te conduirai dans l'asile secret où vient se reposer, au sortir des ondes, le vieillard fatigué : pendant son sommeil, tu le surprendras facilement. Mais quand tu l'auras saisi et enchaîné, il t'échappera sous mille formes effrayantes : sanglier énorme, tigre furieux, dragon couvert d'écailles, lionne à la crinière fauve ; tantôt flamme vive et pétillante, onde légère, sous toutes les faces, il sortira de tes liens. Mais plus il prendra de formes différentes, plus tu auras soin de le serrer étroitement, jusqu'à ce qu'une dernière métamorphose le rende tel qu'il était, quand il commençait à fermer ses yeux au sommeil. »

Elle dit, et verse sur le corps de son fils une es-

Quo totum nati corpus perduxit. At illi
Dulcis compositis spiravit crinibus aura,
Atque habilis membris venit vigor.

Est specus ingens
Exesi latere in montis, quo plurima vento
Cogitur, inque sinus scindit sese unda reductos,
Deprensis olim statio tutissima nautis.
Intus se vasti Proteus tegit objice saxi.
Hic juvenem in latebris aversum a lumine Nympha
Collocat; ipsa procul nebulis obscura resistit.

Jam rapidus torrens sitientes Sirius Indos
Ardebat coelo, et medium sol igneus orbem
Hauserat; arebant herbae, et cava flumina siccis
Faucibus ad limum radii tepefacta coquebant,
Quum Proteus consueta petens e fluctibus antra
Ibat. Eum vasti circum gens humida ponti
Exsultans, rorem late dispergit amarum.
Sternunt se somno diversae in litore phocae.
Ipse, velut stabuli custos in montibus olim,
Vesper ubi e pastu vitulos ad tecta reducit,
Auditisque lupos acuunt balatibus agni,
Considit scopulo medius, numerumque recenset.

Cujus Aristaeo quoniam est oblata facultas,
Vix defessa senem passus componere membra,
Cum clamore ruit magno, manicisque jacentem
Occupat. Ille, suae contra non immemor artis,

sence d'ambroisie qui le couvre tout entier ; de sa chevelure s'exhale une odeur divine, et dans ses membres coule la vigueur avec la souplesse.

Dans les flancs d'une montagne minée par les ans, au pied de laquelle les vagues viennent, poussées par les vents, se briser et former, en se repliant sur elles-mêmes, un double bassin, est un antre profond, où le matelot surpris par la tempête trouve un sûr abri : c'est là que repose Protée à l'ombre d'un immense rocher. Cyrène y place son fils dans l'endroit le plus obscur, et loin du jour ; pour elle, enveloppée d'un nuage, elle se tient à l'écart.

Déja l'ardent Sirius lançait au haut du ciel ces feux qui brûlent l'Indien ; le soleil avait atteint le plus haut point de sa carrière ; l'herbe languissait altérée, et, au fond de leur lit desséché, la chaleur faisait bouillonner le limon des fleuves, lorsque, du sein des mers, Protée s'avance vers son asile accoutumé. Autour de lui, le peuple humide des mers bondit, et fait au loin jaillir une rosée amère. Étendus çà et là sur le rivage, les monstres s'abandonnent au sommeil. Pour lui, semblable au berger vigilant qu'on voit sur les montagnes, au moment où l'astre du soir rappelle au bercail les jeunes taureaux, où les loups s'irritent aux bêlemens des agneaux, il s'assied sur un rocher, et compte son troupeau.

Aristée saisit l'occasion favorable : il laisse à peine au vieillard le temps d'étendre ses membres fatigués, se précipite sur lui avec un grand cri, et le charge de chaînes. Fidèle à ses ruses, Protée prend mille formes merveilleuses : c'est une flamme qui pétille, un lion

Omnia transformat sese in miracula rerum,
Ignemque, horribilemque feram, fluviumque liquentem.
Verum ubi nulla fugam reperit fallacia, victus
In sese redit, atque hominis tandem ore locutus :
« Nam quis te, juvenum confidentissime, nostras
Jussit adire domos? quidve hinc petis? » inquit. At ille :
« Scis, Proteu, scis ipse; neque est te fallere cuiquam.
Sed tu desine velle. Deum præcepta secuti
Venimus hinc lapsis quæsitum oracula rebus. »
Tantum effatus. Ad hæc vates vi denique multa
Ardentes oculos intorsit lumine glauco,
Et graviter frendens, sic fatis ora resolvit :
« Non te nullius exercent numinis iræ.
Magna luis commissa; tibi has miserabilis Orpheus
Haudquaquam ob meritum pœnas, ni fata resistant,
Suscitat, et rapta graviter pro conjuge sævit.
Illa quidem, dum te fugeret per flumina præceps,
Immanem ante pedes hydrum moritura puella
Servantem ripas alta non vidit in herba.
At chorus æqualis Dryadum clamore supremos
Implerunt montes. Flerunt rhodopeiæ arces,
Altaque Pangæa, et Rhesi mavortia tellus,
Atque Getæ, atque Hebrus, et Actias Orithyia.
Ipse cava solans ægrum testudine amorem,
Te, dulcis conjux, te solo in litore secum,
Te veniente die, te decedente, canebat.
« Tænarias etiam fauces, alta ostia Ditis,

qui rugit, un fleuve qui s'écoule. Artifices inutiles ! il cède enfin, il redevient lui-même, et, homme, il fait entendre ces mots :

« Jeune téméraire, qui t'a inspiré de pénétrer dans ma demeure? que me veux-tu ? » Aristée répond : «Vous le savez, Protée, oui, vous le savez; car vous tromper, on ne le pourrait; mais vous-même cessez de me vouloir échapper. C'est par l'ordre des dieux que nous sommes venus vous consulter sur nos malheurs passés. » Il dit. Le dieu, roulant avec violence des yeux enflammés et brillans d'un éclat azuré, révèle en frémissant le secret des destins :

« Un dieu poursuit sur toi la vengeance d'un grand crime. Oui, Orphée a sur ta tête attiré ces malheurs; peine légère pour un tel forfait : rends-en grâces aux destins qui te protègent. Pour échapper à ta poursuite, Eurydice fuyait à pas précipités le long d'un fleuve. Devant elle, était un énorme serpent qui devait lui donner la mort; mais, caché sous l'herbe épaisse du rivage, Eurydice ne le vit pas. Les Dryades, ses jeunes compagnes, de leurs cris douloureux, remplirent les monts voisins; les forteresses du Rhodope, les hauteurs du Pangée, la patrie guerrière de Rhesus, le pays des Gètes, les bords de l'Hèbre, et ceux où fut transportée la belle Orithyie, pleurèrent Eurydice. Lui, avec sa lyre, il consolait son amour malheureux. Et seul avec ses regrets, sur le rivage désert, c'est toi, chère épouse, qu'il chantait au lever du jour; toi, qu'à son déclin il chantait encore.

« Les gouffres du Ténare, les abîmes de Pluton, et

Et caligantem nigra formidine lucum
Ingressus, Manesque adiit, regemque tremendum,
Nesciaque humanis precibus mansuescere corda.
At cantu commotæ Erebi de sedibus imis
Umbræ ibant tenues, simulacraque luce carentum,
Quam multa in silvis avium se millia condunt,
Vesper ubi, aut hibernus agit de montibus imber;
Matres, atque viri, defunctaque corpora vita
Magnanimum heroum, pueri, innuptæque puellæ,
Impositique rogis juvenes ante ora parentum;
Quos circum limus niger, et deformis arundo
Cocyti, tardaque palus inamabilis unda
Alligat, et novies Styx interfusa coercet.
« Quin ipsæ stupuere domus, atque intima lethi
Tartara, cæruleosque implexæ crinibus angues
Eumenides, tenuitque inhians tria Cerberus ora,
Atque Ixionii vento rota constitit orbis.

« Jamque pedem referens, casus evaserat omnes,
Redditaque Eurydice superas veniebat ad auras,
Pone sequens, namque hanc dederat Proserpina legem;
Quum subita incautum dementia cepit amantem,
Ignoscenda quidem, scirent si ignoscere Manes.
Restitit, Eurydicenque suam jam luce sub ipsa
Immemor, heu! victusque animi, respexit. Ibi omnis
Effusus labor, atque immitis rupta tyranni
Fœdera, terque fragor stagnis auditus Avernis.

ces bois remplis d'une sombre horreur, il osa tout affronter; il aborda les Mânes et leur affreux monarque; il parut devant ces divinités qui ne savent point s'attendrir aux prières des mortels. Émues à ses chants, du fond de l'Érèbe les ombres légères accouraient, aussi nombreuses que ces oiseaux qui se réfugient dans les forêts aux approches de la nuit ou d'un orage d'hiver : mères, époux, héros noblement tombés dans les combats; jeunes enfans, jeunes vierges, fils chéris placés sur le bûcher sous les yeux paternels! tristes victimes qu'entourent un noir limon et les hideux roseaux du Cocyte, et qu'enferme neuf fois de ses replis le Styx à l'eau croupissante.

« L'enfer même s'émut : le Tartare fut ébranlé dans ses plus profonds abîmes; les Euménides cessèrent d'irriter les serpens qui ceignent leur tête; et, dans sa gueule béante, Cerbère retint sa triple voix, et le vent laissa reposer la roue d'Ixion.

« Déjà il revenait vainqueur de tous les obstacles; rendue à son amour, Eurydice remontait au séjour de la lumière : elle suivait son époux; ainsi l'avait ordonné Proserpine. Tout à coup sa tendresse imprudente le trahit : faute bien pardonnable, si l'enfer savait pardonner; il s'arrête, et déjà aux portes du jour, oubliant sa promesse et vaincu de son amour, il se retourne : là périssent tant de peines; tout pacte avec Pluton est rompu; trois fois les marais de l'Averne en retentissent de joie.

« Illa : Quis et me, inquit, miseram, et te perdidit,
   Orpheu,
Quis tantus furor! En iterum crudelia retro
Fata vocant, conditque natantia lumina somnus.
Jamque vale. Feror ingenti circumdata nocte,
Invalidasque tibi tendens, heu! non tua, palmas.
Dixit, et ex oculis subito, ceu fumus in auras
Commixtus tenues, fugit diversa; neque illum,
Prensantem nequidquam umbras, et multa volentem
Dicere, præterea vidit; nec portitor Orci
Amplius objectam passus transire paludem.
Quid faceret? Quo se rapta bis conjuge ferret?
Quo fletu Manes, qua numina voce moveret?
Illa quidem stygia nabat jam frigida cymba.

« Septem illum totos perhibent ex ordine menses
Rupe sub aeria deserti ad Strymonis undam
Flevisse, et gelidis hæc evolvisse sub antris,
Mulcentem tigres, et agentem carmine quercus.
Qualis populea mœrens Philomela sub umbra
Amissos queritur fetus, quos durus arator
Observans nido implumes detraxit. At illa
Flet noctem, ramoque sedens miserabile carmen
Integrat, et mœstis late loca questibus implet.

« Nulla Venus, non ulli animum flexere hymenæi.
Solus hyperboreas glacies, Tanaimque nivalem,
Arvaque rhipæis numquan viduata pruinis

« ELLE : Quel dieu, quel délire nous a perdus tous deux ? Voici que de nouveau m'entraînent les destins cruels ; le sommeil ferme mes yeux éteints pour jamais. Adieu ! la mort m'enveloppe de ses ombres ; vainement j'étends vers toi mes faibles bras ! Hélas ! ton Eurydice n'est plus ! Elle dit, et, comme une fumée légère, elle disparaît et s'évanouit dans les airs. En vain Orphée veut saisir son ombre fugitive; en vain il la rappelle; Eurydice ne revit plus Orphée, et le sévère nocher ne lui permit plus de repasser l'onde fatale. Que faire ? deux fois privé d'une épouse chérie, par quels pleurs émouvoir les Mânes, par quels accens fléchir les dieux? Déjà froide, l'ombre d'Eurydice voguait sur la barque du Styx.

« PENDANT sept mois entiers, retiré, dit-on, au pied d'une roche escarpée, sur les rives désertes du Strymon, il pleurait, et redisait aux antres solitaires ces plaintes harmonieuses qui adoucissaient les tigres et entraînaient les forêts. Telle, sous le feuillage d'un peuplier, Philomèle plaintive redemande ses petits, que l'oiseleur impitoyable a surpris et arrachés à leur nid, couverts à peine d'un léger duvet. Pour elle, elle pleure la nuit entière, et, sur un rameau fixée, elle recommence sans cesse son chant de douleur, et de ses tristes accens remplit tous les lieux d'alentour.

« NI l'amour ni l'hymen ne purent vaincre ses regrets. Seul, au milieu des glaces des régions hyperborées, des neiges du Tanaïs, et des plaines riphéennes

Lustrabat, raptam Eurydicem atque irrita Ditis
Dona querens. Spretæ Ciconum quo munere matres,
Inter sacra deum nocturnique orgia Bacchi,
Discerptum latos juvenem sparsere per agros.
Tum quoque marmorea caput a cervice revulsum,
Gurgite quum medio portans OEagrius Hebrus
Volveret, Eurydicen vox ipsa et frigida lingua,
Ah! miseram Eurydicen! anima fugiente, vocabat.
Eurydicen toto referebant flumine ripæ. »

Hæc Proteus, et se jactu dedit æquor in altum;
Quaque dedit, spumantem undam sub vertice torsit.
At non Cyrene; namque ultro affata timentem :
« Nate, licet tristes animo deponere curas.
Hæc omnis morbi causa; hinc miserabile Nymphæ,
Cum quibus illa choros lucis agitabat in altis,
Exitium misere apibus. Tu munera supplex
Tende, petens pacem, et faciles venerare Napæas;
Namque dabunt veniam votis, irasque remittent.
Sed, modus orandi qui sit, prius ordine dicam.
Quatuor eximios præstanti corpore tauros,
Qui tibi nunc viridis depascunt summa Lycæi,
Delige, et intacta totidem cervice juvencas.
Quatuor his aras alta ad delubra dearum
Constitue, et sacrum jugulis demitte cruorem,
Corporaque ipsa boum frondoso desere luco.
Post, ubi nona suos aurora ostenderit ortus,

toujours couvertes de frimas, il errait, reprochant aux dieux la perte d'Eurydice, et à Pluton ses inutiles faveurs. Irritées de ses dédains, les femmes de Thrace le saisirent au milieu des orgies sacrées, des mystères nocturnes de Bacchus, le mirent en pièces, et, dans les champs, jetèrent ses membres mutilés. Alors même que, séparée de son cou d'albâtre, la tête d'Orphée flottait sur les ondes de l'Hèbre, Eurydice! répétait sa voix expirante et sa langue glacée! ah! malheureuse Eurydice! murmurait son dernier soupir; et les rivages au loin redisaient : Eurydice! »

Ainsi parle Protée, et il se replonge au sein des mers, faisant, à l'endroit où il s'élance, tournoyer du gouffre les ondes écumantes. Cyrène ne quitte point son fils, et le rassure en ces mots : « Mon fils, bannis tes craintes et ta tristesse. Tu connais la cause de tes malheurs : les Nymphes qui formaient, avec Eurydice, des danses dans les bois sacrés, ont, sur tes abeilles, envoyé ce fléau. Offre-leur des prières et des présens : avec des respects, tu les apaiseras aisément; elles écouteront tes vœux, et oublieront leur courroux. Mais apprends d'abord comment tu dois les invoquer. Parmi les troupeaux que tu nourris sur les verts sommets du mont Lycée, choisis quatre taureaux d'une beauté remarquable, et autant de génisses dont la tête soit vierge du joug. Élève ensuite quatre autels devant le temple des Nymphes, fais-y couler en hommage le sang des victimes; puis, dans la forêt, abandonne leurs cadavres. Quand la neuvième aurore reparaîtra sur l'horizon, tu offriras, comme expiation, aux mânes d'Orphée des pa-

Inferias Orphei lethæa papavera mittes,
Placatam Eurydicen vitula venerabere cæsa,
Et nigram mactabis ovem, lucumque revises. »
Haud mora; continuo matris præcepta facessit.
Ad delubra venit; monstratas excitat aras;
Quatuor eximios præstanti corpore tauros
Ducit, et intacta totidem cervice juvencas.
Post, ubi nona suos aurora induxerat ortus,
Inferias Orphei mittit, lucumque revisit.
Hic vero, subitum ac dictu mirabile monstrum!
Adspiciunt liquefacta boum per viscera toto
Stridere apes utero, et ruptis effervere costis,
Immensasque trahi nubes, jamque arbore summa
Confluere, et lentis uvam demittere ramis.
Hæc super arvorum cultu pecorumque canebam,
Et super arboribus, Cæsar dum magnus ad altum
Fulminat Euphraten bello, victorque volentes
Per populos dat jura, viamque affectat Olympo.

Illo Virgilium me tempore dulcis alebat
Parthenope, studiis florentem ignobilis oti,
Carmina qui lusi pastorum, audaxque juventa,
Tityre, te patulæ cecini sub tegmine fagi.

vots, aux mânes d'Eurydice une génisse et une noire brebis. »

Elle dit ; aussitôt le berger exécute ses conseils. Il se rend au temple, élève quatre autels, tels qu'on les lui a indiqués, et y conduit quatre taureaux d'une éclatante beauté, et quatre génisses, vierges encore du joug. Ensuite, quand la neuvième aurore a paru, il offre aux mânes d'Orphée l'hommage prescrit, et rentre dans la forêt sacrée. Tout à coup, prodige incroyable ! des entrailles corrompues des victimes, et à travers la peau qu'ils brisent, s'élancent en bourdonnant des essaims d'abeilles, qui s'élèvent dans les airs comme un nuage immense, et, réunis au sommet d'un arbre voisin, s'y suspendent en grappes de raisin, et font plier les branches.

Ainsi je chantais les champs, les troupeaux et les bois, tandis que, sur les rives de l'Euphrate, César lançait la foudre des combats ; que, vainqueur, il voyait les peuples d'eux-mêmes se soumettre à ses lois, et marchait à grands pas vers l'immortalité.

Alors, la douce Parthénope me nourrissait dans les délices de l'étude et d'un obscur loisir, moi, ce même Virgile, qui ai chanté les combats des bergers, et, dans ma jeune audace, me suis avec toi, Tityre, étendu sous l'ombrage d'un hêtre.

NOTES

DES BUCOLIQUES.

ÉGLOGUE PREMIÈRE.

César Octavien, surnommé depuis Auguste, et Antoine son collègue, après avoir détruit, à la bataille de Philippes, le parti de Brutus et de Cassius, donnèrent pour récompense aux vétérans qui les avaient servis dans cette guerre, les biens de ceux qui avaient embrassé le parti contraire. La ville de Crémone s'était déclarée pour Brutus : on en distribua donc le territoire aux vieux soldats des triumvirs ; et, ce territoire ne pouvant suffire, on y ajouta celui de Mantoue :

Mantua, væ miseræ nimium vicina Cremonæ.

Le petit domaine du père de Virgile, situé aux environs d'Andès, fut enveloppé dans ce partage. Déjà un centurion, nommé Arius, et, suivant d'autres, un vétéran, nommé Claudius, s'y était établi. Virgile, par le crédit de Pollion, qui alors commandait quelques légions dans la Gaule Cisalpine, où était située Mantoue, et de Quintilius Varrus, qui présidait à la distribution des terres, obtint du jeune Octavien le rétablissement de son père dans son modeste domaine. Cette églogue est un chant de reconnaissance, et un remerciment à César.

Trois personnages figurent dans cette scène pastorale : le père de Virgile, sous le nom de Tityre ; Amaryllis et Galatée représentent Rome et Mantoue, et aussi deux campagnes, qu'a eues successivement Tityre pendant son esclavage. Il faut convenir, avec Heyne[1], que cette allégorie n'est pas bien soutenue. Le sens réel,

---

[1] Comparatio autem, seu allegoria, non ubique commode procedit. (*Argum.* Eclogæ primæ, p. 75, edit. Lem.)

mêlé au sens caché, produit quelquefois une confusion difficile, sinon impossible à éclaircir. Cette églogue, du reste, semble, en beaucoup de passages, s'éloigner du sens pastoral; et déjà l'on sent que Virgile va quitter ce qu'il chante.

Marot a traduit en vers cette première églogue.

1. — Page 4. *Sæpe sinistra cava prædixit ab ilice cornix.*

Sinistra. Les signes qui paraissaient à la gauche étaient, d'ordinaire, regardés comme mauvais : de là *lævus* malheureux, et *dexter* heureux.

Delille a dit :

> La superstition sied bien au paysage.

Quelques commentateurs ont pensé que ce vers avait été interpolé; nous ne voyons, ni dans les expressions ni dans la pensée, rien qui le rende indigne de Virgile.

2. — Page 4. *Libertas, quæ sera tamen respexit inertem.*

André Chénier, a, dans son Églogue sur la *Liberté*, reproduit quelques-unes des idées que Virgile développe ici.

3. — Page 6. *Fortunate senex, ergo tua rura manebunt!*
   Et tibi magna satis..................

Malheur à ceux qui ne sentent pas le charme de ces vers! (FÉNELON, *Lettre* à l'Académie française, *sur l'éloquence*.)

4. — Page 10. *Majoresque cadunt altis de montibus umbræ.*

> .... Et déjà les vallons
> Voyaient l'ombre en croissant tomber du haut des monts.
> (LA FONT., *Philémon et Baucis*.)

ÉGLOGUE DEUXIÈME.

Virgile, suivant les commentateurs, aurait voulu obtenir de Pollion un jeune esclave, nommé Alexandre, pour l'instruire dans l'art d'Apollon et des Muses, et il aurait peint cette double passion de science et d'amour, sous les noms d'Alexis (Alexandre) et Corydon (Virgile). Nous croyons, avec M. de Langeac, que Virgile n'a eu ici d'autre intention que celle d'imiter Théocrite, dont, en cette églogue, il a presque littéralement reproduit le *Cyclope*.

1. — Page 12. *O formose puer, nimium ne crede colori.*
Alba ligustra cadunt, vaccinia nigra leguntur.

Nec violæ semper, nec hiantia lilia florent,
Et riget amissa spina relicta rosa.
(Ovide.)

Collige, virgo, rosas, dum flos novus et nova pubes,
Et memor esto ævum sic properare tuum.
(Ausone.)

2. — Page 14. *Amphion Dircæus in Actæo Aracyntho.*

Dircæus, de Dircé, fontaine célèbre de la Béotie. Le mont Aracynthe était voisin de Thèbes, et s'étendait jusqu'au rivage de la mer : de là *actæus*, d'ἀκτή, rivage.

3. — Page 14. *Jam pridem a me illos abducere Thestylis orat;*
Et faciet, quoniam sordent tibi munera nostra.

Segrais a heureusement développé cette pensée :

Je ne m'en dédis point ; je n'aimerai que vous ;
Mais Iris m'assurait d'un empire plus doux ;
Et je me sens si las de votre tyrannie,
Que presque j'ai regret à la fière Uranie ;
J'ai regret à Phyllis, encor qu'elle aime mieux
L'indiscret Alidor, la honte de ces lieux,
Qu'elle soit mille fois plus changeante que l'onde,
Qu'elle soit brune encore, et que vous soyez blonde.
(1re *Églogue*.)

4 — Page 16. . . . . *Habitarunt di quoque silvas,*
Dardaniusque Paris. Pallas, quas condidit, arces
Ipsa colat ; nobis placeant ante omnia silvæ.

    Que Pallas fasse cas de ses villes gentilles
    Qu'elle a voulu garder : je n'aime point les villes;
    Surtout j'aime les champs : Adon les aima bien;
    Ainsi fit bien Pâris, le beau Dardanien.
                       (BAÏF, *les Souhaits.*)

    Climène, il ne faut pas mépriser nos bocages,
    Les dieux ont autrefois aimé nos pâturages;
    Et leurs divines mains, aux rivages des eaux,
    Ont porté la houlette et conduit les troupeaux.
    L'aimable déité qu'on adore à Cythère,
    Du berger Adonis se faisait la bergère.
    Hélène aima Pâris, et Pâris fut berger;
    Et berger, on le vit, les déesses juger.
           (SEGRAIS, *Climène*, 1re Églogue.)

ÉGLOGUE TROISIÈME.

Le sujet de cette églogue est emprunté à la quatrième et à la cinquième idylles de Théocrite. Deux bergers s'attaquent et se répondent en vers tour-à-tour. Ces combats, ou du moins cette facilité de poésie, se retrouvent encore sous le ciel d'Italie : les *improvisatori* ont remplacé ces inspirations soudaines de la muse pastorale. Fontenelle a imité cette églogue.

1. — Page 20. *Dic mihi, Damœta, cujum pecus?*. . . . .

Cujus, a, um, vieux pronom que l'on trouve dans Plaute et dans Térence.

2. — Page 24. *Insanire libet quoniam tibi*. . . . .

Un religieux de Saint-Victor ayant montré à Santeuil des vers où se trouvait le mot *quoniam*, Santeuil, dont ce mot blessait l'oreille délicate, se mit à lui réciter, dans sa colère, le psaume *Con-*

fitebor domino, quoniam bonus, dans lequel se trouve vingt fois le mot *quoniam.* Le religieux se contenta de lui répondre par cette citation : *Insanire libet quoniam tibi.*

ÉGLOGUE QUATRIÈME.

CETTE églogue, nous l'avons dit dans notre *Étude sur Virgile,* a épuisé les recherches des hommes pieux et des grammairiens. Lactance[1] a vu la prophétie de la naissance de Jésus-Christ, dans celle de l'enfant chanté par Virgile; Constantin[2], dans un discours pour la fête des Saints, a développé cette pensée. Parmi les modernes, Vernsdorf[3], Chandler[4], Whiston[5], Cudworth[6], Lowth[7], se sont rangés à cette opinion, et l'ont soutenue de toutes les ressources de leur pieux savoir. Heyne même, qui l'a combattue, a cependant rassemblé les faits historiques qui peuvent, sinon la rendre évidente, du moins probable. D'un autre côté, l'érudition s'est fatiguée à trouver l'enfant profane auquel elle pût de tous points appliquer cette prophétie; Nauzé[8], et avant lui Boulacre[9], et après eux Sam. Henley, des Vignoles[10], Binet, y ont vainement torturé leur esprit et l'histoire.

Heyne, qui a rassemblé toutes ces conjectures et les a réfutées, ne voit dans ce bonheur d'un siècle à venir, dans la naissance d'un enfant mystérieux, que le thème facile, que l'idéal convenu d'un âge

---

[1] *Instit.,* VII, 24.
[2] EUSEBII libris *de Vita Constantini,* c. 19, sqq.
[3] *Poet. min.,* t. IV, p. 767, sqq.
[4] *Chandler's Vindication of the defense of Christianity book,* II, ch. 2, sect., et t. II, *post-script.,* p. 44.
[5] *Whiston's supplement to the literal accomplishment of scripture prophecies,* p. 94, sq.
[6] *Systema intellect.,* c. IV, 5, 16.
[7] *Prælect.,* XXI.
[8] *Mém. de l'Acad. des Inscriptions,* t. XXXI.
[9] *Bibliothèque française,* t. XXVIII, p. 243.
[10] *Chronologie de l'Histoire Sainte,* t. II, p. 710-711.

d'or imaginaire. De là, suivant lui, dans Virgile, ces images qui semblent empruntées aux livres sacrés; de là cette ressemblance entre Isaïe et le chantre de Pollion [1]. Il y a, ce nous semble, dans les vers de Virgile, plus qu'un lieu commun de félicité universelle. Sacrée ou profane, obscure ou manifeste, l'inspiration du poète a un motif et un but directs, et une plus haute portée. Nous avons dit, dans notre *Étude*, nos croyances, ou, si mieux on aime, nos conjectures.

Calpurnius (*Eclog.* 1, v. 36 sqq.) a imité cette églogue. Pope a aussi composé une églogue sur la venue du Messie.

Voici la traduction que fit faire de cette églogue Constantin. Le chiffre indique le vers latin auquel répond le vers grec :

1. Σικελίδες Μοῦσαι, μεγάλην φάτιν ὑμνήσωμεν.

4. Ἦλυθε Κυμαίου μαντεύματος εἰς τέλος ὀμφή.
5. Οὗτος ἄρ' αἰώνων ἱερὸς στίχος ὤρνυται ἡμῖν.
6. Ἥκει παρθένος αὖτις ἄγουσ' ἐρατὸν βασιλῆα.
7. Ἔνθεν ἔπειτα νέων πληθὺς ἀνδρῶν ἐφαάνθη.
8. Τὸν δὲ νεωστὶ πάϊν τεχθέντα, Φαεσφόρε Μήνη,
9. Ἀντὶ σιδηρείης χρυσῆν γενεὴν ὀπάσαντα,
10. Προσκύνει . . . . . .

13. Τοῦδε γὰρ ἄρχοντος, τὰ μὲν ἕλκεα πάντα βρότεια
14. Ἀλγεά τε στοναχαί τε κατευνάζονται ἀλιτρῶν.
15. Λήψεται ἀφθάρτοιο θεοῦ βίοτον, καὶ ἀθρήσει
16. Ἥρωας σὺν ἐκείνῳ ἀολλέας, ἠδὲ καὶ αὐτὸς
    Πατρίδι καὶ μακάρεσσιν ἐελδομένοισι φανεῖται,
17. Πατροδότοις ἀρετῇσι κυβερνῶν ἡνία κόσμου.
18. Σοὶ δ' ἄρα, παῖ, πρώτιστα φύει δωρήματα γαῖα,
19. 20. Βάκχαριν ἠδὲ κύπειρον, ὁμοῦ κολοκάσσι' ἀκάνθῳ.
21. Σοὶ δ' ἄρα, παῖ, χίμαροι μαστοὺς καταβεβριθυῖαι
    Αὐτόματοι γλυκὺ νᾶμα συνεκτελέουσι γάλακτος.
22. Οὐδὲ θέμις ταρβεῖν βλοσυροὺς ἀγέλῃσι λέοντας.
23. Φύσει δ' εὐώδη τὰ σπάργανα ἄνθεα. αὐτὴ
24. Ὄλλυτο ἰοβόλου φύσις ἑρπετοῦ· ὄλλυτο ποίη
25. Λοίγιος· Ἀσσύριον θάλλει κατὰ τέμπε' ἄμωμον.
26. Αὐτίκα δ' ἡρώων ἀρετὰς πατρός τε μεγίστου

---

[1] Non adeo mirabitur, adumbratas esse in hoc carmine, ut in tot aliis, rerum species ac formas ex aetate aurea iisque similes, quæ in hebraicis vatibus occurrunt. (POLLIO, *Argum.*, edit. LEM.).

27. Ἔργ' ὑπερηνορίῃσι κεκασμένα πάντα μαθήσῃ·
28. Πρῶτα μὲν ἀνθερίκων ξανθῶν ἤχθοντο ἀλωαί,
29. Ἐν δ' ἐρυθροῖσι βάτοισι παρήορος ἥλδανε βότρυς,
30. Σκληρῶν δὲ πεύκης λαγόνων μέλιτος ῥέε νᾶμα.
31. Παῦρα δ' ὅμως ἴχνη προτέρας περιλείπεται ἄτης·
32. Πόντον ἐπαῖξαι, περί τ' ἄστεα τείχεσι κλεῖσαι,
33. Ῥῆξαί τ' εἰλιπόδων ἑλκύσμασι τέλσον ἀρούρης.
34. Ἄλλος ἔπειτ' ἔσται Τῖφυς καὶ Θεσσαλὶς Ἀργὼ
35. Ἀνδράσιν ἡρώεσσιν ἀγαλλομένη· πολέμου δὲ
36. Τρώων καὶ Δαναῶν πειρήσεται αὖθις Ἀχιλλεύς.
37. Ἀλλ' ὅτ' ἂν ἠνορέης ὥρη καὶ καρπὸς ἵκηται,
38. Οὐχ ὁσίη ναύτῃσιν ἀλιτρύτοις ἀλάλησθαι,
39. Φυομένων ἀμυδις γαίης ἄπο πίονι μέτρῳ·
40. 41. Ἀγρὸς δ' ἄσπαρτος καὶ ἀνήροτος· οὐδὲ μὲν ἀκμὴν
Ὀτραλέου δρεπάνοιο ποθησέμεν ἄμπελον οἶμαι·
42. Οὐδ' ἐρίων δεύοιτο βροτὸς πόκον· αὐτόματος δὲ
43. 44. Ἀργεῖος Τυρίοισι παρατρέψει λιβάδεσσι·
45. Σάνδυκι πορφυρέῳ λάχνην ῥυπόεσσαν ἀμείβων.

48. Ἀλλ' ἄγε τιμῆεν σκῆπτρον βασιληίδος ἀρχῆς
49. Δεξιτερῆς ἀπὸ πατρὸς ἐπιβρεμέταο δέδεξο·
50. Κόσμου κητώεντος ὅρα εὔπηκτα θέμεθλα,
51. Χαρμοσύνην γαίης τε καὶ οὐρανοῦ ἠδὲ θαλάσσης,
52. Γηθόσυνόν τ' Αἰῶνος ἀπειρεσίου λάσιον κῆρ.
53. Εἴθε με γηραλέον ζῶντά τ' ἔχε νήδυμος ἰσχὺς
54. Σὴν ἀρετὴν κελαδεῖν, ἐφ' ὅσον δύναμίς γε παρείη·
55. Οὐκ ἄν με πλήξειεν ὁ Θρῃκῶν δῖος ἀοιδός,
56. 58. Οὐ Λίνος, οὐ Πὰν αὐτός, ὃν Ἀρκαδίη τέκετο χθών·
59. Ἀλλ' οὐδ' αὐτὸς ὁ Πὰν ἀνθέξεται εἵνεκα νίκης·
60. Ἄρχεο μειδιόωσαν ὁρῶν τὴν μητέρα κεδνὴν
61. Γνωρίζειν· ἢ γάρ σε φέρεν πολλοὺς λυκάβαντας·
62. Σοὶ δὲ γονεῖς οὐ πάμπαν ἐφημέριοι ἐγέλασσαν·
63. Οὐδ' ἥψω λεχέων, οὐδ' ἔγνως δαῖτα θάλειαν.

ÉGLOGUE CINQUIÈME.

Cette églogue a, comme la précédente, beaucoup exercé les commentateurs. Qui faut-il voir dans Daphnis ? Jules César, sa mort et son apothéose ? Flaccus, frère de Virgile, Quinctilius de

Crémone, ou Quinctilius Varus? ou bien encore Saloninus, fils de Pollion? rien de tout cela; mais tout simplement une imitation de la première et de la vingt-neuvième idylles de Théocrite. C'est en effet un texte habituel à la poésie pastorale, que ces louanges de Daphnis, célèbre entre tous les bergers antiques par ses chants, ses amours et ses malheurs [1]. Milton, dans son églogue intitulée *Lycidas*, Pope, dans l'*Hiver*, ont imité Virgile.

1. — Page 40. . . . . *Si quos aut Phyllidis ignes*,
Aut Alconis habes laudes, aut jurgia Codri.

Phyllis, fille de Lycurgue, roi de Thrace, se croyant abandonnée de Démophoon qu'elle aimait, se pendit de désespoir, et fut changée en amandier. *Alcon*, célèbre archer qui, trouvant son fils enveloppé d'un serpent prêt à le dévorer, tira si juste sur ce reptile monstrueux, qu'il le tua d'un coup de flèche sans blesser son fils; c'est le Guillaume Tell de l'antiquité. *Codrus*, roi d'Athènes; on connaît son dévouement, et le *jurgia* qui lui valut volontairement la mort. Peut-être aussi *Phyllis* n'est-elle qu'une simple bergère; *Alcon* un fameux sculpteur et *Codrus* un berger, dont Virgile vante ailleurs (*Églogue* VIIe) le talent pour la poésie.

2. — Page 42. . . . . *Thiasos inducere Bacchi.*

On appelait *Thiasos* les chœurs qui célébraient par des danses et des chants les fêtes de Bacchus.

3. — Page 44. *Formosi pecoris custos.* . . . .

Binet, qui voit César dans *Daphnis*, fait cette remarque : « Ce troupeau est le peuple romain, dont il fut le gardien, et en même temps l'individu le plus distingué. »

4. — Page 46. . . . . *Et quum lustrabimus agros.*

C'étaient les fêtes Ambarvales, que Virgile décrit au livre Ier des *Géorgiques*, v. 343 :

Cuncta tibi Cererem pubes agrestis adoret.

---

[1] Vid. *de eo* Servius ad *Ecl.*, VIII, 68; Diodor., IV, 84; et Ælian., *Var. Hist.* X, 18; *H. An.* XI, 13, et ibi inttpp.; Schol. Theocr., *Id.* VIII.

ÉGLOGUE SIXIÈME.

Cette églogue est un magnifique abrégé de la doctrine des poètes et des philosophes anciens sur l'origine du monde. Une vieille tradition attribuait à Silène une haute science dans les questions naturelles et philosophiques[1]. De là, le nom sous lequel Virgile a résumé sa pensée morale et poétique. Il y a, dans cette églogue, tout un monde mythologique et scientifique, qui a disparu sous les fictions plus récentes de la Grèce : monde primitif dont l'histoire s'est perdue avec celle des races cyclopéennes. La poésie grecque, en effet, cache une autre poésie plus vieille et plus savante, comme le sol hellénique renferme des monumens plus instructifs, plus éloquens que ceux dont il montre encore les débris. Cette poésie primitive, ces monumens enfouis ont le secret du passé : nous fouillons à grands frais les ruines du Latium ; mais les origines du Latium, elles-mêmes, sont ailleurs; il faut aller les chercher sur les traces cyclopéennes, dans les flancs de la Grèce, ou plutôt dans l'Asie. Là, on les trouverait, avec le berceau de l'humanité, sous les hiéroglyphes des Pyramides et dans les sanctuaires de Memphis :

       Antiquam exquirite matrem.

---

[1] Fuit autem antiquissima aliqua reconditior fabula de Sileni philosophia et super res naturales et ethicas disputationibus; neque vanum est, quod Servio insertum est ad v. 13 : *Sane hoc de Sileno non dicitur fictum a Virgilio, sed a Theopompo translatum. Is enim apprehensum Silenum a Midœ regis pastoribus dicit crapula madentem et ex ea soporatum ; illos dolo aggressos dormientem vinxisse, postea vinculis sponte labentibus liberatum de rebus naturalibus et antiquis Midœ interroganti respondisse.* Locus fuit hac de re classicus in Theopompi *Thaumasiis* : unde excerpta particula apud Ælian. *Var. Hist.* iii, 18, ubi vid. intrpp. et quos laudant. Apposita ibi narratio sophista aliquo dignior de terra Meropide in Oceano sita mythice exornata. Antiquior tamen et ex domesticis Phrygum de Mida fabulis ducta mythi auctoritas fuit; saltem Pindari (*Fragm.* clii, p. 148); nam, quod ille Silenum cum Olympo confabulantem induxit, conjunctum cum illo fuit; est enim Olympus Marsyæ Phrygis alumnus. (Heyne, *Sileni argument.*)

1. — Page 50. *Prima syracosio dignata est ludere versu*
   Nostra, nec erubuit silvas habitare, Thalia.

Virgile, le premier, chez les Romains, composa des pastorales à l'exemple de Théocrite, qui était de Syracuse; *syracosio versu*. — *Thalia*, l'une des neuf Muses; elle présidait à la comédie et à la poésie lyrique. Apollonius veut qu'elle ait inventé l'agriculture et la géométrie. On a aussi pensé que Thalie devait être prise ici pour la Muse de la comédie; la pastorale, telle que l'ont faite Virgile et Théocrite, étant presque toujours une véritable scène (Michaud, *Remarq. sur la* vi[e] *Églogue*). Ici elle est prise pour la *Muse* en général : *Omnino pro Musa dicta videri potest; etsi ea proprie hic memorata, quia bucolicum carmen ejus fidei ac præsidio creditum habebatur.* (Heyne.)

2. — Page 50. *Quum canerem reges et prœlia, Cynthius aurem*
   Vellit, et admonuit.................

Nous avons déjà, dans notre *Étude*, cité ces vers comme une preuve qu'avant d'entreprendre l'*Énéide*, Virgile avait essayé quelques sujets épiques, et qu'il les avait abandonnés, moins peut-être par la difficulté de les traiter et de plier à la poésie la rudesse des noms antiques, que par la crainte de déplaire à Auguste; cette conjecture acquerra plus de probabilité encore, si l'on réfléchit que c'est ici Apollon *Cynthius*, qui rappelle à Virgile qu'un berger se doit à de plus modestes chansons : *deductum dicere carmen*. Or, Auguste était désigné sous le nom d'Apollon; c'est ainsi qu'Horace le représente :

> Cui dabit partes scelus expiandi
> Jupiter ? tandem venias, precamur,
> Nube candentes humeros amictus,
>   Augur Apollo.
>   (*Od.* ii, l. 1.)

3. — Page 50. ....*Qui dicere laudes,*
   Vare, tuas cupiant,..........

Varus, à qui Virgile adresse ces éloges, est le même qui périt en Germanie avec trois légions, l'an de Rome 762. On sait que, dans le trouble de sa pensée, Auguste errait dans son palais, s'écriant : *Varus, rends-moi mes légions.*

4. — Page 50. ..... *Chromis et Mnasylus in antro.*

Quelques interprètes ont vu, sous ces deux noms, Virgile et Varus ; et dans Silène, le philosophe *Scyron*, leur maître commun ; et, pour mieux lui appliquer les traits de Silène, ils ont supposé qu'il pouvait, quoique savant, être sujet au vin (BINET). Heyne, et avant lui Servius, avaient, avec plus de raison, reconnu dans ces deux mots *Chromis et Mnasylus*, des noms de Satyres ou de Faunes.

5. — Page 52. *Nec tantum Rhodope miratur et Ismarus Orphea.*

Rhodope, *Ismarus*, montagnes de la Thrace, rendues célèbres par la lyre d'Orphée.

6. — Page 52. *Namque canebat, uti magnum per inane coacta.*

Avant Virgile, Apollonius de Rhodes et Lucrèce ; après lui, Tibulle et Ovide ont chanté l'origine du monde, que la *Genèse* a si magnifiquement exposée.

7. — Page 52. *Hinc lapides Pyrrhœ jactos, Saturnia regna,*
Caucasiasque refert volucres, furtumque Promethei.
His adjungit, Hylan...................

Après le déluge, Deucalion et Pyrrha sa femme, réfugiés seuls sur le Parnasse, repeuplèrent la terre, en jetant, suivant le conseil de l'oracle, par dessus leur tête, les os de leur père, c'est-à-dire les cailloux qui sont comme les os de la terre. — *Saturnia regna*, l'âge d'or. — *Furtumque Promethei*. Prométhée ayant dérobé le feu du ciel, Jupiter l'en punit en le faisant attacher par Vulcain sur le Caucase, où un vautour lui rongeait le foie. — *Voir* ESCHYLE, VIRGILE (l. VI) ; HORACE :

>Audax Iapeti genus
>Ignem fraude mala gentibus intulit.
>(*Od.* III, l. I.)

— *Hylas*, jeune compagnon d'Hercule dans l'expédition des Argonautes.

8. Page 52. *Pasiphaen nivei solatur amore juvenci.*

Pasiphaé était femme de Minos, roi de Crète, mère de Phèdre, d'Ariadne et d'Androgée. — *Solatur amore juvenci*; elegantissima conversio, dit Heyne, pro eo, quod simpliciter erat, *Pasiphaes amores canit;* nous croyons que ni Heyne, ni les traducteurs qui nous ont précédé, n'ont saisi le vrai sens de ces mots, qui ne sont pas une simple élégance poétique, mais qui, littéralement traduits, signifient : « il te console par l'amour, c'est-à-dire en offrant à ton amour un taureau plus blanc que la neige », expressions exactes d'une passion monstrueuse, il est vrai, mais qu'il fallait faire comprendre cependant.

9. — Page 54. *Prœtides implerunt falsis mugitibus agros.*

Prœtides, les filles de Prétus, roi d'Argos. Junon, irritée de ce qu'elles s'étaient comparées à elle pour la beauté, les frappa d'une singulière folie : elles se crurent *vaches*.

10. — Page 54. . . . . *Stabula ad gortynia vaccæ.*

Gortyne, ou Corsyne, ville de Crète, près de laquelle se trouvaient d'excellens pâturages, où, suivant la fable, avaient coutume de paître les chevaux du Soleil.

11. — Page 54. . . . . *Hesperidum miratam mala puellam.*

Atalante, fille de Schenée, roi de l'île de Scyros. Il fallait, pour l'épouser, la vaincre à la course. Hippomène la vainquit en jetant dans la carrière quelques oranges, qu'elle voulut ramasser. — *Hesperidum;* les Hespérides étaient filles d'Hesperus, frère d'Atlas. Les poètes leur donnent, dans la Mauritanie, un beau jardin gardé par un dragon que tua Hercule.

12. — Page 54. . . . . . . *Errantem Permessi ad flumina Gallum.*

Ce *Gallus* est le même que celui auquel est consacrée la dixième églogue. On peut supposer, d'après les vers de Virgile, qu'il avait composé quelques poésies sur l'agriculture et dans le genre de la *Théogonie* d'Hésiode. Il ne nous reste de Gallus qu'une seule élégie, qui nous peut faire regretter ce que nous avons perdu.

13. — Page 54. *Ascræo quos ante seni*..................

Hésiode d'Ascra, ville de Béotie.

14. — Page 54. .... *Grynei nemoris dicatur origo.*

La forêt de Grynée était dans l'Éolide; Apollon y avait un temple, et y rendait des oracles. Gallus, dans des vers traduits d'Euphorion, avait célébré la forêt de Grynée, les oracles et le temple d'Apollon.

15. — Page 56. *Quid loquar, aut Scyllam Nisi*.........

Il y avait deux *Scylla*, l'une fille de Nisus, l'autre fille de Phorcus.

16. — Page 56. ...... *Mutatos Terei narraverit artus?*
Quas illi Philomela dapes, quæ dona pararit?

Térée, roi de Thrace, avait épousé Progné, fille de Pandion, de laquelle il avait eu un fils, nommé Itis. Épris ensuite d'une violente passion pour Philomèle, sa belle-sœur, il la viola, et après lui avoir coupé la langue, pour qu'elle ne pût divulguer cet horrible secret, il l'enferma dans une prison. Mais Philomèle parvint à instruire Progné, sa sœur, de cet attentat. Furieuse, Progné égorgea son fils Itis, le mit en morceaux; et, ainsi mutilé, les deux sœurs le servirent à son père, dans un repas. A la fin de ce repas, elles lui présentèrent la tête d'Itis. Térée s'élance sur elles pour les tuer, mais elles lui échappent; changées l'une en rossignol, l'autre en hirondelle; Itis fut métamorphosé en faisan; Térée lui-même en huppe:

Et quibus ante
Infelix sua tecta super volitaverit alis.

17. — Page 56. ....*Beatus*
Audiit Eurotas..............

Eurotas, fleuve de Laconie, qui prend sa source dans l'Arcadie. Apollon, durant son exil, y fit, dit-on, paître les troupeaux; c'est sur les bords de l'Eurotas que, jouant avec le jeune Hyacinthe, il le tua, sans le vouloir, d'un coup de palet.

On le voit : cette églogue est pleine des mythes anciens ; c'est un rapide, mais curieux tableau de cette histoire primitive, qui s'était conservée, bien que défigurée, dans les fables nouvelles de la Grèce. Si Fontenelle et Heyne eussent saisi cette haute et profonde pensée de Virgile, ils ne lui eussent pas reproché d'entasser sans ordre des fables sans intérêt. « En vérité, je ne sais du tout ce que c'est que cette pièce-là ; je ne conçois point quel en est le dessein, ni quelle liaison les parties ont entre elles. C'est Silène qui fait seul ce discours bizarre. Virgile dit que le bonhomme avait beaucoup bu le jour précédent; mais ne s'en sentait-il pas encore un peu? » (FONTENELLE, *Discours sur la nature de l'Églogue.*) — *Mythos tam promiscue memoratos, ut nec delectus, nec ordinis, ullam rationem idoneam reperire queas.* (HEYNE.)

ÉGLOGUE SEPTIÈME.

CETTE églogue est imitée de la sixième idylle de Théocrite. Le lieu où sont assis les bergers, leur jeunesse, leur adresse dans le combat du chant, les douces et fraîches images qui les entourent, tout contribue à répandre sur le début de cette églogue la vie et l'intérêt.

1. — Page 60. *Nymphæ, noster amor, Libethrides*..........

Libethrides. Les Muses sont ainsi nommées du nom d'une source située en Béotie, près du mont Hélicon.

2. — Page 60. *Aut, si ultra placitum laudarit, baccare frontem
    Cingite*.....................

Cet *ultra placitum* a beaucoup exercé et partagé les traducteurs et commentateurs : « *Ultra placitum*, si plus quam ipsi placet, h. videtur, laudamur ab eo ; si Codrus nos immodice et præter veritatem laudat. Est autem fascini genus notum, ut immodica laude efferantur ea, quibus quis invideat... » De cette explication donnée par Heyne, la première partie seule nous paraît juste, et nous l'avons adoptée. — On attribuait au baccar une certaine vertu contre les enchantemens et les poisons.

3. — Page 60. *Si proprium hoc fuerit*...............

Autre hémistiche fort obscur. Voici encore la note de Heyne : « *Si proprium hoc* ac perpetuum *fuerit*, quoniam, poetæ incuria, non certam habet interpretationem ex ipsis verbis aut ex re, quid illud sit, quod per *hoc* designetur. Dicitur aliquid esse *proprium*, h. e. perpetuum, usu et fructu certum ac tutum, firmum et stabile. De hoc nemo dubitet. Sed quæritur, quid *hoc* sit. » (On voit que Heyne tourne jusqu'ici autour de la question, et qu'il nous définit parfaitement ce qui n'a pas besoin de l'être.) Il continue : « Cum dedicentur spolia feræ ex venatu, videtur elici posse e Miconis persona : si tam felici venatu perpetuo uti contigerit; hoc sequuntur Serv., Cerda et Burm. » Explication naturelle, à laquelle Heyne aurait pu et dû arriver plus vite.

4. — Page 62. *Imo ego sardois videar tibi amarior herbis.*

L'île de Sardaigne avait la réputation de produire des plantes amères, sur lesquelles les abeilles recueillaient un miel de mauvais goût. (*Voyez* HORACE, *Art poét.*, v. 373.)

5. — Page 62. *Phyllidis adventu nostræ nemus omne virebit,*
Jupiter et læto descendet plurimus imbri.

> Où vous portez vos pas, les forêts reverdissent;
> Où vous disparaissez, toutes choses languissent;
> Les fleurs ne peuvent naître ailleurs que sous vos pas.
> (SÉGRAIS.)

6. — Page 64. *Phyllis amat corylos*............

« Sans doute à cause des noisettes, » dit Binet.

ÉGLOGUE HUITIÈME.

Virgile a fondu dans cette églogue la deuxième et la troisième idylles de Théocrite. « J'ai ouï dire à M. Racine, si bon juge et si grand maître en cette matière, qu'il n'a rien vû de plus vif ni de plus beau dans toute l'antiquité. » (Longepierre.)

1. — Page 66. *Pastorum musam Damonis et Alphesibœi,*
....
Damonis musam dicemus et Alphesibœi.

Otez cette inversion, et mettez ces paroles dans un arrangement de grammairien qui suit la construction de la phrase, vous leur ôterez leur mouvement, leur majesté, leur grâce et leur harmonie ; c'est cette suspension qui saisit le lecteur. Combien notre langue est-elle timide et scrupuleuse en comparaison. (Fénelon, *Lettre sur l'Éloquence.*)

2. — Page 66. ....*Magni superas jam saxa Timavi.*

Le *Timave* est une rivière du Frioul, fort large, mais qui a peu de cours.

3. — Page 66. *Sola Sophocleo tua carmina digna cothurno.*

Horace (*Ode* I, liv. III) donne à Varus le même éloge.

4. — Page 68. .....*Novas incide faces,* ....
Sparge, marite, nuces. ....

Les anciens se faisaient des flambeaux de pin ou d'autres bois résineux, que l'on taillait en forme d'épis. On conduisait, à l'entrée de la nuit, la mariée chez son époux, précédée de cinq flambeaux. — L'époux, chemin faisant, jetait des noix aux enfans, faisant entendre par là que, pour lui, dès ce moment, il renonçait aux amusemens de l'enfance.

5. — Page 68. *Jam fragiles poteram a terra contingere ramos.*

Il me passait d'un an, et de ses petits bras
Cueillait déjà des fruits dans les branches d'en bas.
(*Bergeries de* Racan.)

6. — Page 68. *Ut vidi, ut perii! ut me malus abstulit error!*

> Je le vis, je rougis, je pâlis à sa vue ;
> Un trouble s'éleva dans mon âme éperdue.
> (Racine, *Phèdre.*)

7. — Page 70. *Crudelis mater magis, an puer improbus ille?*

Médée, fille d'Eétes, roi de Colchide, trahit son pays et son père pour suivre Jason qu'elle aimait. Abandonnée par Jason, elle égorgea sous ses yeux les deux fils qu'elle en avait eus.

8. — Page 70. *Effer aquam, et molli cinge hæc altaria vitta.*

Théocrite, Properce, Tibulle, Horace, Lucain, Virgile, au quatrième livre de l'*Énéide*, ont décrit des cérémonies magiques. Chez les modernes, Shakspeare a peint les enchantemens du nord dans les *Sorcières de Macbeth*, et Walter-Scott en a rempli ses romans.

9. — Page 72. *Carminibus Circe socios mutavit Ulixi.*

On connait la cantate de J.-B. Rousseau.

10. — Page 72. *Daphnis me malus urit; ego hanc in Daphnide laurum.*

> Dardaniique rogum capitis permittere flammæ.
> (*Æneid.*, lib. IV.)

11. — Page 74. *Has olim exuvias mihi perfidus ille reliquit,*
Pignora cara sui.................

Didon exprime la même pensée :

> Hic, postquam iliacas vestes notumque cubile
> Conspexit, paulum lacrymis et mente morata,
> Incubuitque toro, dixitque novissima verba :
> Dulces exuviæ, dum fata deusque sinebant,
> Accipite hanc animam, meque his exsolvite curis.

ÉGLOGUE NEUVIÈME.

Virgile avait obtenu la restitution du domaine de ses pères. Mais le centurion Arius, qui s'en était emparé, se montra peu disposé à le lui rendre. Virgile faillit à être victime de sa fureur. Cette églogue retrace et les craintes de Virgile et le danger qu'il a couru.

1. — Page 78. . . . . *Qua se subducere colles*
Incipiunt, mollique jugum demittere clivo,
Usque ad aquam, et veteris jam fracta cacumina fagi,
Omnia carminibus vestrum servasse Menalcam.

Cette description se rapporte exactement à celle de la première églogue.

2. — Page 80. *Vel quæ sublegi tacitus tibi carmina nuper,*
. . . .
« *Tityre, dum redeo, brevis est via, pasce capellas :*
Et potum pastas age, Tityre, et inter agendum
Occursare capro, cornu ferit ille, caveto. »

Ces vers se rapportent à des poésies pastorales qui ne se trouvent point dans les œuvres de Virgile : ils prouvent, ce qu'indique du reste leur titre même, que les dix églogues que nous possédons sont un choix entre d'autres pièces que le goût sévère de Virgile a fait disparaître.

3. — Page 80. *Nec dicere Cinna*
Digna. . . . .

Ce Cinna, petit-fils du grand Pompée, d'abord favori d'Auguste, conspira contre lui. On sait la clémence d'Auguste, immortalisée par les vers de Corneille.

4. — Page 82. *Ecce Dionæi processit Cæsaris astrum.*

Allusion à l'étoile qui apparut tout à coup tandis qu'on célébrait à Rome des jeux funèbres en l'honneur de César. Le peuple crut voir l'âme de César, reçue en triomphe dans le ciel.

5. — Page 82. . . . . *Namque sepulcrum*
Incipit apparere Bianoris. . . . .

Bianor, ancien roi d'Étrurie.

ÉGLOGUE DIXIÈME.

Gallus, que Virgile a déjà célébré dans la sixième églogue :

Tum canit errantem Permessi ad flumina Gallum,

Gallus avait éperdument aimé Lycoris, à laquelle il avait adressé quatre livres d'élégies, qui l'ont fait placer par Quintilien immédiatement après Tibulle et Properce. Virgile, pour consoler Gallus de l'infidélité de Lycoris, qui l'avait abandonné pour suivre en Germanie un général romain, lui adressa cette églogue.

1. — Page 86. *Extremum hunc, Arethusa, mihi concede laborem.*
. . . .
Sic tibi, quum fluctus subterlabere sicanos,
Doris amara suam non intermisceat undam.

Aréthuse, célèbre fontaine dans l'île d'Ortygie, située vis-à-vis de Syracuse, et qui tenait par un pont à cette ville dont elle faisait partie. Les poètes ont feint que, poursuivie par le fleuve Alphée dans le Péloponèse, la nymphe Aréthuse fut changée en fontaine dans l'île d'Ortygie, où le fleuve Alphée l'avait suivie, en s'ouvrant un passage sous les eaux de la mer.

— *Doris*, épouse de Nérée, fille de l'Océan et mère des Néréides.

Belle Aréthuse, ainsi ton onde fortunée
Roule, au sein furieux d'Amphitrite étonnée,
Un cristal toujours pur et des flots toujours clairs,
Que jamais ne corrompt l'amertume des mers.
(Voltaire, *Henriade*, chant ix.)

2. — Page 86. *Stant et oves circum; nostri nec pœnitet illas.*

Le même sentiment a dicté ces vers de Racine :

Ses superbes coursiers, qu'on voyait autrefois
Pleins d'une ardeur si noble obéir à sa voix,
L'œil morne maintenant et la tête baissée,
Semblaient se conformer à sa triste pensée.

3. — Page 88. *Atque utinam ex vobis unus, vestrique fuissem*
Aut custos gregis, aut maturæ vinitor uvæ!

« Gallus, fils d'un consul romain dans le siècle d'Auguste, trouve le sort des peuples de l'Arcadie si doux, qu'il n'ose désirer d'être, parmi eux, un berger maître d'un troupeau ou un habitant propriétaire d'une vigne, mais seulement un simple gardien de troupeaux, *custos gregis*, ou un de ces hommes qu'on loue en passant pour fouler la grappe lorsqu'elle est mûre, *maturæ vinitor uvæ.* » (BERNARDIN DE ST-PIERRE, *Préambule de l'Arcadie*.) Dans cette remarque ingénieuse, Bernardin nous paraît avoir, du reste, mal saisi le sens et la pensée de Virgile. Si Gallus demande à être un simple gardien de troupeaux, un vendangeur, ce n'est pas que le sort des bergers arcadiens lui paraisse si heureux qu'il ne puisse prétendre à être un des premiers entre eux; mais, c'est en lui abattement de l'amour, désenchantement de la passion. Fils d'un consul romain, il se trouve, au milieu de son éclat, mais aussi avec un amour trahi, plus malheureux que ces bergers qui, dans leur pauvreté, trouvent au moins une tendresse qui réponde à leur tendresse; c'est là ce qui fait envier à Gallus leur obscurité et leur bonheur.

4. — Page 90. *Alpinas, ah dura, nives et frigora Rheni*
Me sine sola vides. Ah! te ne frigora lædant!
Ah! tibi ne teneras glacies secet aspera plantas!

Properce, voulant détourner Cynthie d'un voyage qu'elle voulait faire en Illyrie, lui dit :

Tune audire potes vesani murmura ponti?
Fortis et in dura nave jacere potes?
Tu pedibus teneris positas fulcire ruinas?
Tu potes, insolitas, Cynthia, ferre nives?
(*Huitième Élégie.*)

5. — Page 90. *Ibo, et, chalcidico quæ sunt mihi condita versu*
Carmina......................

Chalcidico versu. Gallus avait traduit en latin quelques ouvrages d'Euphorion, qui était de Chalcis dans l'Eubée, et composé quelques poésies pastorales à l'imitation de Théocrite.

6. — Page 90. ....*Crescent illæ, crescetis, amores.*

> En mille et mille lieux de ces rives champêtres,
> J'ai gravé son beau nom sur l'écorce des hêtres:
> Sans qu'on s'en aperçoive il croîtra chaque jour;
> Hélas! sans qu'elle y songe, ainsi croît mon amour.
> (Segrais.)

7. — Page 90. ....*Partho torquere cydonia cornu*
Spicula......................

Partho cornu. Les Parthes excellaient à tirer de l'arc. — *Cydonia spicula.* Les flèches de Cydon en Crète étaient renommées.

8. — Page 90. ......*Tamquam hæc sit nostri medicina furoris!*

> D'un incurable amour remèdes impuissans!
> (Racine, *Phèdre*.)

9. — Page 90. *Jam neque Hamadryades rursus*..........

Hamadryades. Nymphes qui naissaient et mouraient avec les arbres.

10. — Page 90. ....*Nec carmina nobis*
Ipsa placent; ipsæ rursus concedite silvæ.

> Mon arc, mes javelots, mon char, tout m'importune;
> Je ne me souviens plus des leçons de Neptune;
> Mes seuls gémissemens font retentir les bois,
> Et mes coursiers oisifs ont oublié ma voix.
> (Racine, *Phèdre*.)

NOTES

DES GÉORGIQUES.

LIVRE PREMIER.

1. — Page 94. *Quid faciat lætas segetes, quo sidere terram.*

Lebrun-Pindare a traduit ce début des *Géorgiques* :

> Quel art donne aux guérets de riantes moissons,
> Sous quel signe l'hymen rend les pampres féconds,
> Et quels soins aux pasteurs Pan lui-même conseille,
> Et les prudentes lois que veut le peuple-abeille ;
> Voilà quels doux objets sollicitent mes vers.
> Mécène, inspire-moi. Flambeaux de l'univers,
> Astres dont l'influence active et fortunée
> De la voûte des cieux fait descendre l'année !
> Toi qui d'un jus vermeil, ô céleste Bacchus,
> Appris à colorer l'urne d'Achéloüs !
> Vénérable Cérès, dont le puissant génie
> Changeait en épis d'or les glands de Chaonie !
> Pan, Dryades, Silvains, dieux des bois et des champs,
> Je célèbre vos dons, favorisez mes chants.
> Et toi, qui nous donnas l'olive bienfaisante,
> Sage Pallas, et toi, de qui la main puissante,
> Soudain frappant la terre, a d'un coup de trident
> Fait jaillir en fureur le coursier frémissant,
> Neptune, etc.

2. — Page 94. *Chaoniam pingui glandem mutavit arista.*

Chaoniam glandem. Le gland de la forêt de Dodone, en Épire, dont la *Chaonie* était une province.

3. — Page 94. *Poculaque inventis acheloia miscuit uvis.*

> Mêlaient au vin grossier le cristal d'une source.
>
> (La Fontaine, *Philém. et Baucis.*)

Acheloia. Achéloüs, fleuve de l'Éolie.

4. — Page 94. . . . . *Tuque o, cui prima frementem*
Fudit equum magno tellus percussa tridenti,
Neptune. . . . .

Allusion à la dispute qui s'éleva entre Minerve et Neptune. Tous deux voulaient donner leur nom à la ville d'Athènes. Pris pour juges, les dieux déclarèrent que celui des deux qui ferait aux hommes le présent le plus utile donnerait son nom à la ville nouvelle. Neptune, d'un coup de son trident, fit sortir du sein de la terre un cheval; Minerve, de sa pique, en fit sortir l'olivier : les dieux décidèrent en faveur de Minerve; *oleæque Minerva inventrix.*

5. — Page 94. . . . . *Et cultor nemorum, cui pinguia Ceæ.*

Cultor nemorum. Aristée, fils d'Apollon et de Cyrène, retiré après la funeste aventure d'Actéon, son fils, dans l'île de Céos (Zéa, une des Cyclades), où il fut dans la suite honoré comme un dieu.

6. — Page 96. . . . . *Uncique puer monstrator aratri.*

Puer. Triptolème, inventeur de la charrue.

7. — Page 96. *Et teneram ab radice ferens, Silvane, cupressum.*

Le cyprès que les poètes mettaient à la main de Silvain, rappelait l'histoire du jeune Cyparissus, changé en cyprès par ce dieu, et par Apollon suivant d'autres.

8. — Page 96. *Quique novas alitis non ullo semine fruges.*

Nous avons préféré cette leçon à celle de *nonnullo*; *fruges* est ici opposé à *satis* du vers suivant. Le poète distingue les productions qui viennent d'elles-mêmes de celles qui, pour naître, demandent les soins de l'homme.

9. — Page 96. . . . . *Cingens materna tempora myrto.*

Le myrte était consacré à Vénus, de qui les Jules prétendaient descendre par Iule, fils d'Énée.

10. — Page 96. . . . . *Tibi serviat ultima Thule.*

Virgile désigne par ce mot *Thule* la terre la plus éloignée que les anciens connussent vers le nord-ouest. Les géographes y ont vu, les uns l'Islande à la pointe de l'Écosse, d'autres les îles de Schetland soumises au roi de Danemarck.

11. — Page 96. *Qua locus Erigonen inter Chelasque sequentes.*

Auguste était né sous le signe de la Balance, *Libra*; l'espace compris entre la Vierge et le Scorpion n'est marqué d'aucune grande étoile; double raison pour supposer qu'Auguste pourrait choisir cette place. (BINET.)

La Vierge est un des signes du zodiaque. Les anciens ont long-temps ignoré le signe de la Balance. Ils donnèrent un espace de soixante degrés au Scorpion, dont les pattes, *chelæ*, χηλαί, pinces, s'étendaient jusqu'au signe de la Vierge.

12. — Page 96. . . . . *Tibi jam brachia contrahit ardens*
Scorpius, et cœli justa plus parte reliquit.

Justa plus parte. C'est-à-dire plus que les trente degrés qui sont la mesure de chaque signe.

13. — Page 96. *Nec repetita sequi curet Proserpina matrem.*

Proserpine, fille de Jupiter et de Cérès, fut enlevée par Pluton, et devint reine des enfers.

14. — Page 98. . . . . . *Nonne vides, croceos ut Tmolus odores,*
India mittit ebur, molles sua thura Sabæi?
At Chalybes nudi ferrum, virosaque Pontus
Castorea, Eliadum palmas Epirus equarum?

Tmolus, montagne de la haute Phrygie, fertile en vins et en safran. — *Sabæi*. Peuples de l'Arabie Heureuse, où tous les arbres sont odoriférans. — *Chalybes*. Les Chalybes habitaient les bords du Pont-Euxin, près de Thermodoon; là étaient de nombreuses mines de fer, et l'on y forgeait d'excellent acier. — *Virosa castorea*. Le castoreum est d'un grand usage dans la médecine; c'est un soporifique très-efficace. *Virus* ne signifie pas toujours poison, mais quelquefois aussi médicamens. — *Eliadum palmas Epirus equarum.* Hypallage pour *Epirus mittit equas quæ palmam obtinent in olympio certamine apud Elidem.*

15. — Page 98. *Deucalion vacuum lapides jactavit in orbem.*

Voir la note de l'*Églogue* VI, v. 41.

16. — Page 98. *Arcturum tenui sat erit suspendere sulco.*

Le lever de l'Arcture désigne l'équinoxe d'automne.

17. — Page 100. *Alternis idem tonsas cessare novales.*

Alternis. On sous-entend *annis.* — *Novales, id est, terræ quæ renovantur :* qui se renouvellent au bout de deux ans.

18. — Page 100. *Nec nulla interea est inaratæ gratia terræ.*

Les commentateurs et les traducteurs sont partagés sur le sens de ce vers. On peut laisser reposer les terres de deux manières : ou en les laissant incultes, ou en y semant d'une année à l'autre des grains de différente espèce ; repos pour elles imparfait. De ces deux manières, la première est la meilleure ; et, bien que sans culture, *inaratæ*, la terre n'est pas sans reconnaissance, *gratia.* Nous avons adopté ce dernier sens. En faisant, au contraire, rapporter ce vers à la première manière de laisser reposer la terre, il faudrait traduire : « Et, pour être sans labour, la terre n'est pas sans fécondité. »

19. — Page 102. . . . . *Nullo tantum se Mysia cultu*
       Jactat, et ipsa suas mirantur Gargara messes.

Mysia. La Mysie, contrée de l'Asie Mineure, voisine de la *Troade.* — *Gargara.* Nom d'une ville de la *Troade,* qui donnait son nom à une partie du mont Ida.

20. — Page 104. *Ante Jovem nulli subigebant arva coloni.*

Ce tableau des arts créés par le besoin a été tracé par deux poètes français, Racine le fils et Boileau :

> Pour prolonger des jours destinés aux douleurs,
> Naissent les premiers arts, enfans de nos malheurs.
> La branche en longs éclats cède au bras qui l'arrache ;
> Par le fer façonnée, elle allonge la hache :
> L'homme avec son secours, non sans un long effort,
> Ébranle et fait tomber l'arbre dont elle sort.
> Et tandis qu'au fuseau la laine obéissante
> Suit une main légère, une main plus pesante
> Frappe à coups redoublés l'enclume qui gémit ;
> La lime mort l'acier, et l'oreille en frémit.
> Le voyageur, qu'arrête un obstacle liquide,
> A l'écorce d'un bois confie un pied timide.
> Retenu par la peur, par l'intérêt pressé,
> Il avance en tremblant : le fleuve est traversé.

Bientôt ils oseront, les yeux vers les étoiles,
S'abandonner aux mers sur la foi de leurs voiles.

(RACINE, *Poëme de la Religion*.)

La faim aux animaux ne faisait point la guerre.
Le blé, pour se donner, sans peine ouvrant la terre,
N'attendait pas qu'un bœuf, pressé de l'aiguillon,
Traçât à pas tardifs un pénible sillon.
La vigne offrait partout des grappes toujours pleines,
Et des ruisseaux de lait serpentaient dans les plaines.
Mais dès ce jour Adam, déchu de son état,
D'un tribut de douleur paya son attentat.
Il fallut qu'au travail son corps rendu docile
Forçât la terre avare à devenir fertile.
Le chardon importun hérissa les guérets;
Le serpent venimeux rampa dans les forêts.

BOILEAU.

21. — Page 104. *Pleiadas, Hyadas, claramque Lycaonis Arcton.*

Pleiadas. Les Pléiades, filles d'Atlas et de Pléione, métamorphosées en étoiles par Jupiter, et placées ensemble sur le cou du Taureau. — *Hyadas*. Les Hyades, autres filles d'Atlas et d'*OEthra*, qui forment également sur le front du Taureau une constellation de sept étoiles. Inconsolables de la mort d'Hyas, leur frère, Jupiter les changea en étoiles. — *Lycaonis Arcton*. La grande Ourse; Callisto, fille de Lycaon, l'une des Nymphes de Diane, changée en ourse par la jalousie de Junon.

22. — Page 106. . . . . *Et mystica vannus Iacchi.*

Le van était employé dans les mystères de Bacchus comme un symbole de la pureté des âmes qui n'y étaient admises qu'après un sévère examen, qui avait pour objet de séparer le bon grain de la paille. Les auteurs chrétiens ont souvent employé ces images.

23. — Page 110. *Pontus et ostriferi fauces tentantur Abydi.*

Abydi. Abydos, détroit entre les promontoires d'Abydos, en Asie, et de Cestos, en Europe. Aujourd'hui détroit de Dardanelles.

24. — Page 110. *Ante tibi Eoæ Atlantides abscondantur,*
Gnosiaque ardentis decedat stella Coronæ.

Eoæ Atlantides. Il s'agit du coucher *cosmique* des Pléiades, filles d'Atlas, dont une s'appelait *Maia*, lorsque le matin, *Eoæ*, elles descendaient sous l'horizon en même temps que le soleil se lève. — *Gnosia stella Coronæ.* C'est la couronne d'Ariadne, fille de Minos, roi de l'île de Crète, où était la ville de Gnosse. Virgile décrit ici le lever *héliaque* de cette constellation, lorsque, dégagée des rayons du soleil qui l'avait éclipsée quelque temps, elle commence à être aperçue.

25. — Page 112. *Nec pelusiacæ curam adspernabere lentis.*

Pelusiacæ, de Péluse. Ville située sur l'une des sept embouchures du Nil, et fertile en lentilles.

26. — Page 112. .... *Cadens mittet tibi signa Bootes.*

Cadens Bootes, ou *Arcturus* et *Arctophylax*, le Bouvier ou le gardien de l'Ourse. Il s'agit du coucher *acronique* de cette constellation, lorsqu'une partie de ses étoiles descendent sous l'horizon en même temps que le soleil.

27. — Page 112. *Per duodena regit mundi sol aureus astra.*

Les douze constellations sont comprises dans les deux vers suivans :

Sunt Aries, Taurus, Gemini, Cancer, Leo, Virgo,
Libraque, Scorpius, Arcitenens, Caper, Amphora, Pisces.

Leur piété plaça dans les sacrés lambris
Le Bélier conducteur de leurs troupeaux chéris ;
Le Chien qui les gardait, et le Taureau superbe,
Et le pudique front qu'embellit une gerbe ;
La main qui sut dompter le sauvage coursier ;
L'active vendangeuse et le char du Bouvier.
Des objets de leurs soins la sphère était remplie :
Tout le ciel leur parlait des travaux de la vie.

DARU.

28. — Page 112. *Quinque tenent cœlum zonæ.......*

Ces cinq zones sont : la zone torride, entre les deux tropiques ; les deux zones tempérées entre chaque tropique et le cercle polaire correspondant; enfin les deux zones glaciales, entre chaque cercle polaire et le pôle de ces cinq zones. Les anciens croyaient que deux seules, les deux tempérées, étaient habitées : *munere concessæ divum.*

29. — Page 112. *Sub pedibus Styx atra videt........*

Virgile a deviné les Antipodes.

30. — Page 112. *..........Flexu sinuoso elabitur anguis.*

La constellation du Dragon touche de sa queue la grande Ourse et embrasse la petite. Suivant les mythologues, lorsque Hercule eut tué le serpent qui gardait le jardin des Hespérides, Junon le transporta au ciel; d'autres veulent que ce soit le serpent Pithon, ou celui que tua Cadmus.

31. — Page 112. *Arctos Oceani metuentes æquore tingi.*

Allusion poétique à l'élévation du pôle arctique, qui fait que jamais ces constellations ne descendent sous notre horizon.

32. — Page 114. *Atque amerina parant lentæ retinacula viti.*

Amerina. Amérie, aujourd'hui Amélie, ville de l'Ombrie, où il croissait beaucoup d'osier, de saules et de peupliers.

33. — Page 114. *Ipsa dies alios alio dedit ordine luna*
Felices operum....................

Cette distinction des jours heureux et des jours malheureux est empruntée à Hésiode.

34. — Page 118. *Stuppea torquentem balearis verbera fundæ.*

Les habitans des îles *Baléares*, aujourd'hui *Majorque* et *Minorque*, sur les côtes d'Espagne, étaient renommés pour leur adresse à se servir de la fronde. De là peut-être le nom de *Baleares*, βάλλειν, lancer. Ces balles étaient lancées avec une telle vitesse, qu'elles s'échauffaient en fendant l'air, et arrivaient brûlantes :

> Non secus exarsit, quam quum balearia plumbum
> Funda jacit; volat illud; et incandescit eundo.
> (Ovide, *Métamorph.*, liv. ii, v. 729.)

35. — Page 118. *Sæpe ego, quum flavis messorem induceret arvis.*

Induceret. Il nous a semblé que cette expression toute locale devait être conservée. La Fontaine, dont le génie simple et heureux devinait si bien le génie antique, a dit :

> Le possesseur du champ vient avecque son fils.
> Ces blés sont murs, dit-il ; allez chez nos amis
> Les prier que chacun, apportant sa faucille,
> Nous vienne aider demain dès la pointe du jour.
>
> (*L'Alouette et ses petits avec le maître d'un champ*, fables, liv. IV.).

M. Léopold Robert, dans son tableau des *Moissonneurs*, brillant reflet du ciel italien, a compris et admirablement traduit la pensée de Virgile.

36. — Page 120. *Aut Atho, aut Rhodopen, aut alta Ceraunia telo.*

Le mont *Athos* est dans la Macédoine ; le mont *Rhodope* dans la Thrace ; les monts *Cérauniens* dans l'Épire.

37. — Page 120. *Quos ignis cœli cyllenius erret in orbes.*

Ignis cyllenius. La planète de Mercure, fils de Jupiter et de Maïa, né sur le mont *Cyllène*, en Arcadie.

38. — Page 120. *Atquæ hæc ut certis possimus discere signis.*

Ces présages, empruntés aux Phénomènes d'Aratus (l. V, v. 177), ont été imités ou plutôt traduits de ce poète par Varron Atacinus et par Cicéron. Voici ces deux traductions :

> Tum liceat pelagi volucres tardæque paludis
> Cernere inexpleto studio certare lavandi,
> Et velut insolitum pennis infundere rorem ;
> Aut arguta lacus circumvolitavit hirundo ;
> Et bos suspiciens cœlum, mirabile visu,
> Naribus aerium patulis decerpit odorem ;
> Nec tenuis formica cavis non evehit ova.
>
> (*Fragment de* VARRON ATACINUS.)

> Atque etiam ventos præmonstrat sæpe futuros
> Inflatum mare, quum subito penitusque tumescit,
> Saxaque cana salis niveo spumata liquore
> Tritificas certant Neptuno nodere voces ;
> Aut densus stridor quum celsi vertice montis
> Ortus adaugescit scopulorum sæpe repulsu.
> Cana fulix itidem fugiens e gurgite ponti
> Nuntiat horribiles clamans instare procellas,

Haud modicos fundens e gutture cantus.
Vos quoque signa videtis, aquaï dulcis alumnæ;
Cum clamore paratis inanes fundere voces,
Absurdoque sono fontes et stagna cietis.
Sæpe etiam pertriste canit de pectore carmen
Et matutinis accredula vocibus instat,
Vocibus instat, et assiduas jacit ire querelas,
Quum primum gelidos rores aurora remittit,
Fuscaque nonnunquam cursans per litora cornix,
Demersit caput, et fluctum cervice recepit,
Mollipedesque boves spectantes lumina cœli
Naribus humiferum duxere ex aere succum.

(CICERON. *De Divinat.*, lib. I.)

39. — Page 122. *Et veterem in limo ranæ cecinere querelam.*

Allusion à ces paysans qui, ayant répondu par des injures aux prières de Latone, qui implorait leur secours, furent par elle changés en grenouilles.

40. — Page 122. *Et bibit ingens*
 Arcus. . . . .

Les anciens considéraient l'arc-en-ciel, abstraction faite de ses couleurs, comme un syphon, dont les deux extrémités posaient sur des lacs ou sur des rivières dont elles pompaient l'eau.

41. — Page 122. . . . . *Et quæ Asia circum.*

Asia. Lac dans la Lydie, entre les rives du Caystre et le mont Tmolus.

42. — Page 124. *Dilectæ Thetidi alcyones.* . . . .

Alcyone ne pouvant se consoler de la mort de Ceyx, son époux, qui s'était noyé dans la mer, les dieux les changèrent l'un et l'autre en alcyons, et voulurent que la mer restât calme pendant que ces oiseaux feraient leurs nids au bord du rivage.

43. — Page 124. *Apparet liquido sublimis in aere Nisus,*
 Et pro purpureo pœnas dat Scylla capillo.
 Quacumque illa levem fugiens secat æthera pennis,
 Ecce inimicus, atrox, magno stridore per auras
 Insequitur Nisus; qua se fert Nisus ad auras,
 Illa levem fugiens raptim secat æthera pennis.

Dans les champs que l'hiver désole,
Flore vient rétablir sa cour;

> L'alcyon fuit devant Éole,
> Éole le fuit à son tour;
> Mais sitôt que l'Amour s'envole,
> Il ne connaît point de retour.
>
> (Rouss., *Cant. de Circé.*)

44. — Page 126. . . . .*Et pectora motus*
Nunc alios, alios dum nubila ventus agebat,
Concipiunt.. . . . .

« Les circonstances et le vent des occasions et accidens nous emportent et nous changent. » (CHARRON, liv. I, chap. I.)

45. — Page 126. *Glauco, et Panopeæ, et Inoo Melicertæ.*

Glauco. Glaucus, berger qui devint un dieu marin. — *Panopeæ*. Panopée, une des Néréides, était fille de Nérée et de Doris. — *Melicertæ*. Mélicerte est le *Palæmon* des Grecs et le *Portunus* des Latins.

46. — Page 130. *Fluviorum rex Eridanus*. . . . .

Eridanus. Le Pô, fleuve d'Italie, qui prend sa source dans les Alpes Cottiennes, et va, par plusieurs embouchures, se jeter dans la mer Adriatique.

47. — Page 130. . . . .*Iterum videre Philippi.*

La première bataille entre César et Pompée fut donnée à Pharsale, et la seconde à Philippes, où Brutus et Cassius furent vaincus par Octave et par Antoine. Pharsale est dans la Thessalie, et Philippes dans la Thrace. Ces deux provinces sont ici comprises sous le nom général d'Émathie, *Emathiam*, ou *Macédoine* improprement dite.

48. — Page 132. *Di patrii indigetes*. . . . .

Indigetes. On appelait ainsi les hommes mis au rang des dieux, *quasi inde, h. e., terra geniti.*

49. — Page 132. . . . .*Vestaque mater,*
Quæ tuscum Tiberim et romana palatia servas.

Vesta avait un temple sur le mont Palatin, et un autre sur le bord du Tibre. Horace y fait allusion dans ces vers :

> Vidimus flavum Tiberim, retortis
> Litore etrusco violenter undis,

Ire dejectum monumenta regis,
Templaque Vestæ.
(*Ode* 11, liv. 1.)

50. — Page 132. *Hunc saltem everso juvenem succurrere sæclo*
Ne prohibete!

..... Prêter l'épaule au monde chancelant.
(Corneille, *Pompée*.)

51. — Page 132. *Laomedonteæ luimus perjuria Trojæ.*

Laomédon, dont les Romains prétendaient tirer leur origine, refusa à Neptune et à Apollon, qui avaient bâti les murs de Troie, le salaire qu'il leur avait promis.

52. — Page 132. *Hinc movet Euphrates........*

L'Euphrate coulait dans l'empire des Parthes, auxquels Antoine faisait alors la guerre.

53. — Page 132. ....*Neque audit currus habenas.*

Et sourds à cette fois
Ils ne connaissent plus ni le frein ni la voix.
(Racine, *Phèdre*, acte v, scène 6.)

LIVRE DEUXIÈME.

1. — Page 134. *Tuque ades, inceptumque una decurre laborem.*

Quelques éditeurs, au lieu de placer cette invocation à Mécène à la suite de l'invocation que le poète adresse à Bacchus, l'ont rejetée après ce vers :

Conserere, atque olea magnum vestire Tiburnum.

Heyne, qui adopte cette transposition, en donne cette raison : *Proposito quasi argumento libri ad ejus pertractationem Mæcenatem invocat; commodiore loco, quam si paullo ante* (v. 5-9) *Baccho subjunxisset privatum hominem. Nam Cæsarem recte ultimo post deos loco ponebat* (Georg. 1, 24 sqq). Les vers qui, suivant Heyne, forment l'exposition du sujet, sont le début même du chant, et non son argument; ils se lient étroitement à ces autres vers : *Sponte sua quæ se tollunt in luminis auras*, qui s'en trouvent brusquement séparés par l'invocation. Quant au second motif, qu'il y aurait eu en quelque sorte irrévérence de la part du poète à placer un homme à côté d'un dieu, à invoquer Mécène après Bacchus, il nous semble que l'exemple même du premier livre, cité par Heyne, prouve le contraire, et montre qu'ici, comme au début du poëme, Virgile a pu s'adresser à Mécène après s'être adressé à Bacchus.

2. — Page 136. *Ut cerasis*..........................

Cerasis. Les cerisiers, ainsi nommés de la ville de Cérasunte, en Cappadoce, d'où Lucullus les apporta à Rome.

3. — Page 136. ....*Juvat Ismara Baccho*
Conserere, atque olea magnum vestire Taburnum.

Ismara, montagne de la Thrace. — *Taburnum*, montagne de la Campanie.

4. — Page 138. ....*Seris factura nepotibus umbram.*

Mes arrière-neveux me devront cet ombrage.
(LAFONT., *le Vieillard et les Jeunes gens.*)

5. — Page 138. ....*Paphiæ de robore myrtus.*

Paphiæ ; le myrte était consacré à Vénus, révérée principalement à Paphos dans l'île de Chypre.

6. — Page 140. *Pomaque, et Alcinoi silvæ*..........

Voici la description qu'Homère a faite du jardin d'Alcinoüs :

« De la cour on entre dans un grand jardin de plusieurs arpens : une eau vive l'entoure et le ferme de tous côtés. Il est planté de grands arbres chargés de fruits délicieux ; on y voit des poiriers, des grenadiers, des orangers, des figuiers d'une rare espèce, des oliviers toujours verts : ils ne sont jamais sans fruits ; ni en hiver, ni en été. Un doux zéphyr entretient leur fraîcheur : il fait croître les uns, et donne aux autres sa dernière maturité. On voit des poires mûrir quand d'autres poires sont passées ; les figues succèdent aux figues ; et l'orange, la grenade, à la grenade et à l'orange. Dans les mêmes vignes il y en a une partie de sèche qu'on couvre de terre, une autre qui fleurit et qu'on découvre pour être échauffée par le soleil, une autre dont on cueille les grappes, et une autre enfin dont on presse le raisin ; on en voit qui commencent à fleurir, et, à côté, on en voit qui sont remplies de grains et d'un jus délicieux.

« Le jardin est terminé par un potager très-bien cultivé, très-abondant en légumes de toutes les saisons de l'année. Il y a deux fontaines : l'une arrose tout le jardin en se partageant en plusieurs canaux ; l'autre va se décharger à la porte du palais, et communique les eaux à toute la ville. Tels étaient les présens que les dieux avaient faits à Alcinoüs.

« Ulysse ne se lassait point de les admirer...... »

(*Odyss.*, traduct. de Fénelon.)

« L'on se promène dans le jardin : ce jardin a pour parterre un potager très-bien entendu ; pour parc, un verger couvert de grands et beaux arbres fruitiers de toute espèce, coupé, en divers sens, de jolis ruisseaux et de plates-bandes pleines de fleurs. Le beau lieu ! s'écrie Émile plein de son Homère, et toujours dans l'enthousiasme ; je crois voir le jardin d'Alcinoüs. La fille voudrait savoir ce que c'est qu'Alcinoüs, et la mère le demande ; Alcinoüs, leur dis-je, était un roi de Corcyre, dont le jardin, décrit par Homère, est critiqué par les gens de goût, comme trop simple et trop peu paré.

« Telle est la description du jardin royal d'Alcinoüs au septième livre de l'*Odyssée*; jardin dans lequel, à la honte de ce vieux rêveur d'Homère et des princes de son temps, on ne voit ni treillages, ni cascades, ni boulingrins. »

(Rousseau, *Émile*, liv. 9.)

7. — Page 140. *Quam methymnæo carpit de palmite Lesbos.*
Sunt thasiæ vites, sunt et mareotides albæ.

Méthymne était, ainsi que Thasos, la principale ville de Lesbos, île de la mer Égée. Le vin d'Égypte prend ici son nom du lac Maréotis, dont les environs fournissaient, dit-on, les vins les plus fameux. La plupart des vins que nomme ici Virgile, ajoute un traducteur, ou ne sont plus connus, ou sont déchus de beaucoup. On parle peu des vins de *Lesbos* ou de *Thasos*, des *palus Mareotis* en Égypte, près d'Alexandrie ; du mont *Tmolus*, dans la Lydie, ou du promontoire de *Phanée*, dans l'île de Cio.

8. — Page 140. *Et passo Psythia utilior*............

Passo, la Malvoisie; *passo* se dit des raisins cuits au soleil jusqu'à ce qu'ils ne contiennent plus qu'une liqueur extrêmement douce, que l'on en exprime alors pour faire ce que nous appelons Malvoisie. Quant au nom de *Psythia*, il désigne quelque canton de la Grèce, dont nous ne connaissons pas la position.

9. — Page 140. ....*Et quo te carmine dicam,*
Rhætica? nec cellis ideo contende falernis.

Rhætica. La Rhétie comprenait le pays des Grisons, la Valteline, le Trentin et le Tyrol.

10. — Page 140. *Sunt et aminææ vites*............

Aminææ. Aminée paraît être un canton de l'ancienne Thessalie.

11. — Page 142. *Tmolus et assurgit quibus, et rex ipse Phanæus,*
Argitisque minor............

Tmolus, montagne de la Lydie. — *Phanæus*. Le Phanée, promontoire de l'île de Cio. — *Argitis*, vignoble des environs d'Argos, dans le Péloponnèse.

12. — Page 142. ....*Tumidis, Bumaste, racemis.*

Bumaste, espèce de raisin ainsi nommé à cause de sa grosseur.

13. — Page 142. *Eoasque domos Arabum, pictosque Gelonos.*

Gelonos, peuples de la Thrace qui se peignaient le corps; les Gélons étaient Scythes : nom qui comprenait et les Thraces et plusieurs autres peuples.

14. — Page 142. ....*Sola India nigrum*
Fert ebenum............

Les anciens comprenaient dans les *Indes* l'Éthiopie, où croît l'*ébène*, et une grande partie de l'Afrique méridionale.

15. — Page 142. *Velleraque ut foliis depectant tenuia Seres?*

Les *Sères* étaient vraisemblablement les peuples du *Catay*, ou Chine septentrionale. Ils tiraient la soie des pays méridionaux, et en faisaient commerce avec l'Europe par la Tartarie. Les Romains, qui connaissaient la soie, ignoraient qu'elle fût la production d'un ver. On ne vit de ces vers, en Europe, que sous l'empire de Justinien.

16. — Page 144. *Nec pulcher Ganges, atque auro turbidus Hermus,*
................*non Bactra, neque Indi,*
Totaque thuriferis Panchaia pinguis arenis.

Ganges, Hermus : deux fleuves de l'Inde, dont la Bactriane est limitrophe. — *Panchaia,* partie de l'Arabie Heureuse, appelée communément la Sabée.

17. — Page 144. *Hæc loca non tauri spirantes naribus ignem*
Invertere, satis immanis dentibus hydri.

Allusion aux taureaux de la Colchide, que dompta Jason, pour leur faire labourer le champ où il sema les dents du serpent qui gardait la toison d'or; ces dents produisirent une moisson de soldats tout armés.

18. — Page 144. *Hinc albi, Clitumne, greges, et maxima taurus*
Victima................

Clitumne, fleuve de l'Ombrie. Le taureau était la victime que l'on immolait dans un triomphe; l'*Ovation,* ou petit triomphe, n'avait pour victime qu'une brebis.

« Une autre singularité de la ville de Rome, ce sont les troupeaux de chèvres, et surtout ces attelages de grands bœufs aux cornes énormes, que l'on trouve couchés au pied des obélisques égyptiens, parmi les débris du Forum, et sous les arcs où ils passaient autrefois pour conduire le triomphateur romain à ce Capitole, que Cicéron appelle le *Conseil public de l'univers :*

Romanos ad templa deum duxere triumphos. »

(CHATEAUBRIAND, *Mélanges,* lettre à M. de Fontanes.)

19. — Page 146. ....*Te, Lari maxime, teque*
Fluctibus et fremitu assurgens, Benace, marino?

Lari, lac du Milanais; *lago di Campo.* — *Benace, lago di Garda,* dans le Véronais: le premier est traversé par l'*Adda ;* le second par le *Mincio.*

20. — Page 146. *An memorem portus, Lucrinoque addita claustra;*
Atque indignatum magnis stridoribus æquor,
Julia qua ponto longe sonat unda refuso,
Tyrrhenusque fretis immittitur æstus Avernis?

Portus, le port de Jules, ouvrage d'Agrippa, qui fit couper les terres qui séparaient de la mer les lacs de *Lucrin* et d'*Averne*. Les tremblemens de terre et les sables entassés ont, depuis longtemps, ruiné ce port.

Horace a, dans les vers suivans, reproduit cette allusion de Virgile à plusieurs ouvrages d'Auguste :

> Debemur morti nos, nostraque : sive receptus
> Terra Neptunus, classes aquilonibus arcet
> Regis opus; sterilisve palus dudum, aptaque remis
> Vicinas urbes alit et grave sentit aratrum;
> Seu cursum mutavit iniquum frugibus amnis,
> Doctus iter melius; mortalia facta peribunt.

> Tout ce qui vient de nous est promis à la mort.
> Qu'une royale main creuse ce vaste port,
> Où Neptune repose à l'abri des orages;
> Que ce fleuve, aux moissons épargnant ses ravages,
> Docile, apprenne à suivre un utile détour;
> Que, nourricier nouveau des cités d'alentour,
> Ce marais, de son sein chassant son onde impure,
> Appelle la charrue et s'ouvre à la culture :
> Ces ouvrages mourront, car ils sont d'un mortel.

(*Traduct.* de M. Ragon.)

21. — Page 146. *Salve, magna parens frugum, Saturnia tellus, Magna virum*..................

« Vous croiriez peut-être, mon cher ami, d'après cette description, qu'il n'y a rien de plus affreux que les campagnes romaines? vous vous tromperiez beaucoup : elles ont une inconcevable grandeur; on est toujours prêt, en les regardant, à s'écrier avec Virgile :

> Salve, magna parens frugum, Saturnia tellus,
> Magna virum. . . . .

« Si vous les voyez en économiste, elles vous désoleront sans doute; mais si vous les contemplez en artiste, en poète, et même en philosophe, vous ne voudriez pas qu'elles fussent autrement. L'aspect d'un champ de blé ou d'un coteau de vigne ne donnerait pas à votre âme d'aussi fortes émotions que la vue de cette terre, dont la culture moderne n'a pas rajeuni le sol, et qui est, pour ainsi dire, demeurée antique comme les ruines qui la couvrent. »

(Chateaubriand, *Mélanges*, lettre à M. de Fontanes.)

Voici la description que Montaigne a faite de la campagne de Rome, telle qu'elle était il y a deux cents ans : « Nous avions loin, sur notre main gauche, l'Apennin, le perspect d'un pays mal plaisant, bossé, plein de profondes crevasses, incapable d'y recevoir aucune conduite de gens de guerre en ordonnance : le terroir nu, sans arbres, une bonne partie stérile, le pays fort couvert tout autour, et plus de dix milles à la ronde, et quasi tout de cette sorte, fort peu peuplé de maisons. » M. Michelet (*Hist. de la républ. rom.*, t. 1) a donné une nouvelle et vive peinture de cette campagne romaine, si féconde en inspirations; enfin une femme distinguée, madame Allart, vient de publier sur l'Italie et principalement sur Rome et ses environs des lettres intéressantes.

22. Page 146. *Ascræumque cano romana per oppida carmen.*

M. de Chateaubriand, dans la lettre que nous avons déjà citée, fait précéder ce vers de ces réflexions : « Ces diverses circonstances contribuent à donner à Rome je ne sais quoi de rustique, qui vous rappelle que ses premiers dictateurs conduisaient la charrue, qu'elle dut l'empire du monde à des laboureurs, et que le plus grand de ses poètes ne dédaigna pas d'enseigner l'art d'Hésiode aux enfans de Romulus. »

23. — Page 150. *Aut unde iratus silvam devexit arator,*
Et nemora evertit multos ignava per annos.
Antiquasque domos avium cum stirpibus imis
Eruit : illæ altum nidis petiere relictis;
At rudis enituit impulso vomere campus.

Forest, hautes maisons des oiseaux bocagers,
Plus le cerf solitaire, et les chevreuils légers
Ne paistront sous ton ombre; et ta verte crinière
Plus du soleil d'été ne rompra la lumière;
Plus l'amoureux pasteur, sur un tronc adossé,
Enflant son flageolet à quatre trous percé,
Son mastin à ses pieds, à son flanc la houlette,
Ne redira l'ardeur de sa belle Jeannette :
Tout deviendra muet; écho sera sans voix;
Tu deviendras campagne, et, au lieu de tes bois,
Dont l'ombrage incertain lentement se remue,
Tu sentiras le soc, le coutre et la charrue.
. . . .

> Adieu, vieille forest, adieu, testes sacrées;
> De tableaux et de fleurs en tout temps révérées.
> Maintenant le dédain des passans altérés,
> Qui bruslés en l'été des rayons éthérés,
> Sans plus trouver le frais de ton utile ombrage,
> Accusent tes meurtriers et maudissent leur rage.
> Adieu, chesnes, couronne aux vaillans citoyens,
> Arbres de Jupiter, germes dodonéens,
> Qui, premiers, aux humains donnâtes à repaistre;
> Peuples vraiment ingrats, qui n'ont sçu reconnoistre
> Les biens reçus de vous; peuples vraiment grossiers,
> De massacrer ainsi leurs pères nourriciers.

(RONSARD, *Pièce sur la chute de la forêt de Gastine*.)

Voir, dans *Madame de Sévigné*, ses Regrets à son fils, sur les antiques bois de Buron.

24. — Page 154. *Ut sæpe ingenti bello quum longa cohortes*
Explicuit legio, et campo stetit agmen aperto,
Directæque acies, ac late fluctuat omnis
Ære renidenti tellus, necdum horrida miscent
Prœlia, sed dubius mediis Mars errat in armis.

Comparaison empruntée à Lucrèce (l. II, v. 323) :

> Præterea magnæ legiones quum loca cursu
> Camporum complent, belli simulacra cientes;
> Et circumvolitant equites, mediosque repente
> Tramittunt valido quatientes impete campos;
> Fulgur ibi ad cœlum se tollit, totaque circum
> Ære renidescit tellus, subterque virûm vi
> Excitur pedibus sonitus, clamoreque montes
> Icti rejectant voces ad sidera mundi.

25. — Page 158. . . . . *Quum vere rubenti*.

Virgile serait, au besoin, un maître de botanique. Ouvrez Virgile, vous ne trouverez pas une épithète qui ne prenne la nature sur le fait :

> . . . . Quum vere rubenti
> Candida venit avis, longis invisa colubris.

« Au sortir de cette enceinte vous pourrez vérifier l'expression du poète, en voyant sur les arbres du Luxembourg poindre et

rougir les premiers bourgeons, indice du printemps. » (M. VIL-
LEMAIN, *Tableau de la littérature au* XIXe *siècle*, 2e partie,
pag. 19-20).

Nous avons cherché à faire passer dans notre traduction cette
remarque de M. Villemain. Le *vere rubenti* n'avait pas non plus
échappé à Bernardin de Saint-Pierre, dont le goût simple et
antique a laissé, sur Virgile, quelques esquisses pleines de sentiment et de ce tact délicat qui seul peut comprendre Virgile.

26. — Page 158. *Ver adeo frondi nemorum, ver utile silvis.*

Voir LUCRÈCE, liv. 1, v. 251.

27. — Page 162. . . . .*Et veteres ineunt proscenia ludi.*

Proscenia. Les Latins appelaient ainsi l'estrade sur laquelle
jouaient les acteurs. Le théâtre a dû son origine aux fêtes de Bacchus. Le poète qui chantait le mieux les louanges de ce dieu, ou
qui composait la meilleure pièce, recevait un bouc pour récompense; de τραγός, bouc, et ᾠδή chant, on a fait *tragédie* :

> Du plus habile chantre un bouc était le prix.
>
> BOILEAU.

28. — Page 164. . . . . . .*Curvo Saturni dente.* . . . . . .

La serpette, *curvo dente*, était un des symboles de Saturne, qui
enseigna, en Italie, l'art de planter et de tailler les vignes.

29. — Page 166. . . . . . .*Undantem buxo spectare Cytorum,*
Naryciæque picis lucos. . . . .

Cytorum, montagne entre la Galatie et la Paphlagonie. — *Na-*
ryciæ. Naryce, en Italie, dans le pays des Brutiens.

30. — Page 168. . . . . . .*Iturœos taxi torquentur in arcus.*

Les *Ituréens*, qui habitaient au delà du Jourdain, dans la Syrie,
excellaient à tirer de l'arc.

31. — Page 168. *O fortunatos nimium, sua si bona norint,*
Agricolas! . . . .

Ces vers paraissent avoir inspiré ceux de Pibrac :

> O bien heureux celuy qui, loing des courtisans,
> Et des palais dorez, pleins de soucis cuisans,

Sous quelque pauvre toict, délivré de l'envie,
Jouit des doux plaisirs de la rustique vie.
La trompette au matin ne l'esveille en sursaut,
Pour, hardi, des premiers se trouver à l'assaut,
Où, guindé sur le mast d'un vaisseau, n'importune,
Par prières et vœux, le courroucé Neptune.
Il ne lui chaut d'avoir la faveur des grands rois,
Ny les premiers honneurs des joustes et tournois,
Les couronnes de prix richement estoffées,
Ny les chars entaillez de superbes trophées,
Ou l'immortel laurier qu'à Pise l'on donnoit
Aux enfans d'Apollon, quand on les couronnoit.

32. — Page 170. . . . .*Ephyreiaque œra,*
Alba neque assyrio fucatur lana veneno,
Nec casia liquidi corrumpitur usus olivi.

Ephyreia, de Corinthe, anciennement appelée *Ephyra*. — *Assyrio veneno*. La pourpre était venue de Tyr et de Sidon, dans la Phénicie, province de la *Cœlesyrie*. — *Casia*, bois odoriférant, dont les anciens mêlaient les extraits avec de l'huile ; on croit que c'est la *cannelle*.

33. — Page 170. . . . . *At frigida Tempe.*

Tempe, vallée de la Thessalie ; elle était traversée par le fleuve Pénée.

34. — Page 170. *Sperchiusque, et virginibus bacchata Lacænis*
Taygeta ! O, qui me gelidis in vallibus Hæmi.

Sperchius, rivière de Thessalie. — *Taygeta*, montagne dans la Laconie, près de Sparte. — *Hæmi*, le mont Hémus dans la Thrace.

35. — Page 172. . . . . *Descendens Dacus ab Histro.*

Histro, le Danube qui, après avoir traversé l'Allemagne au midi, va se décharger dans la mer Noire, ou Pont Euxin. — *Dacus*. Les Daces habitaient la rive septentrionale du Danube ; aujourd'hui la Transylvanie, la Moldavie, la Valachie, etc.

36. — Page 172. . . . . *Aut populi tabularia vidit.*

Tabularia, les archives publiques, où se conservaient les lois, les décrets du sénat et les autres actes publics.

DES GÉORGIQUES.

37. — Page 172. . . . . *Sarrano dormiat ostro.*

Sarrano, Tyr dont l'ancien nom était *Sarra*, du mot phénicien: *sar*, poisson à coquille, *murex*, dont on tirait la pourpre.

38. — Page 172. *Hic stupet attonitus rostris.* . . . .

Rostris, la tribune aux harangues; des *rostra*, becs ou éperons de navires pris sur les Antiates, dont elle avait été ornée.

39. — Page 172. *Per cuneos, geminatur enim, plebisque patrumque.*

Cuneos, de *cunei*, parce que les loges qui remplissaient le contour du théâtre, allaient en rétrécissant, comme les coins avec lesquels on fend le bois.

40. — Page 174. . . . . *Teritur sicyonia bacca trapetis.*

Sicyonia bacca. La ville de Sicyone, dans le Péloponnèse, était fertile en oliviers.

41. — Page 174. *Ante etiam sceptrum dictæi regis.* . . . .

Dictæi regis. Jupiter fut élevé dans une grotte du mont *Dictys*, en Crète, pour le dérober à Saturne son père, qui dévorait ses enfans mâles. On sait que ce souvenir mythologique a été appliqué à la révolution française, qui, elle aussi, dévorait ses enfans.

LIVRE TROISIÈME.

1. — Page 178. *Te quoque, magna Pales.* . . . .

Pales. Palès, déesse des bergers et des pâturages.

2. — Page 178. *Pastor ab Amphryso; vos, silvæ amnesque Lycæi.*

Pastor. Apollon, qui avait autrefois conduit sur les bords du fleuve Amphryse les troupeaux d'Admète, roi de Thessalie. — *Lycæi*. Montagne d'Arcadie consacrée à Pan, protecteur des bergers.

3. — Page 178. . . . . *Quis aut Eurysthea durum,*
  Aut illaudati nescit Busiridis aras?
  Cui non dictus Hylas puer, et Latonia Delos?
  Hippodameque, humeroque Pelops insignis eburno?

Eurysthea. Eurysthée était fils d'Amphitryon et d'Alcmène. Junon le fit naître avant son frère Hercule, afin que celui-ci lui fût soumis, et exécutât les travaux que lui imposerait Eurysthée : de là l'épithète *durum*. — *Illaudati Busiridis*. Busiris, roi d'Égypte, qui immolait sur l'autel de ses dieux tous les étrangers qui arrivaient dans ses états, et qui fut, sur ces mêmes autels, immolé avec ses ministres par Hercule. *Illaudati* pourrait bien aussi être une allusion à cette coutume de l'Égypte, qui refusait des éloges au tombeau d'un roi, quand son règne n'avait pas été conforme aux lois et à la justice. — *Hylas*. Hylas, jeune compagnon d'Hercule dans l'expédition des Argonautes. Étant allé puiser de l'eau à une fontaine, il y fut entraîné et retenu par une Nymphe éprise de sa beauté. — *Latonia Delos*. Poursuivie par Junon, Latone se réfugia dans l'île de Délos, où elle accoucha d'Apollon et de Diane. Neptune, en sa faveur, fixa cette île, auparavant flottante. — *Hippodame*. Fille d'OEnomaüs, roi d'Élide. Effrayé d'un oracle qui lui annonçait qu'il devait être tué par son gendre, OEnomaüs faisait périr tous les princes qui se présentaient, après les avoir vaincus à la course des chars. Il périt lui-même par la perfidie de Myrtile, son cocher, qui mit au char de son maître un essieu qui se rompit quand il entra dans la carrière avec Pélops. — *Pélops* était fils de Tantale, roi de Phrygie. Son père l'avait égorgé et fait servir aux dieux qu'il recevait à sa table ; Cérès avait mangé un morceau de l'épaule ; mais les dieux le ressuscitèrent et lui donnèrent une épaule d'ivoire. Il conquit la Péninsule, qui de son nom fut appelée *Péloponnèse*.

4. — Page 178. *Aonio rediens deducam vertice*......

Aonio vertice. On appelait *Aonii montes* des montagnes consacrées aux Muses dans la Thessalie.

5. — Page 178. *Primus idumæas referam tibi, Mantua, palmas*.

Idumæas palmas. L'Idumée, province de Syrie, était célèbre par ses palmiers.

6. — Page 178. *Cuncta mihi, Alpheum linquens lucosque Molorchi*.

Tous les quatre ans, on célébrait sur les bords du fleuve Alphée, près d'Olympie, dans le Péloponnèse, les jeux Olympiques en l'honneur de Jupiter. — *Molorchi*. La forêt de *Molorque* désigne les jeux Néméens en l'honneur d'Hercule. On célébrait encore près de Corinthe les jeux Isthmiens en l'honneur de Neptune, et, près de Delphes, les jeux Pythiens en l'honneur d'Apollon. Dans tous ces jeux, les vainqueurs portaient des palmes à la main, et ils étaient couronnés à Olympie d'olivier, d'ache à Némée, de pin ou de myrte à l'Isthme, à Delphes de laurier.

7. — Page 180. *Gangaridum faciam*............

Gangaridum. Peuples indiens qui habitent le long du Gange. Ces victoires d'Auguste sur les peuples de l'Orient, après la défaite d'Antoine et de Cléopâtre, sont postérieures à l'an de Rome 724, par conséquent à la composition des *Géorgiques*. Ce morceau paraît donc avoir été ajouté après coup par Virgile.

8. — Page 180............*Pulsumque Niphaten.*

Niphaten. Fleuve qui coule dans l'Arménie et la Mésopotamie, et se décharge dans le Tigre.

9. — Page 180............*Diverso ex hoste tropæa,*
Bisque triumphatas utroque ab litore gentes.

Diverso ex hoste. Les Égyptiens et autres nations de l'Afrique, et les peuples de l'Asie. — *Utroque ab litore.* Les rivages de la mer Méditerranée, qui, d'un côté, borde l'Afrique, et, de l'autre, l'Asie; ou peut-être encore les rivages de cette mer et ceux du golfe Persique.

10. — Page 184. *Continuo pecoris generosi pullus in arvis.*

« Numquid præbebis equo fortitudinem, aut circumdabis collo ejus hinnitum? Numquid suscitabis eum quasi locustas? gloria narium ejus terror. Terram ungula fodit, exultat audacter : in occursum pergit armatis. Contemnit pavorem, nec cedit gladio. Super ipsum sonabit pharetra, vibrabit hasta et clypeus. Fervens et fremens sorbet terram, nec reputat tubæ sonare clangorem. Ubi audierit buccinam, dicit : Vah ! procul odoratur bellum, exhortationem ducum, et ululatum exercitus. » (JOB, cap. XXXIX.)

Ces descriptions de Job et de Virgile ont souvent été imitées. Young, dans sa paraphrase d'une partie du *Livre de Job*, traduite par Letourneur; Delille, dans les *Trois Règnes*; M. Baour-Lormian, les ont plus ou moins imitées; Rollin, dans le *Traité des Études*, a donné la traduction du morceau de Job, en en développant les beautés; M. Salgues, dans son ouvrage de *la Littérature des Hébreux, et des Livres Saints, considérés sous le rapport des beautés littéraires*, en a également fait ressortir les traits rapides et animés.

11. — Page 184. *Talis Amyclæi domitus Pollucis habenis.*

Amyclæi Pollucis. De la ville d'Amycle, dans la Laconie et près de Sparte, dont Tyndare, père de Castor et de Pollux, d'Hélène et de Clytemnestre, était roi.

12. — Page 184. *Conjugis adventu pernix Saturnus........*

Pernix Saturnus. Surpris par *Rhéa*, sa femme, avec la Nymphe *Philyra*, Saturne se transforma en cheval, et se déroba par la fuite : il eut de *Philyra* le fameux centaure *Chiron*.

13. — Page 186. *Nonne vides, quum præcipiti certamine campum.*

HOMÈRE, *Iliad.*, liv. XXIII, v. 368.

14. — Page 186. *Primus Erichthonius currus............*

Erichthonius. Érichthon, roi de Thèbes, qui, pour cacher la difformité de ses jambes, introduisit l'usage d'aller en char.

15. — Page 186. *Frena Pelethronii..................*

Pelethronii. — *Pelethronium.* Ville des Lapithes, dans la Thessalie.

16. — Page 188. *Est lucos Silari circa..............*

Silari. Rivière qui sépare les Lucaniens des Picentins, et dans laquelle se jette le *Tanagre*. — *Sicci ripa Tanagri.* Petite rivière de la même contrée.

17. — Page 188. *Plurimus Alburnum volitans........*

Alburnum. Le mont Alburne, dans la Lucanie.

18. — Page 190. *Inachiæ Juno pestem meditata juvencæ.*

Inachiæ juvencæ. Jupiter, qui, pour tromper Junon, avait métamorphosé en génisse Io, fille du fleuve *Inachus*, ne la put refuser à cette déesse jalouse, qui la donna en garde à Argus, que Mercure endormit et tua par ordre de Jupiter. Pour se venger, Junon envoya contre Io des taons, qui la firent courir jusqu'en Égypte, où elle retrouva sa première forme, épousa le roi Osiris, et fut dans la suite adorée des Égyptiens sous le nom d'*Isis*.

19. — Page 196. *Fluctus uti, medio cœpit quum albescere ponto*
Longius, ex altoque sinum trahit; utque volutus
Ad terras, immane sonat per saxa, neque ipso
Monte minor procumbit : at ima exæstuat unda
Vorticibus, nigramque alte subjectat arenam.

HOMÈRE, *Iliade*, liv. IV, v. 422.

20. — Page 198. *Quid juvenis, magnum cui versat in ossibus ignem*
Durus amor? Nempe abruptis turbata procellis
Nocte natat cæca serus freta. Quem super ingens
Porta tonat cœli, et scopulis illisa reclamant
Æquora; nec miseri possunt revocare parentes,
Nec moritura super crudeli funere virgo.

Musée a décrit cette passion de Léandre, que Virgile indique ici avec la rapidité que lui commandait son sujet.

Νὺξ ἦν, εὖτε μάλισ]α βαρυπνείοντες ἆνται,
Χειμερίης πνοιῆσιν ἀκοντίζοντες ἀέλλας,
Ἀθρόον ἐμπίπτουσιν ἐπὶ ῥηγμῖνι θαλάσσης·
Δὴ τότε Λείανδρός περ ἐθήμονος ἐλπίδι νύμφης
Δυσκελάδων πεφόρητο θαλασσαίων ἐπὶ νώτων.
Ἤδη κύματι κῦμα κυλίνδετο, σύγχυτο δ' ὕδωρ,
Αἰθέρι μίσγετο πόντος, ἀνέγρετο πάντοθεν ἠχὴ
Μαρναμένων ἀνέμων· Ζεφύρῳ δ' ἀντέπνεεν Εὖρος,
Καὶ Νότος ἐς Βορέην μεγάλας ἀφέηκεν ἀπειλάς·
Καὶ κτύπος ἦν ἀλίασ]ος ἐρισμαράγοιο θαλάσσης·
Αἰνοπαθὴς δὲ Λέανδρος ἀκηλήτοις ἐνὶ δίναις
Πολλάκι μὲν λιτάνευσε θαλασσαίην Ἀφροδίτην,
Πολλάκι δ' αὐτὸν ἄνακτα Ποσειδάωνα θαλάσσης·
Ἀτθίδος οὐ Βορέην ἀμνήμονα κάλλιπε νύμφης·
Ἀλλά οἱ οὔτις ἄρηγεν, Ἔρως δ' οὐκ ἤρκεσε Μοίρας.
Πάντοθι δ' ἀγρομένοιο δυσαντέϊ κύματος ὁρμῇ
Τυπτόμενος πεφόρητο, ποδῶν δέ οἱ ὤκλασεν ὁρμή,
Καὶ σθένος ἦν ἀδόνητον ἀκοιμήτων παλαμάων·
Πολλὴ δ' αὐτόματος χύσις ὕδατος ἔρρεε λαιμῷ,
Καὶ ποτὸν ἀχρήϊσ]ον ἀμαιμακέτου πίεν ἅλμης·
Καὶ δὴ λύχνον ἄπισ]ον ἀπέσϐεσε πικρὸς ἀήτης,

Καὶ ψυχὰν καὶ ἔρωτα πολυτλήτοιο Λεάνδρου·
Ἡ δ' ἔτι δινθύνοντος, ἐπ' ἀγρυπνοῖσιν ὀπωπαῖς
Ἵσ]ατο, κυμαίνουσα πολυκλαύσ]οισι μερίμναις.
Ἦλυθε δ' Ἠριγένεια, καὶ οὐκ ἴδε νυμφίον Ἡρώ·
Πάντοθι δ' ὄμμα τίταινεν ἐπ' εὐρέα νῶτα θαλάσσης,
Εἴπου ἐσαθρήσειεν ἀλώμενον ὃν παρακοίτην
Λύχνου σβεννυμένοιο· παρὰ κρηπῖδα δὲ πύργου
Θρυπτόμενον σπιλάδεσσιν ὅτ' ἔδρακε νεκρὸν ἀκοίτην,
Δαιδάλεον ῥήξασα περὶ στήθεσσι χιτῶνα,
Ῥοιζηδὸν προκάρηνος ἀπ' ἠλιβάτου πέσε πύργου·
Κὰδ δ' Ἡρὼ τέθνηκεν ἐπ' ὀλλυμένῳ παρακοίτῃ.
Ἀλλήλων δ' ἀπόναντο καὶ ἐν πυμάτῳ περ ὀλέθρῳ.

(Musée, v. 309—341.)

« Les vents soufflent avec violence sur les vagues de l'Hellespont, comme dans la nuit de tempête où l'Amour, qui aurait dû le protéger, oublia de sauver le beau, le jeune, le brave Léandre, l'unique espoir de la fille de Sestos. Ah! lorsqu'il voyait briller dans le ciel le fanal que son amante allumait sur la tour, en vain le vent qui se levait, l'écume des brisans et les cris des oiseaux de mer l'avertissaient de demeurer, en vain les nuages dans les airs et les ondes au dessous, par leur signe et leur bruit, lui défendaient de partir; son œil ne voyait que le phare de l'Amour, la seule étoile qu'il aimât à saluer dans le ciel; son oreille n'entendait que les chants de sa maîtresse: O vagues, ne séparez pas longtemps deux amans! Cette histoire est ancienne, mais l'amour peut encore inspirer à de jeunes cœurs le même courage et le même dévouement. » (*Fiancée d'Abydos*, chant II, paragr. 1.)

Voir dans l'*Essai sur lord Byron*, par A. Pichot, page 31, la discussion élevée entre lord Byron et M. Turner, qui reprochait au poète de n'avoir fait que la partie la plus aisée du trajet, en nageant de l'Europe à l'Asie, tandis que Léandre fit le double trajet avec et contre le courant.

21. — Page 198. . . . . *Quo tempore Glauci*
Potniades malis membra absumpsere quadrigæ.

Glauci potniades. Glaucus de Potnie, ville de Béotie, fils de Sisyphe, nourrissait de belles cavales, et, pour conserver leur légèreté, il ne les livrait point à l'étalon. Vénus inspira à ces cavales une fureur telle qu'elles se jetèrent sur lui et le déchirèrent.

22. — Page 200. *Nec sum animi dubius, verbis ea vincere magnum*
Quam sit, et angustis hunc addere rebus honorem.
Sed me Parnassi deserta per ardua dulcis
Raptat amor. Juvat ire jugis, qua nulla priorum
Castaliam molli devertitur orbita clivo.

Lucrèce :

Nec me animi fallit quam sint obscura; sed acri
Percussit thyrso laudis spes magna meum cor.
Et simul incussit suavem mi in pectus amorem
Musarum : quo nunc instinctus mente vigenti
Avia Pieridum peragro loca, nullius ante
Trita solo; juvat integros accedere fontes
Atque haurire; juvatque novos decerpere flores,
Insignemque meo capiti petere inde coronam,
Unde prius nulli velarint tempora Musæ.

23. — Page 200. . . . . *Quamvis milesia magno*
Vellera mutentur. . . . .

Milesia. Milet, ville sur les confins de l'Ionie et de la Carie, célèbre par l'abondance des laines qu'on y teignait en pourpre.

24. — Page 204. *Injusto sub fasce viam quum carpit.* . . . . .

Injusto sub fasce. Le soldat romain ne portait pas moins de soixante livres pesant dans les marches. C'étaient des vivres, quelquefois pour plus de quinze jours, des ustensiles d'usage, des bois pour fortifier le camp. Le bouclier, l'épée, n'étaient pas censés une charge pour le soldat romain.

25. — Page 208. *Pan deus Arcadiæ captam te, Luna, fefellit.*

Captam te, Luna, fefellit. Pan s'étant, dit-on, revêtu de la peau d'un bélier, attira sous ce déguisement Diane dans une forêt. Fable tirée du poète Nicandre, qui avait composé des *Géorgiques*, que Virgile, au jugement de Quintilien, a beaucoup imitées.

26. — Page 212. *Morborum quoque te causas et signa docebo.*

Imité par Calpurnius depuis le vers 270 jusqu'au vers 440. Voyez *Églogue* v.

27. — Page 214. *Hic quondam morbo cœli miseranda coorta est*
Tempestas. . . . .

Parmi les anciens, Thucydide, Lucrèce, Virgile, Ovide; chez

les modernes, Boccace (*Decamer.*, 1 *Gior.*), La Fontaine (*les Animaux malades de la peste*), M. Lemontey (*Hist. de la Régence*, tom. 11), ont donné des descriptions de la peste.

LIVRE QUATRIÈME.

1. — Page 230. *Et circa regem atque ipsa ad prætoria densæ.*

Prætoria. La tente du général. La cellule de la mouche *reine* est véritablement un palais. Pour une cellule destinée à être le berceau d'une reine, les ouvrières emploient, dit Réaumur, plus de cire que pour cent ou cent cinquante cellules ordinaires.

2. — Page 230. *Ingentes animos angusto in pectore versant.*

Et dans un faible corps s'allume un grand courage.

RACINE fils.

3. — Page 232. ....*Aut castris audebit vellere signa.*

Vellere signa. Expression empruntée de la milice romaine. Lorsqu'on voulait décamper, on arrachait de terre les étendards plantés devant la tente du général.

4. — Page 232. *Hellespontiaci servet tutela Priapi.*

Hellespontiaci. Priape était né à Lampsaque, ville de Mésie, sur les bords de l'Hellespont. On plaçait dans les jardins sa statue armée d'une faux de bois, pour servir d'épouvantail, et écarter les voleurs et les oiseaux.

5. — Page 232. *Namque sub œbaliæ memini me turribus arcis,*
Qua niger humectat flaventia culta Galesus.

OEbaliæ. Tarente, dans la Calabre, fondée, ou du moins embellie et fortifiée par Phalante, né à Sparte, dans la Laconie, appelée *OEbalie.* — *Galesus.* Fleuve qui se jette dans le golfe de Tarente, à cinq milles de la ville.

6. — Page 234. . . . .*Pro qua mercede, canoros*
Curetum sonitus crepitantiaque æra secutæ,
Dictæo cœli regem pavere sub antro.

Lucrèce :

Dictæos referunt *Curetas*, qui Jovis illum
Vagitum in Creta quondam occultasse feruntur :
Quum pueri circum puerum pernice chorea,
Armati in numerum pulsarent æribus æra.

(Liv. II, v. 633.)

Οὖλα δὲ Κούρητές σε περὶ πρύλιν ὠρχήσαντο,
Τεύχεα πεπληγοντες, ἵνα Κρόνος οὔασιν ἠχὴν
Ἀσπίδος εἰσαίοι, καὶ μὴ σέο κουρίζοντος.

(CALLIMAQUE, *Hymne à Jupiter*, v. 52.)

7. — Page 240. *Esse apibus partem divinæ mentis, et haustus*
Ætherios dixere. Deum namque ire per omnes
Terrasque, tractusque maris, cœlumque profundum.

Doctrine de Pythagore et de Platon, développée dans le sixième livre de l'*Énéide*, v. 724.

8. — Page 242. . . . .*Aut invisa Minervæ*
In foribus laxos suspendit aranea casses.

Invisa Minerva. Arachné ayant osé rivaliser avec Minerve dans l'art de broder, la déesse la métamorphosa en araignée.

9. — Page 244. *Frigidus ut quondam silvis immurmurat Auster,*
Ut mare sollicitum stridit refluentibus undis,
Æstuat ut clausis rapidus fornacibus ignis.

HOMÈRE, *Iliade*, liv. II, v. 394.

10. — Page 246. *Nam qua Pellæi gens fortunata Canopi.*

Pellæi Canopi. — *Canopum*, ville de la Basse-Égypte, qui avait donné son nom à une des principales embouchures du Nil. Alexandre, né à *Pella*, bâtit près de cette même embouchure la ville d'Alexandrie ; de là *Pellæi Canopi*.

11. — Page 250. . . . . . . *Martisque dolos et dulcia furta.*

Martis dolos. Fable racontée au long dans Homère (*Odyssée*, liv. VIII, v. 267).

12. — Page 252. *Oceanumque patrem rerum, Nymphasque sorores.*

Oceanum patrem rerum. Thalès prétendait que l'eau était la matière première dont tous les corps étaient composés.

13. — Page 258. . . . .*Flerunt rhodopeiæ arces,*
Altaque Pangæa, et Rhesi mavortia tellus.

Rhodopeiæ arces, Pangæa. Montagnes de Thrace. — *Rhesi tellus.* — *Rhesus*, roi de Thrace, qui alla au secours des Troyens, et fut tué par Diomède.

14. — Page 266. *Parthenope, studiis florentem ignobilis oti.*

Parthenope, vierge. Ancien nom de Naples, ainsi nommée par les Chalcidiens, ses fondateurs, qui avaient trouvé, en en jetant les fondemens, le tombeau d'une sirène. Elle fut depuis rebâtie sous le nom de *Neapolis*, ville nouvelle.

FIN DU PREMIER VOLUME.

www.ingramcontent.com/pod-product-compliance
Lightning Source LLC
Chambersburg PA
CBHW070854170426
43202CB00012B/2063